神楽が伝える古事記の真相

秘められた縄文の記憶

司

廣済堂新書

第一章　天の岩戸

高千穂・黒口神楽の「天鈿女」。アマテラスを誘い出そうとするウズメの舞

高千穂・秋元神楽の「戸取」。タヂカラオが天の岩戸を開く

諸塚・南川神楽の「浮輪取」。岩戸が開いたことを喜ぶウズメの舞

米良山系・銀鏡〈しろみ〉神楽の「神和〈かんなぎ〉」

諸塚・南川神楽の道行。宮崎では、神楽の前に神社で神事を行ない、集落の道を巡ってから、当日の神楽宿に舞い入る

第二章　天孫降臨

高千穂・押方五ケ村神楽のサルタヒコ。天孫ニニギが天降った際、先導を務めた神

岩川八幡神社「弥五郎どん祭り」（鹿児島県曽於市大隅町）の弥五郎

第三章　ニニギの結婚

米良山系・小川神楽の磐長姫命〈イワナガヒメ〉。米良山系には、醜いという理由でニニギに結婚を断られた女神の後日談が伝えられている

米良山系・中之又神楽の「磐石〈ばんぜき〉」。イワナガヒメと混交していると考えられる姥神

第四章　オオヤマツミの登場

米良山系・中之又での「鹿倉祭り」神事。狩りの神「カクラ様」信仰は、オオヤマツミ信仰とつながっている

米良山系・中之又神楽の「鹿倉舞」

第五章　海幸彦と山幸彦の諍い

日南・潮嶽神楽の「海幸彦の舞」。山幸彦との諍いに負けた海幸彦を主祭神として祀っているのは、日本で潮嶽神社だけである

海幸彦の面（「九州国立博物館」所蔵）

第六章　神武天皇の東征前夜

神武の面（「由布院空想の森美術館」旧蔵）

宮崎平野・生目神楽の神武。神武が地主神に激しく打ちかかる所作は「国造り」の真相を物語っている

第七章　荒ぶる国つ神

米良山系・銀鏡神楽の「宿神三宝荒神〈しゅくじんさんぽうこうじん〉」。
星宿神・宿神でもある荒神が降臨し、厳かに舞う

諸塚・南川神楽の「三宝荒神」。三柱の荒神と神主の問答

諸塚・南川神楽の「舞荒神」「三宝荒神」のいわば前座として降臨する

補論　道化神

ヒョットコの面（「九州民俗仮面美術館」所蔵）。この表情には、権力者への不服従の態度がこめられている

鼻曲がりの面（「九州民俗仮面美術館」所蔵）

高千穂・浅ケ部神楽の「八鉢」。滑稽な所作を交えながら、逆立ちやとんぼ返りをするスクナビコナの舞

終章　翁が伝える縄文の記憶

諸塚・南川神楽の稲荷。山の神と田の神の性格を合わせ持ち、「翁」の姿をしている

米良山系・村所神楽の大王様。翁・宿神とも伝えられる

米良山系・銀鏡神楽の御神屋〈みこうや〉。ここに八百万の神々が降臨し、神楽が奉納される。御神屋は、注連〈しめ〉が四方に張り巡らされ、五色の幣などで美しく飾り付けられる。写真中央奥の背の高い飾りは「注連柱〈しめばしら〉」。右上の白い円形のものは「天蓋〈てんがい〉」で、高千穂では「雲〈くも〉」とも呼ばれる。なお、御神屋の設えは地域によって異なる。

序章　神楽は古代史の謎を秘めている

古代遺跡の幻影に誘われて

ちん、ちり、りん。

小さな銀の鈴を振ったような、かすかな音色が聞こえた。

初冬の夕陽に照らされた墳丘が点々と座る古墳地帯・西都原《さいとばる》古墳群（宮崎県西都市）の中心部に、巨大な前方後円墳（ニニギノミコト＝邇邇芸命の陵墓と伝えられる男狭穂塚《おさほづか》）があって、それに寄り添うように少し小さめの古墳（その妻、コノハナノサクヤヒメ＝木花開耶姫の陵墓と伝えられる女狭穂塚《めさほづか》）がある。

その女狭穂塚を守護するような位置に造られた小ぶりの古墳「陪塚《ばいちょう》」の基部の草むらから、小鈴を振るようなマツムシの声が響いてきたのである。

私は長年、九州の民俗仮面を研究してきた。その起源と用途・性格などと関連する神楽の調査の帰りにこの地を訪れ、古墳の丘の麓にあたる斜面を歩いている時、そのかすかな音を聞いた。それに誘われるように現れたのは、かつて私が神楽取材で訪れた村で、巫女舞《みこまい》を舞っていた少女であった。

陪塚とは、悲しみを秘めた古墳である。本体の古墳を守護する役目を持ち、鏡や武器、装飾品などの副葬品が納められる。殉死した親族や臣下が葬られているものもあるという。本来は生きながらえるべき生命を中断し、主人を追って土中の主となったものである。伝説の美姫コノハナノサクヤヒメに従ったものは、美しい女官、あるいは側《そば》に侍《はべ》る美少年だったか。はたまた姫を守る武人、一族の長老たる古木のような老翁であったか。

陪塚の脇で、私は少女に誘われて、おとぎ話の中の出来事のような神楽の仕掛けを見た。それは彼女とその仲間たちによるおままごとの設《しつら》えだったのだが、じつによく神楽の様式を備えていて、そこに据えられた人形の神官や舞人《まいびと》たち、鬼面の神々などが、ひゅー、とん、ととん、という神楽囃子《ばやし》に合わせて幽玄の舞を舞ったように見えたのである。

それを目にした時、私は瞬時に、山深い村の神社の境内や、民家、地区の公民館などを利用した「神楽宿《かぐらやど》」で舞われる神楽の場面を思い出していた。

中央に立てられた注連《しめ》の柱。それは、普段は天界、巨岩、巨樹などに居ます神が、今宵一夜、降臨する依り代《よしろ》である。五色の御幣もまた、神を宿し、神の姿を表す。高々と翻る幟幡《のぼりばた》。結界を示す注連縄。笛の音と太鼓の轟《とどろ》き。立ち昇る煙。猪汁《ししじる》の匂い。ずらりと並んだ焼酎瓶。それらは、神を象形し、神を迎え、神と人とが交歓する「場の設定」である。森羅万象・天地万物を表象するこの御神屋《みこうや》で、夜を徹して神楽は舞い継がれる。

『古事記』の英雄たちと土地の精霊が共演

宮崎県には、三百座を超える神楽が伝わる［図1］。

県の中央部に位置する広大な山岳の村と山里には「日蝕」と「日乞《ひご》い」の儀礼に基づく「岩戸《いわと》神楽」、先導神・境の神「サルタヒコ（猿田彦）」が登場する儀礼、先住の女性シャーマン「イワナガヒメ（磐長姫）」を主祭神（神社に祀られる主な神様で神楽の主役）とする神楽、山の神儀礼、先住の王「荒神《こうじん》」の物語を反映する神楽等が分布し、南方の海岸沿いの村々には海神の儀礼と混交した「海幸・山幸」伝承を内包する神楽、平野部の村里には秋の豊作を祈願する「作祈祷《さくきとう》神楽」（春神楽）に「神武《じんむ》」伝承が秘められた神楽などがあり、それぞれに平家の落人伝説、南北朝伝承、山神・海神の儀礼などを混交しながら残存する。

晩秋から初冬へかけて、集まってきた村の住民たちと神社の氏子、舞人、遠来の客などは、古代史の英雄たちの物語とその奥に秘められた土地の精霊の語りを聞きながら、一夜を過ご

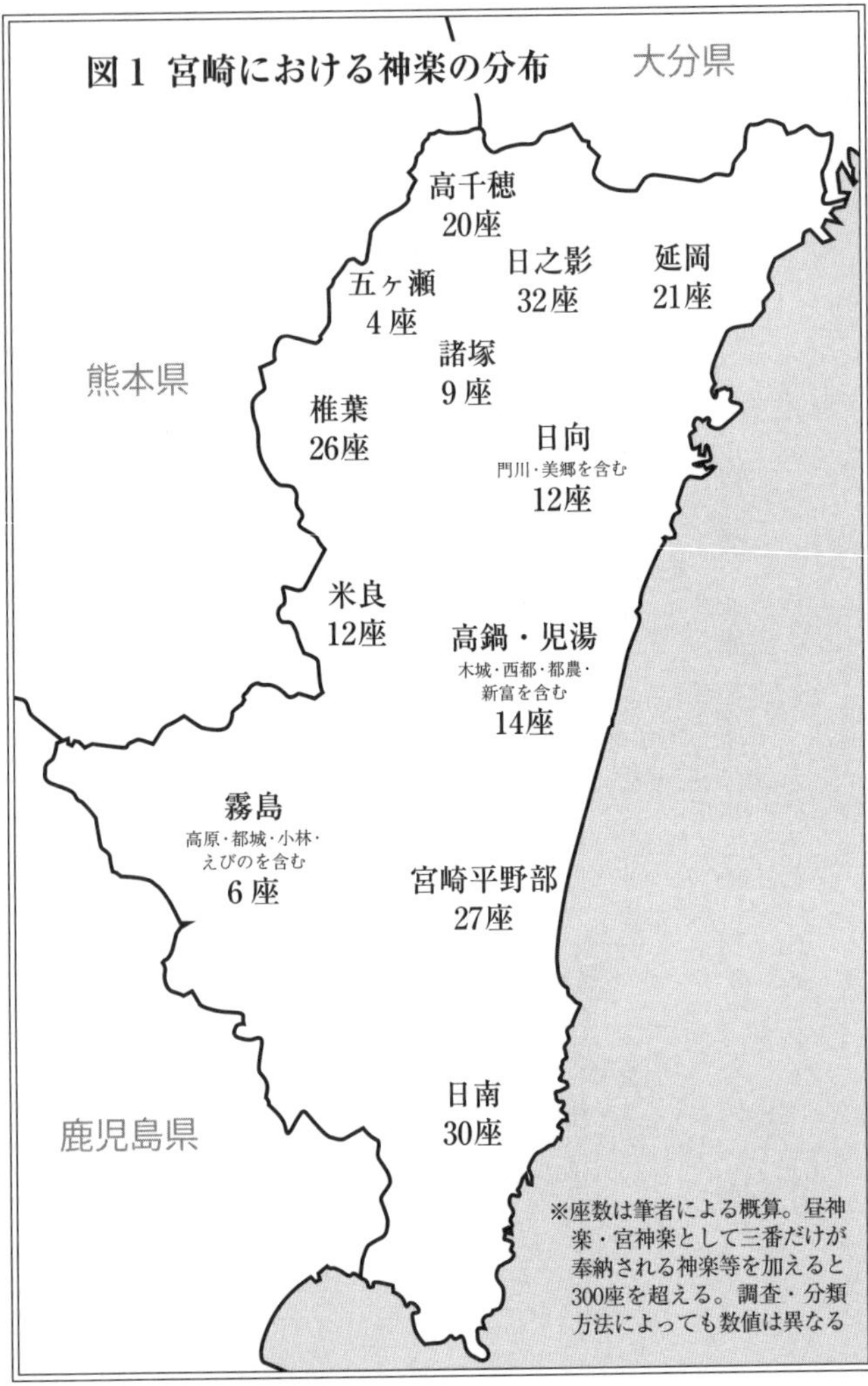

図1 宮崎における神楽の分布

※座数は筆者による概算。昼神楽・宮神楽として三番だけが奉納される神楽等を加えると300座を超える。調査・分類方法によっても数値は異なる

すのである。

これらの神楽には、『古事記《こじき》』の主役である「天《あま》つ神《かみ》＝大和王権を樹立した天孫《てんそん》族の英雄たち」が続々と登場する。一方、「荒神」や「山の神」など、明らかに大和王権を樹立した集団の渡来以前からこの列島にいた「先住神＝土地の精霊」と思われる神々も登場する。それは時に荒々しい荒神や土地神の舞となり、時には滑稽な所作をして人々を笑いの渦に巻き込みながら風刺の精神も併せ持つ、翁やヒョットコなどの狂言的演目となる。その神々が伝えるものは、いわゆる「天孫族」の支配下に入りながらも不服従の精神を抱いて生き続け、その土地の風土や歴史を語り継いできた、逞《たくま》しい民衆の声である。

宮崎の神楽は、このように「天つ神＝天孫族の英雄たち」と「国《くに》つ神《かみ》＝先住神・土地の精霊」とが激しく対立し、拮抗し、融和を繰り返しながら形成され、伝承されてきたものである。

国生みから神武東征までが登場

『古事記』は、上巻は神話（神の誕生〜国土生成〜天孫降臨）、中巻は神武天皇〜応神《おうじん》天皇、下巻は仁徳《にんとく》天皇〜推古《すいこ》天皇の三部構成で成り立っている。

本書では、上巻から中巻の神武東征まで、すなわち国生みと岩戸神話、天孫降臨と神武伝承について、宮崎の神楽に残されている古伝承をふまえながら「古事記以前の物語」を推察する。下巻は割愛。

『古事記』のあらすじを振り返っておこう。

まず「天地初発」の場面で、天地の混沌とした状態から世界が形成される状態が描かれ、続く「神世七代《かみよななよ》」では七組（七代）の神々が現れては消え、最後にイザナキ（伊邪那岐命）とイザナミ（伊邪那美命）が登場する。

「国生み」に至り、イザナキとイザナミの二神は高天原《たかまがはら》から地上世界に降り立ち交わることで、大八島《おおやしま》（日本列島）を生む。

続いて「神生み」。イザナキとイザナミは交わることで数多くの神を生む。しかし火の神を生んだことでイザナミは負傷し、命を落としてしまう。

「黄泉《よみ》の国訪問」では、イザナミを忘れられないイザナキは黄泉の国へと向かい、イザナミを地上世界へ連れ戻そうとするが、イザナミとの約束を破りその腐敗した姿を見たため、失敗する。

「イザナキの禊《みそぎ》」では、黄泉の国から戻ったイザナキが川（日向《ひむか》の橘《たちばな》の小門《おど》の阿波岐原《あわきはら》＝大淀川《おおよど》が日向灘《ひゅうがなだ》に注ぐ辺りに地名が現存する）で汚れた体を清め、同時に神々を生む。この時、アマテラス（天照大神）、ツクヨミ（月読命）、スサノオ（須佐之男命）のとくに尊い三神が生まれた。イザナキは、アマテラスに天、ツクヨミに夜、スサノオに海の世界を支配するように命じたが、乱暴者のスサノオはいつまでたっても海を守らず、ついにイザナキに追放されて、姉のアマテラスからは反逆を疑われる。

宮崎の神楽では、ここまでの物語＝国土生成の記憶を「山の神と神主の語り」、「田の神と神主の語り」などによって説き起こす例が多い。

「天《あま》の岩戸《いわと》」では、スサノオはアマテラスと誓約《うけい》をして潔白を証明するが、その後調子に乗って乱暴を働く。スサノオの乱暴に業を煮やしたアマテラスは、天の岩屋に閉じこもり、世界は闇に閉ざされてしまう。そこで神々は策を用いてアマテラスを外へ出そうと試み、ウズメ（天鈿女命）の舞で誘い出されたアマテラスをタヂカラオ（手力男命＝天手力男神）が岩戸から引き出し、この世に光が回復した。

「出雲《いずも》神話」は、スサノオのヤマタノオロチ（八俣の大蛇）神話からオオクニヌシ（大国主神）の国造り神話。宮崎の神楽における分布は少ないので本書では割愛。

「天孫降臨」で、オオクニヌシが作り固めた地上世界の支配権は、高天原の神々の手に委ねられ、その支配を任されて地上に降り立ったアマテラスの孫ニニギが神々を率いて九州（高《たか》千穂峰《ちほのみね》）に降臨する。天降ったニニギは、美しいコノハナノサクヤヒメと出会って妻とし、三人の御子をもうける。

「海幸・山幸」の場面では、ニニギの末っ子のホヲリ（火遠理命＝山幸彦）は、兄・ホデリ（火照命＝海幸彦）の釣り針をなくしてしまい、諍《いさか》いを起こす。しかし、ホヲリは海神ワタツミ（綿津見神）の宮へ向かい、その協力を得て兄を屈服させる。南九州の海岸部に分布する壮大なスケールの物語。

「トヨタマヒメ（豊玉姫）の出産」。ホヲリは海神の娘トヨタマヒメとの間にウガヤフキアエズ（鵜葺草葺不合命。後に神武天皇となるカムヤマトイワレビコ〈神倭伊波礼毘古命〉の父）をもうけ、天皇家は地上の支配権を確立する。

「神武（イワレビコ）東征」で、いよいよホヲリとトヨタマヒメの孫、カムヤマトイワレビコが、天下を治めるべく兄とともに、日向・美々津《みみつ》を出港し、東へと遠征を始める。

『古事記』における宮崎関連の記述はここまで。

神楽から浮かび上がる古代国家の実像

私は、約三十年にわたり、「九州の民俗仮面」を収集・展示し、現地調査を行ないながら研究を進めてきた。そのもっとも重要な拠点が、宮崎の山間部を中心に分布する神楽群であった。神楽と仮面神の役割や起源、性格などを読み解きながら神楽の伝承地を歩くうち、「土地神」の仮面に秘められた、縄文の系譜をひく造形、神楽の演目の背景に流れる反骨・滑稽・

風刺などを含むまつろわぬ民の精神などにふれ、日本史の原像というべき古代国家の実像を体感したのである。

本書では、宮崎の神楽を訪ねながら、古伝承、神社伝承、地名、氏姓、考古資料、民俗学のデータなどを丹念に読み解き、これらの事例を比較・検証し、個人的な見解と推理を加える。『古事記』が基本資料となり、『日本書紀《にほんしょき》』を補助資料とする。もとより、民俗学・文化人類学・神話学・歴史学・考古学等の資料も駆使している。

これにより、「文字化されなかった」南九州のダイナミックな古代史が描き出されるであろう。それこそが古代日本の「国造りの物語」であり、地域史の実像であると私は考えるのである。

神楽が伝える古事記の真相　目次

第三章　ニニギの結婚　イワナガヒメは先住の女性シャーマンである

第四章　オオヤマツミの登場　先住の山の神の威光

第五章　海幸彦と山幸彦の諍い　先住隼人族と渡来民の衝突

補論 道化神 まつろわぬ民のしたたかな抵抗

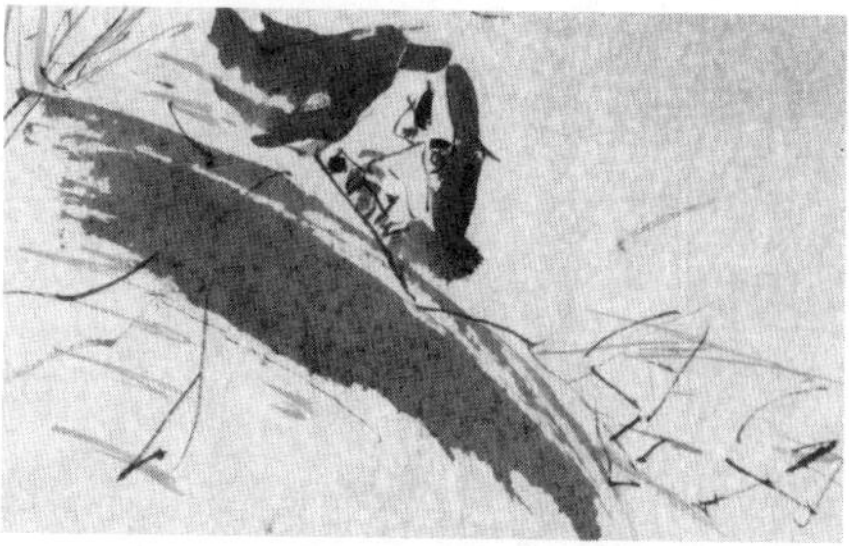

終章　翁が伝える縄文の記憶

※本書に登場する神名の多くは、『古事記』（講談社学術文庫）の表記にならいましたが、神楽の開催地では別の表記をとっていることも少なくないため、『日本書紀』（講談社学術文庫）や地元での表記を採用した箇所もあります

第一章
天の岩戸

岩戸開きは太陽神再生の呪法

諸塚・南川神楽のアマテラス

一晩かけて奉納する高千穂神楽

山道の向こうから、つむじ風のように走り下ってきた少年たちの一群に続き、神社での神事を終えた祭りの一行が、流麗な笛の音と神楽太鼓の音を響かせながら下ってくるのを見ていると

——おじさん、こんにちは

という美しい声が頭の上から降ってきた。それは、天上から降りそそいできた音楽のようであった。少し驚いて声のしたほうを見ると、道の脇の大きな岩の上に腰掛けた少女が片手に白い御幣を持ち、笑みを浮かべて私を見下ろしていた。

——あ、君か。また会ったね

——うん、今日の神楽で、わたしの同級生が、ウズメ（天鈿女命）の舞を舞うの

と彼女は、今、自分がこの村にいるわけを説明してくれた。西都原《さいとばる》古墳群の一角で、私に神楽の幻像を見せてくれた少女であった。

宮崎の神楽では、地区の氏神を祀る神社で神事を行なった後、集落の道を巡り、当日の神楽宿《かぐらやど》（民家や地区の公民館など）へと向かう。その行列は「道行《みちゆき》」と呼ばれる。

少女と再会したのは、高千穂《たかちほ》神楽の「道行」を迎える山道であった。彼女は私を神楽の里

へと導いてくれる古代の巫女《みこ》のような存在かもしれない。

集落の入り口には黒々とした神名が書き込まれた幟幡《のぼりばた》がはためき、家の軒には「結界」を示す注連縄《しめなわ》が張られている。その家の中は、間仕切りがすべて取り除かれ、中心部に「彫り物《もの》」と呼ばれる切り紙で装飾された御神屋《みこうや》が設《しつら》えられている。

十一月中旬から二月上旬にかけて行なわれる「高千穂神楽」は、三十三番で構成されている。神体山《しんたいざん》の中腹や集落の裏手にある神社で神事を済ませた一行が、当日の神楽宿へと舞い入り、御神屋を清め、神を迎える儀礼の後、式一番「彦舞《ひこまい》」が舞われて、神楽が始まる。続いて白装束の舞人（奉仕者《ほしゃ》どん）の舞や少年の舞などの神事神楽が舞われ、序盤の「杉登《すぎのぼり》」という演目で、神楽の主祭神が降臨する。主祭神とは、神社の氏神であり、地区の鎮守神である。

神楽の中盤では、呪術的な弓の舞、剣《つるぎ》の舞などがあり、「荒神《こうじん》」「山の神」などの土地神が降臨、ひょうきんな所作で笑いの渦に巻き込む「道化神」などが出て、神楽は最高潮に達する。中盤を過ぎると、農耕儀礼や狩猟儀礼などの組み込まれた演目があり、にぎやかに舞い進められてゆく。神楽宿の上空できらめき続けていた星座が大きく巡り、曙光《しょこう》が東の峰を染め始めるころ、いよいよ「岩戸《いわと》開き」が始まるのである。

夜明け前、岩戸からアマテラスが出現

「岩戸」は御神屋の正面に設営される。大岩を表す屏風または板戸、あるいは岩を象った舞台装置などが置かれ、榊《さかき》と御幣が飾られている。榊には「鏡」が取りつけられる。この前で、神々たちの熱演が繰り広げられるのである。

弟神であるスサノオ（須佐之男命）の暴虐に怒ったアマテラス（天照大神）が「岩戸」に隠れたため、この世は闇に閉ざされた。困った八百万《やおよろず》の神々が天の安河《あめやすのかわ》の河原に集まって相談し、ウズメが岩戸の前で神がかりして半裸の舞を舞うと、神々がどっと笑い、それを不思議に思ったアマテラスが岩戸を少しだけ開けてそっと外の様子を覗く。その瞬間、大力の神・タヂカラオ（手力男命＝天手力男神）がその手を取って太陽神・アマテラスを外に導き出し、この世に光が回復する。

『古事記《こじき》』に描かれる「岩戸開き」の筋書きに沿って、神楽は舞い進められる。

土地神たちの饗宴によって荒れた御神屋をアメノコヤネ（天児屋命）が清め、岩戸の前の祝詞《のりと》を奏上した後、フトダマ（天太玉命＝布刀玉命）が天《あま》の香久山《かぐやま》の榊を引き抜いてきて御神屋を設えた故事にちなむ「柴引《しばひき》」が盛大な演舞を披露する。そしていよいよ、ウズメとタヂカラオの登場である。ウズメの呪術的な舞の後、タヂカラオが豪快な舞を舞い、アマテラ

スの出現を請うのである。

「岩戸」が開き、アマテラスが出現する場面は、仮面神としてのアマテラスが登場する例、アマテラスを表す鏡をタヂカラオが取り出す例、アマテラスの神像がそれを納めた祠《ほこら》から取り出される例、仮面が御神屋に置かれるだけの例など、多様に表現される。

この時間帯は眠い。そして寒い。南国九州とは言え、山間部の明け方は、外気は氷点下まで冷え込むこともあり、神楽宿には、寒気が容赦なく浸透してくる。寒さと眠気に耐えながら、淡々と舞い進められる神楽を見ていると、眼前に展開されている「神楽」という神秘世界と「現世《うつつよ》」に生きる自分との境界があいまいとなり、舞人も、観客も、村人も、神楽の進行とともに神々の世界を逍遥《しょうよう》する。それが「神楽」という祝祭空間である。

神楽とは、天地万物の精霊と人界とが渾然一体となり、太陽神の再生とともに人々もまた生まれ清まる壮大な仕掛けである。「岩戸開き」はその象徴的場面ということができる。

アマテラスが神楽の主役とは限らない

宮崎の神楽は、「岩戸開き」を頂点として番付が構成され、岩戸開きに向かって舞い継がれてゆく、というのが一般的な解釈である。高千穂神楽は、ほぼその定型に従って舞い進められてゆく。つまり、「出来過ぎ」である。ほぼ完璧に『古事記』『日本書紀《にほんしょき》』の記述に沿う

かたちで構築されているので、
——江戸後期の神道家による再構成である
という解釈と
——明治期に国家神道に沿うかたちに再編されたものである
という批判を排除できない。

だからといって、高千穂神楽に古形が残っていない、ということにはならない。高千穂神社や神楽を伝える集落などには、実際に高千穂神楽の古形を示す資料も存在するのだ。だから、高千穂神楽は現在の「岩戸」を中心とした構成の神楽でよい、と私は思う。現代に生きる人々が、あらゆる情報を知り、整理し、納得した上で伝承し続けているのであれば、それは尊重すべきことである。

練達の奉仕者どん（舞人）が舞う高千穂神楽の岩戸開きを見れば、眼前に神話世界が彷彿《ほうふつ》と甦る。それは、「演技」の力によるものでもあるが、演者の「神」を念じ、素朴に神を信じる心情の結実でもあるのだ。

高千穂のある地域の神楽では、タヂカラオを演じる役は、毎年、同じ人が務める。そのような決まりがあるわけではないようだが、その人の神楽に対する姿勢や思い入れ、敬虔な信仰などがいつの間にか神楽の神様と同化してしまったのだろう。

実際に、田んぼの脇で農作業をするその人に会えば、田の神に会ったような気がするし、山道で出会えば、山の神様が降ってきたかと思うような風貌なのだ。

大柄の舞人が、出番前に「面様《おもてさま》」（使用する面）の前に正座し、榊を口にくわえ、合掌して面をつけるその姿は神聖な儀式そのものだ。そしてひとたび舞い始めれば、彼に神が宿り、その演技は神そのものの舞い姿となる。大きく足を踏ん張り、岩戸を開けた瞬間には、どっと歓声が上がり、手を合わせる参拝者がいるほどだ。舞い終えて、静かに面を取り、一礼をする姿もまた神々しい。

しかしながら、宮崎の神楽がどこもこのような定型どおりに組み立てられているわけではない。

広大な山岳地帯に分布する椎葉《しいば》神楽では、「岩戸開き」そのものがあるかなきかの存在であり、タヂカラオは土地神「荒神」と見分けがつかないほどに同化している。アマテラスの神面は「女性面《にょしょうめん》」と呼ばれ、エプロン姿で御神屋の端に座る例さえあるほどの略され方である。「にょしょう」とはまるで、その村の女性か普通の家庭の女の人のような呼び方ではないか。省略というよりも、無理やりに取ってつけられたという印象を受ける。

椎葉は、平家の落人が隠れ住んだ宮崎県北西部の山岳の村である。追討使の源氏の大将・那須大八郎《なすのだいはちろう》（宗久《むねひさ》＝那須与一《なすのよいち》の弟）は、落人たちが麻布を着て山畑を耕す姿を見て

――この者どもはすでに土着しておる、討ち果たすにあらず

と言い、都へ引き返したという。この僻遠の地は、ある時は流入した文化を受容し、それを醸成し、またあるものは激しく拒絶し、あくまでも彼ら自身の信仰を守り通した。それが椎葉神楽であり、「神楽の古形を残す」と言われる由縁である。

椎葉の山岳に南隣する米良《めら》山系の神楽には、南朝の落人たちが伝えたものという伝承があり、中世の様式を残しながら、山人《やまびと》の民俗が織り込まれている。

西米良村・村所《むらしょ》神楽では、アマテラスの神面をつけた少年が御神屋の隅に座す。その前で同じく少年がウズメの呪術的な舞を舞い、タヂカラオが導き出す。

その東側に位置する西都市の銀鏡《しろみ》神楽では、「岩戸」を模した屏風の中にアマテラスの神面をつけた少年が入り、タヂカラオが舞う。

この辺りまではほぼ定型だが、同じく西都市の北東部、米良系の尾八重《おはえ》神楽では、アマテラスの神面は額の横っちょにつけられている。簡略な扱いに恐れ入るばかりである。

西都市の北、児湯《こゆ》郡木城町《きじょうちょう》の中之又《なかのまた》神楽では、御神屋の正面に白い女面が置かれ、それがアマテラスを表す。もはや、申し訳程度に「岩戸開き」をやっているとしか思えない。

太陽神再生の祭りが原型

よく考えてみると、椎葉や米良などの山深い地域は、いわゆる日向《ひゅうが》神話（大和王権樹立以前の物語。天孫降臨から海幸・山幸、神武誕生まで。南九州に分厚い分布を見せる）の分布地帯からは遠く、また畿内に樹立された「王権」からももっとも遠い地域であった。「大和王権＝日本という国家」の最高神であるアマテラスを奉り、信仰するという観念よりも、土地神である荒神や狩猟神である山の神などを祀る心意のほうが優先されて当然である。

とは言え、頑固で誇り高い山の人々が、「岩戸開き」を不本意ながら上演し続けているのではないことはたしかである。この眠くて寒い時間帯には客は少なく、数えるほどしかいない客の大半は眠りこけているか酔っぱらっている。それでも、舞人たちは淡々と、正確に神楽を舞い継ぐ。彼らは、

——客のために舞うのではない。神楽とは神様に捧げるためのものだと、きっぱりと言う。その見事さに私たちは感動し、共感するのである。

ならば、山の人々は「岩戸開き」という「祭り」にどのような心象を託すのだろうか。

夜神楽が奉納される「霜月《しもつき》」とは旧暦の十一月であり、冬至へ向かって太陽が日ごとに衰えていく時期である。古代の人々は、これを「太陽の死」として恐れた。それが「岩戸神話」

と重なり、「日乞《ひご》い」の儀礼として定着した。それこそが山間部に伝えられてきた太陽神再生の「祭り」であり、神楽「岩戸開き」の古層であろう。

神楽「岩戸開き」の古形は、古代中国の日蝕儀礼に見ることができる。

たとえば『春秋左氏伝《しゅんじゅうさしでん》』には、紀元前七世紀ごろの「魯国《ろ》」において日蝕があり、その折、土地の神に対して、楽器を打ち鳴らし、生贄を供えて祭りを行なった［※1］ことが記録されている。同書における日蝕の記録は三十七回に及び、そのうち三十五回の日時が、現代の天文学のデータとほぼ一致するという。

アマテラスとは、「ヒルメ＝日の巫女＝太陽神」であり、農耕神である。神楽とは、新嘗祭《にいなめさい》［※2］を基礎とする農耕儀礼がその原型で、旧暦霜月の冬至の日を中心に開催される。古代の人々は、太陽の光がもっとも弱まる冬至の日を「太陽（＝太陽神）の死」と解釈し、新穀《しんこく》を供え、太陽神であるアマテラスの再生を祈ったのである。

東南アジアに広く分布する「日乞いの儀礼」「農耕儀礼」などと神楽「岩戸開き」を重ねて見ることで、その起源と伝承の形態を把握することができる。

岩戸が開いたことを喜ぶウズメの舞

遠い諸塚《もろつか》の山脈の峰から朝日が差し、神楽が舞い続けられた御神屋を照らしている。夜を徹して舞い続けられた神楽がいよいよ終盤を迎え、「岩戸」が開いたのである。

あざやかな更紗《さらさ》文様の狩衣《かりぎぬ》を纏《まと》い、優美な舞を舞っているのは、ウズメである。

宮崎県東臼杵《ひがしうすき》郡諸塚村・諸塚神楽の「岩戸開き」では、ウズメは岩戸開きの前段では出てこずに、アマテラスが春日大神《かすがのおおかみ》（タヂカラオ）に手を引かれて御神屋を三巡する、太陽神出現の場面の後に舞う。

「浮輪取《うきわとり》」という演目である。

「浮輪」とは、神楽が舞われる御神屋の正面から引かれた綱に取りつけられている藁製の輪のことである。この輪は「日・月」を表す。

高千穂神楽では、この綱のことを「みどりの糸」と呼び、綱に「日・月」を象った円板が下げられている。この綱は天上の神々が伝って降りてくる「神の通り道」だともいい、神楽の最後の神送りでは、この綱を引きながら舞う。高千穂では、地主神が日・月の輪を両手に持ち、神楽の最終演目を舞う。椎葉神楽の一部にも同様の演目がある。

諸塚神楽の「浮輪」は、これらの事例に連なるものである。諸塚神楽のウズメの舞は、岩戸が開いたことを喜ぶ舞であった。

※1　この祭りは「礼にかなっていない」という記述もある

※2　宮中祭祀の一つ。収穫祭にあたるもので、現在では毎年十一月二十三日に、天皇が五穀の新穀を天神地《てんじんち》祇《ぎ》に捧げ、また、自らもこれを食して、その年の収穫を感謝し、翌年の豊穣を祈願する

前述の『春秋左氏伝』によれば、古代中国の「史官」とは、王家の歴史を記録する職業の家系の者が務め、その記録の正確さは比類のないものであった。

崔杼《さいじょ》が君主荘公《そうこう》を殺して実権を握った際、「崔杼その君を弑《しい》す」と時の史官は記録した。崔杼は怒り、その史官を殺した。ところが、その家を継いだ弟がまた同様に記録したため、崔杼は弟も殺した。その後も代々、記録を変えようとしなかったので、崔杼は殺しきれなくなって許した、という逸話が残る。

それほどの正確さを期した『春秋左氏伝』における「日蝕」の記録と天文学のデータが、符合しているのである。

日蝕とは、一時的にではあるが「太陽が死ぬ」という天異であり、古代中国の人々は、王権が滅ぶ前兆、あるいは天変地異の先触れとして恐れた。それで、日蝕の折には「壇を設え、楽器を鳴らして祭りを行なった」と記録される。ここに、神楽における「岩戸開き」の原型がある。

ウズメは古代のシャーマンだった

「岩戸」の前で神がかりして「神楽」を舞ったウズメとは、太陽をふたたびこの世に呼び戻すための祭りを行なう古代のシャーマンであった。ウズメは、天孫《てんそん》ニニギ（邇邇芸命）に随従して天降った五神「五伴緒神《いつとものおのかみ》」の一神とされる。
「五伴緒神」とは、天孫ニニギの降臨に従ったアメノコヤネ・フトダマ・ウズメ・イシコリドメ（石凝姥命）・タマノオヤ（玉祖命）の五神。タヂカラオもこの時、オモイカネ（思兼神）、イワトワケ（天石門別神）とともに降っている。

記紀神話（『古事記』『日本書紀』の神話）のクライマックスシーンの一つがアマテラスの「岩戸隠れ」と八百万の神々による「岩戸開き」の場面であるが、これにより、ウズメは、アマテラスと同時代の人（神）であることが把握される。そしてウズメはアマテラスの孫・ニニギとともに天降るのであるから、ニニギもまた少し時代がずれるがほぼ同時代の人（神）ということになる。

私は今、『古事記』の物語を雲の上の架空の物語ではなく、ある事実に基づいた国家創生の英雄譚として捉えようとしている。すると彼ら（神々）は躍動する英雄群像として眼前にその姿を現してくるのである。

アマテラスやウズメやニニギがどの時代に生きた人々であり、どのような民族であったかを比定するのは大変難しいが、少なくとも神楽に秘められた伝承やエピソードは、「虚構」ではなく「具体」である。私はそのような視点で神楽から発せられるメッセージを感受するのである。

なんと言っても、宮崎の神楽は圧倒的な分布数を誇り、古式を伝える事例が多いから、まずは宮崎の神楽を掘り下げて見ておけば、我が国の神楽の全体像を類推できるというものであろう。

伝承総数が三百座を超えるとも言われる宮崎の神楽を全部見るためには、五十七年かかるという試算がある。つまり、私は生きているうちに宮崎の神楽をすべて見尽くすということは不可能なのだ。

それほど豊かな分布数と伝承を持つ宮崎の神楽であるから、一点集中方式で、これぞと思った神楽を徹底して見ることで、理解度は深まり、神楽の真髄にふれる機会が増えると考えるのである。本書におけるウズメの諸相が宮崎の神楽の事例に限定されるものであるということの釈明を、ここで一応済ましておく。

先住民の芸能と渡来民の儀礼が融合

さて、宮崎の神楽におけるウズメの諸相を見ておこう〔図2〕。

宮崎の神楽に伝わるウズメの芸態は、先住の女性シャーマンの芸能と渡来の「天孫族」の儀礼とが混交しながら、現代の「神楽」に伝わる貴重な事例である。以後、注意深く見ていくことにしたい。

高千穂神楽のウズメの舞の途中で、私は、ウズメ役の舞人が振る鈴の音に、微妙な虫の音のような響きが混じっていることに気づいた。

ちりん、りん、りん。

それは、遠い日に西都原古墳群の一角で聞いたマツムシの鳴き声に似たかすかな音色である。いつの間にか、あの古代の巫女のような少女が隣に来ていて、にっこりと私に笑いかけた。幼かった顔が、少女から大人の女性へと変化してゆくころのほのかな陰影を見せている。

そして、同級生という少年が舞うウズメの舞を指し示し、

――私の鈴をこっそり神楽鈴につけて舞ってもらっているのよ

と得意そうに言うのである。

米良に落ちのびた南朝の末裔

「神和《かんなぎ》」という芸態は、ウズメの系譜をひく宮中の儀礼である。が、あとで詳しく述べるように「隼人舞《はやとまい》」や「サルタヒコ（猿田彦）」の信仰などの影響を受けながら、ひそかに神楽に織り込まれ、伝承されてきたのである。

米良の山中に秘められた中世南朝の王家の物語は、驚くべき展開で先住民の記憶や古層の物語をときほぐす手がかりを与えてくれる。九州の山の村は、古代と中世と現代とが表裏綾

図２ 宮崎の神楽におけるウズメ

高千穂神楽

集落の上手の神社で神事を済ませた神楽の一行が、神楽宿へと舞い入る「お降り＝道行」の行列をサルタヒコとともに先導する。そして、「岩戸開き」の場面では、岩戸の前で優美で呪術的な舞を舞う。静かに現れて、鈴と閉扇で舞い、次に扇を広げて鈴を激しく振りながら舞い巡るのである。『古事記』の記述にあるような半裸の所作は含まれない。あくまで、太陽神の再生を願う呪法である。現代のウズメ面は、おたふく顔だったり能面様式のうりざね顔の面だったりするが、古式の面は、少し怖いぐらいの強い表情をしているものがある。古い仮面は嘘をつかない。

高千穂・秋元神楽のウズメ

椎葉神楽

先にも述べたが岩戸番付があるかなしかの感じで、ウズメの舞がどれであるか、判定できないほどである。「嫁女面」と言っている例もあるが、同じく嫁女面が割烹着を着て、アマテラスの役をする例もある。岩戸番付が重きを置かれていないのか、もともと存在しなかった儀礼が地域儀礼としての神楽の中に取り込まれたので申し訳程度にやっているのか、判別がつきかねる。

諸塚神楽

「浮輪取」という演目で、「岩戸」が開いた後に喜びの舞を舞う。

米良山系の神楽

優美な女面の舞「神和〈かんなぎ〉」がウズメの舞となっている。村所神楽だけは「戸取〈ととり〉」という演目名で、少年が黒の裾模様もあざやかな黒紋付の女装束を着て、白い女面をつけて舞う。小刻みな足踏みと呪術的な所作を繰り返す舞である。

米良山系・中之又神楽の「かんなぎ」

宮崎平野から日南海岸の神楽

「神和」や「嫁女面」「稲荷山」「一の山」などと混交している。

霧島山系の神楽

「高幣〈たかび〉」「宇治」「氏」「志目〈しめ〉」(注連〈しめ〉の意であろう)となり、広く分布の形跡が認められる。これらの芸態は、次に詳しく述べる「神和」と同系であること、また、ウズメの子孫「猿女君〈さるめのきみ〉」が宮中の芸能を司る「御巫〈みかんなぎ〉」となることと関連する。

を成しながら、まるでまぼろしの村のようにそこに「在る」のである。

『古事記』の時代のことからここで突然南朝の時代へと時間軸を移動させられて混乱するかもしれない。が、ここでは、ウズメを経て伝えられた宮廷儀礼「神和」は、古代女性シャーマンの儀礼や隼人族の呪法などが南九州・宮崎の地で出会い、現代に伝えられたものと、単純に把握しておいてほしい。神楽とは、瞬時に古代から中世へ、そして現代へと我々を移動させてくれるハイブリッドな芸能でもあるのだから。

その背景から見てみよう。

鎌倉幕府と天皇家の対立に端を発し、天皇家が北朝と南朝に分裂して、日本列島を二分する騒乱に巻き込んだ南北朝時代……。

北朝・足利幕府連合軍と対立して吉野に「南朝」を樹立した後醍醐《ごだいご》天皇は、王権奪回の望みを託して皇子・懐良《かねなが》親王を征西将軍として九州へ派遣した。南九州に上陸した親王は、以来、肥後の豪族・菊池《きくち》氏の支援を受けて転戦し、一時は大宰府《だざいふ》を押さえて九州を制したが、北朝・幕府軍の圧力に抗し切れず、ついに敗れて、日向国米良の山中に逃れた。かつて秘境・米良荘と呼ばれたこの地は、肥後・菊池郷と境を接し、深い山脈に天然の要害や山城が点在する山岳地帯であった。

この時、親王に従ったものは、わずかの侍臣と武将、唐犬三匹と鶏二羽という心細さであった。貴人の一行は、肥後と日向の国境にそびえる市房山《いちふさやま》を越え、ようやく米良に至った。その地点を「大王出《だいおうずる》」という。高台から一望し、地勢を観じた所を「相見《そうみ》」という。親王を「神」として迎えた米良の山人は、親王亡き後、「大王宮御川《おんかわ》神社」を建立し、祀った。これが現在の村所八幡神社であり、懐良親王を主祭神とする「村所神楽」を伝える。懐良親王終焉の伝承地は熊本県八代、福岡県星野など各地にあるが、米良もその一つである。

米良山系の神楽は、懐良親王に随従した都の芸能者が伝えたという伝承ももつ。

古代から中世ごろまでの戦争では、「王家」やその係累の貴族、各地の豪族などは、兵士だけでなく、宗教者・呪術者・医者・芸能者などを随行した。戦闘に臨んで占いをし、戦勝祈願の舞を舞い、負傷者の手当てのみならず、戦死者の霊を弔い、鎮魂の呪法を行なった。米良の山にこれらの落人たちがたどり着き、山人たちに交じって村里を開墾し、定住し、五百数十年にわたり、神楽を伝えてきたのである。

「米良神楽」と総称されるこの山岳地帯の神楽は、王家（南朝）の一族と菊池氏の落ち武者たちが伝えた「都ぶりの神楽」に、土地の伝承、狩猟民俗、修験道《しゅげんどう》の理論・行法などが混交したものである。

三十三番を伝える神楽には、舞人《まいびと》たちが出て、深山に咲く白華のように、あるいは山嶺を越えてゆく飛鳥のように舞うのである。

米良山系に分布する「村所神楽」「小川神楽」「銀鏡神楽」「尾八重神楽」「中之又神楽」などでは、序盤の「清め」と「神迎え」の儀礼である「式三番」が舞い終えられると、神楽は一気に氏神降臨の場面へと移る。

先触れの神「鬼神」（サルタヒコともいう）に続いて、地主神である「氏神」、村の守護神として鎮座する「主祭神」、星宿神「宿神《しゅくじん》」などの降臨が前半の「神神楽」である。「王家」付随の儀礼として宮中で舞われた御神楽の名残が、米良の山中深く秘され、伝えられたのである。

後半は「民《みん》神楽」（里神楽）であり、地主神「荒神」、「山の神」、「狩りの神」、「稲荷」などが続けて出て、土地の記憶が語られ、大いなる自然神に敬虔な祈りが捧げられる。

古代の神がかりを彷彿とさせる「神和」

「神和」は、このような王朝の記憶と古層の神の信仰が交織され伝えられた米良神楽の中で、出現する。

神楽が舞い続けられている神社の境内は、注連縄によって結界が張られ、御神屋から神庭《こうにわ》の立ち木へ、さらに村の方角へと張られた縄は、参道入り口の鳥居を出て、村の入り口まで続いている。張り巡らされた藁縄に下げられているのは、榊の葉と、五色の御幣である。今宵、古い村と集落を取り巻く深い森の中に飾り付けられた注連が、精霊たちの遊ぶ祭り空間を創り出している。

星の光が山の峰から峡谷へと滑り落ち、小道の脇の草の葉に宿っている。神社の境内の明かりは、もうここまでは届かない。私は、少しだけ飲んだ焼酎の酔いを醒ますために、沢沿いの道をゆっくりと歩いた。太鼓の音は地を伝って響き、笛の音が虚空に流れた。

古びた木橋のたもとまで来て、引き返そうとした時、橋の向こうの三叉路に数人のにぎやかな一群が現れた。道は、橋を渡りきった所で麓の町へと下る本道と、山へと続く細道とに分かれている。山道の方角から来た森の精霊たちのような人影は、橋を渡り、結界の向こうからこちら側へと入ってきた。そしてその中の一人が、

「こんばんは。お・じ・さ・ん」

と、「おじさん」の部分を一語ずつ区切りながら私に近づいてきた。その声が、高千穂で出会った美少女のものであることは、すぐにわかった。

「おう、こんばんは。今夜は来ていないのかと思ったよ」

私の挨拶は、彼女が祭りの場にいなかったことに抗議するような調子ではなかったはずだが、彼女は

「ごめん、友だちの家で神楽のおさらいをしてたの。もうすぐ、わたしがかんなぎを舞うの

よ」

と謝りながら、小さな布の包みを掲げて見せた。その包みの中の小箱には白い女面「神和」が収められているはずであった。

そう言えば、神楽が舞い続けられている神社の境内の対面の山に一軒の家の明かりと思われる燈火が灯っており、小さな人影が動いているのは見えていた。彼女たちはそこに集まり、出番までの時間を過ごしていたのだろう。私は、神楽が始まるとすぐに画帖を広げ、次々に出る神様たちをスケッチし続けていたので、彼女たちが祭りの場と村の家とを行き来する姿を見落としていたのかもしれない。

この夜、彼女が舞った「神和」という女面の舞は不思議な神楽であった。

「神和」の舞人は、若手または女性の祝子《ほうり》（神楽の舞人）が務める。黒に裾模様の紋付あるいは艶《つや》やかな小袖などの女装束を纏い、白いうりざね顔の女面をつけ、左肩に大幣《おおぬさ》を担いで出る。その大幣の柄の部分を右手に持った閉じた扇で、ぱしり、ぱしりと打ちながら、すり足で御神屋を右回りに三周、回る。

太鼓はどろん、どろんと静かに、笛の音もひー、ひょー、ひょーとゆるやかに、虚空に消えるような細い響きで鳴る。焚き火の炎が燃え上がり、御神屋を照らす。神庭は、静謐な時間に支配され、時の流れが止まったかのようである。

神和は、なおも静かに、今度は逆に回り、次に扇を開いて同じ所作を繰り返す。太鼓と笛の調子が、少し早まっている。これが終わると、扇を閉じ、中央で唱教《しょうぎょう》［※］を唱える。その言葉は、低くて聞きとれない。

唱え言が終わると、左手の指を肩に当て、右手で印を切って早調子に舞う。印の手が、地霊を鎮め、天の声を呼ぶ。囃子《はやし》が急調子となり、次第に神和は渦を巻くように回りながら、舞い収めるのである。

あざやかな残像をあとに神和が退場すると、御神屋にも神庭にも、清澄な空気が流れ、客は、我に返ったように拍手を送る。たしかに、この時、官能的であり、呪術的な女性芸能者が、神楽の場に出現していた。

これこそ、古代の女性シャーマンによる神がかりの舞の名残だろう。「踊り」は跳躍であるが、「舞」とはそもそも「旋回」運動が基礎であった、ということがわかる事例だ。「渦」は「呪」ともなるのである。

などと思いを巡らしていたら、舞い終えた少女が近づいてきた。神和の面を胸に抱えるように持っていた。

※　節回しのつかない神への唱え言。舞人が舞いながら歌う、節回しのあるものは、神楽歌（神歌）という。これらの内容は、地区の神楽ごとに異なるが、いずれも神の来臨を請い、一夜の神楽を寿ぐものである

「よかった。美しかったよ」

軽く拍手を送る手つきをしながら、私が賛辞を送ると、

「ありがとう」

と微笑んで、すぐに仲間たちの輪の中へと帰ってゆき、山の方角へと続く道に消えた。少し上気して赤みを帯びた顔は、神和の面にそっくりであった。

大王様が伝えた宮廷祭祀の舞

神和の舞を舞った少女が語ってくれた「ばあちゃんの話」というのは、驚くべき内容を含んでいた。

彼女は、神楽の終盤、ふたたび神庭へと帰ってきて、写生を続ける私の横に膝を抱えて座り込み、その話をぽつりぽつりと聞かせてくれたのだった。私は神楽に通い始めた約三十年前から、神楽の絵を描いているのである。

それは、古代の語り部が神楽という神事儀礼の中に織り込みながら語り継いできた、一遍の叙事詩のような物語であった。

「ばあちゃん」の家は、村長《むらおさ》に次ぐ家柄の旧家で、代々、その家に生まれた女子の一人が選ばれて、神社に奉仕する「神子《みこ》」を務めた。ばあちゃんは、昔は「やまははさま（山姥様）」

と呼ばれて村人から敬われたらしいが、年取ってからは「ばば様」とか「ばあ様」と呼ばれた。少女は身内だから、ばあちゃんと呼んでいい。

　ばあちゃんは山の天気のことや、農作業の区切り（節季）、薬草や山菜などのことをよく知っている。山の奥に祀られている神様のことや、祟《たた》り神のことなども知っているが、今はあまりそのことは言わない。急なお産に立ち会い、慢性の病気は治してあげる。だから、ばば様は、山の神様のような存在である。

　昔……、それがどれほど昔のことだかわからないが、神楽は女が舞っていたと、ばば様は言う。そしていつのころか、村に「大王様」の一族と男の神職が逃れてきて住みつき、その時から、神社での「まつりごと」と「神楽」は男の神職が行なうものとなった。屈強な山伏も、大王様の一行の中にいた。山伏たちの唱える呪文や呪法は神楽の中に取り込まれ、五色の幣で飾り立てる神楽は華やかになって、村人に喜ばれた。

　山姥様が舞っていた神子舞《みこまい》は、大王様の一行が持ち込んだ女面「神和」をつけた舞に替わり、神和の面は、そのまま山姥様の家に伝えられた。「神和」とは「宮中の御巫《みかんなぎ》」（＝ウズメの子孫）の系譜をひく芸能である。

宮崎一帯に同系の舞が分布

以下に私がその後調べた事柄を交えて記述する。

神楽の「神和」という女面の舞は、霧島《きりしま》山系から日南《にちなん》海岸を経て宮崎平野、さらに児湯・高鍋《たかなべ》地域、米良山系にまで、広域に分布する。その芸態は、米良山中の神楽で美少女が舞ったものとほぼ同一である。名称は、霧島山系の高原町《たかはるちょう》・狭野《さの》神楽では、「高幣《たかび》」と「志目《しめ》」という黒・白一対の女面であり、隣接する祓川《はらいがわ》神楽では「宇治」となっている。この地方の古資料や仮面に「氏」「宇治」「志目」「天宇売女命《アメノウズメノミコト》」などという記述や仮面の墨書があるから、この演目と芸能がこの地域一帯に分布していたことがわかる。

狭野神楽の「高幣」を見ておこう。

狭野神楽の御神屋は、背後に狭野神社、その向こうに霧島山系の主峰・高千穂峰を控えている。中央に天蓋《てんがい》があり、そこからも四方に綱が張られて、神名を記した幡が下げられている。そこには小さな木の鳥居が設えられている。

その鳥居をくぐって、白い御幣を担いだ真っ黒な女面の「高幣」が入ってきた時には、さあっ、と霧島の山脈から吹き降ろしてきた風が、御幣や幡を揺らし、ひと時、御神屋を騒がせた。高幣は、御神屋を静かに右回りに回る。そして中央に進み出て、御幣を振りながら、

——尺寸文のいんねんによってかのみてぐら（幣帛）をさかしまに立つると唱教を唱える。次に、扇を開いてふたたび御神屋を三周した後、さらに「みてぐら＝御幣」に関する唱教を唱え、激しく旋回する舞を舞った後、退場する。

隣接する同町・祓川地区の祓川神楽に共通点を見ることができる。祓川とは、その地区を流れる小川で狭野皇子（神武《じんむ》天皇の幼名）が禊祓《みそぎはら》いをしたという故事にちなむ地名で、狭野と祓川の二つの神楽は、ほぼ同様の様式と内容を伝える。

これを見れば、霧島山系の神楽に登場する「志目」「氏」「高幣」「天宇売女命」などの女面が、御幣の力によって神を招き、場を清める舞、鎮魂の舞などをする役割を担っていることがわかる。天の岩戸のくだりでウズメが笹の葉を手に持って神がかりをしたことに見えるように、笹＝御幣の力を説くのである。

日南海岸の神楽では、この芸態の演目は「一の山」「稲荷山《いなりやま》」「神体舞《しんたいまい》」などとなる。「嫁《よめ》女面《じょめん》」というのもある。いずれも、同系の所作・舞い振りである。

一ツ瀬《ひとつせ》川流域・米良山系に分布する神和は「山の神」またはウズメという伝承を持つ。

『古事記』に記されるウズメはきわめて魅力的かつ刺激的である。高天原《たかまがはら》から天降ったニニギの一行を天《あめ》の八衢《やちまた》で迎えたサルタヒコの前に立ち、着衣の前を開いて敵意のないことを示し、サルタヒコの心を開いて日向の国高千穂へと案内させることに成功した。岩戸の前の半裸の舞も、サルタヒコの前での行為も、女性が持つ根源的な力を用いた古代の呪法であった。

霧島山系から日南海岸、さらには宮崎平野を経由して米良山系に至る地域の神楽に伝承されている女面の舞「神和」こそ、この御巫の系譜（すなわち古代祭祀直系の子孫）に連なる神事芸能であった。

ウズメは、次章で述べるように、サルタヒコと結ばれて伊勢へと向かい、「猿女君《さるめのきみ》」という上代朝廷の芸能職「御巫」となる。

第二章 天孫降臨

サルタヒコは南の王である

枚聞神社祭礼のサルタヒコ

天降るニニギを迎えたサルタヒコ

サルタヒコ（猿田彦）は多くの謎を持つ。

『古事記《こじき》』天孫降臨《てんそん》の段に登場する「国つ神《くにかみ》」である。

古代出雲《いずも》（加賀の潜戸《くけど》）で生まれ（『風土記《ふどき》』に記されるサタ大神）、九州で天孫・ニニギノミコト（邇邇芸命）一行を迎えて、日向《ひむか》の高千穂《たかちほ》の国へと案内し、アメノウズメノミコト（天鈿女命）と結ばれて伊勢へ行き、その地の土公神《どこう》（土地神）となり、アザカ（阿邪訶）の海でヒラブ貝（比良夫貝）に手を挟まれて溺れ死ぬ。これが大まかなサルタヒコの一生であるが、その行動半径は我々の予想をはるかに超えるほど大きい。

アマテラス（天照大神）から神鏡を授かり、高天原《たかまがはら》から葦原《あしはら》の中《なか》つ国へとやってきたニニギ一行は、天と地の境である「天《あめ》の八衢《やちまた》」に立ちふさがる神に出会う。背の高さは七尺（古代の尺度によれば二メートル余）、顔は赤く、鼻の長さは七咫《あた》（同七十～八十センチ＝諸説あり）、目は赤カガチ（酸漿《ほおずき》、大蛇の目、鏡などの解釈がある）のように輝く、異相の神、それがサルタヒコであった。

サルタヒコの威容を恐れたニニギは、ウズメに対し、「汝はたおやかな女ではあるが、立ち向かう神にその面の力で勝つ神である。行って、天孫の天降る道になぜ立ちふさがるのか問いなさい」と命じる。

そこでウズメが、その愛らしい笑顔でサルタヒコに向かい、衣の紐を押し下げて陰部をあらわにして敵意のないことを示すと、サルタヒコは「吾は国つ神である。ここに出現したのは天《あま》つ神《かみ》の御子が天降ると聞き、御前《みさき》に立つためである」と言い、筑紫《つくし》の日向の高千穂へと案内するのである。

南九州を舞台とした古代国家生成の物語「日向神話」がここにダイナミックに幕を開ける。サルタヒコは、多くの相貌を持つ。一見、怖そうだけれど女性シャーマンの「女の力」を用いた呪力にやすやすと懐柔され、渡来の民＝天孫一行を自国に案内する平和主義者。国境や村の境、宮廷や神社の前に立つ守護神。我らが愛すべきサルタヒコは、これらの故事により、「先導神」「航海神」「縁結びの神」「道祖神《どうそじん》」「天狗《てんぐ》」などの諸相を獲得し、日本列島にあまねく分布する民衆神となるのである。

サルタヒコの神格とは、争いを好まぬ縄文系の先住民の基本的性格を表すものである。

この故事により、サルタヒコはウズメと結ばれて伊勢の地へと向かう（伊勢の先住神説、ニニギがウズメに送っていくように指示したという『古事記』や『日本書紀《にほんしょき》』の記述などあり）。この時にウズメはサルタヒコの名を受け継ぎ、猿女君《さるめのきみ》という名を賜り、宮廷の芸能職を司る職掌となって神楽の祖と仰がれる。伊勢にはサルタヒコ直系の子孫という宇治土公《うじとこ》氏が宮司を務める猿田彦神社があり、その境内に佐瑠女《さるめ》神社がある。

天孫降臨伝承地が南九州に点在

ニニギ一行とサルタヒコとの出会いの地、すなわち天孫降臨伝承に関連する地点は、以下のように、南九州に点在する。

①高千穂――宮崎県西臼杵《にしうすき》郡高千穂町

高千穂町内だけで二十座の神楽を伝え、神話に関する地名・神社等も多い。高千穂神楽の「彦舞《ひこまい》」は『古事記』に描かれた先導神・先祓《さきばら》いの神としてのサルタヒコの故事をふまえている。赤い顔・高い鼻の仮面をつけたサルタヒコが、四隅に榊《さかき》が立てられ、中央天井に「雲《くも》」と呼ばれる天蓋が吊るされ、青、赤、白、黒（紫）、黄の五色の御幣などで飾られた御神屋《みこうや》（神庭《こうにわ》）に舞い入り、御神屋を右回りに回った後、中央に据えられた一斗枡の上に乗り、赤と金襴《きんらん》の麗々しい衣装で、右手に鈴、左手に榊と大幣《おおぬさ》を持ち、四方を清める舞を舞うのである。

②高千穂峰――霧島《きりしま》山系の主峰・高千穂峰を中心とした地域

地理的な位置関係などが記紀（『古事記』と『日本書紀』）の記述に近く、伝承の密度も

図3 主な天孫降臨伝承地

濃く、この地を天孫降臨の地とみなす民俗学者や郷土史家等は多い。霧島山麓にはサルタヒコがその所領を見回ったことを起源とする祭り「メンドン回り」が伝わり、猿田彦屋敷跡も存在する。

③笠沙《かささ》の御前《みさき》――鹿児島県南さつま市笠沙町・野《の》間《ま》岬《みさき》

ニニギの上陸地点であり、その妃となるコノハナノサクヤヒメ（木花開耶姫）との出会いの地とされる。

④笠沙の御前――宮崎県西都《さいと》市西都原《さいとばる》古墳群一帯

こちらにも笠沙の御前と伝えられる地点（御舟塚《みふねづか》）がある。サクヤヒメに関する伝承地も多く、ニニギの陵墓と伝えられる男《お》狭《さ》穂塚《ほづか》古墳、サクヤヒメの陵墓と伝えられる女狭穂塚古墳《めさほづか》等を擁する。
⑤可愛山陵《えの》――鹿児島県薩摩川内市《さつませんだい》可愛山陵と新田神社《にった》周辺
ニニギがその地方を治めたとされ、ニニギを祀る「山陵」がある。

これらの事例に着目し、私は足かけ五年ほど、南九州のサルタヒコの伝承を追っていた時期がある。「サルタヒコは南の王である」と題したその時の紀行文や仮面史の源流を巡る考察は、あまり注目されなかったが、私は今でもその時の直感は正しいと思っている。

ニニギは大陸からの避難民か

薩摩半島の西端に位置する鹿児島県南さつま市笠沙町の野間岬。岬の突端に立つと、はるか南方へと広がる大きな海景に圧倒される。今、自分が立っている地点が陸の果てであり、そこから先は、海神の国であるということも全身で体感できる。同時に私たちは、その先に海洋に浮かぶ東南アジアの国々が広がっており、中国から中央アジアへと連なる大陸がその茫洋たる海に接続していることも、知識として理解している。

この地域一帯を案内してくれた向江《むかえ》さんという地元の歴史家もまた、そのことは承知の上で、

——ここは鑑真和上《がんじんわじょう》が漂着した場所とは指呼《しこ》の間というべき距離の地点なのですと言う。そして

——古代、中国大陸と南九州を往き来した人たちは、潮の道・風の道を熟知していて、中国のどの地点からいつの季節に舟に乗れば、東方の「黄金の国・扶桑国《ふそうのくに》」（日本の古代の異称）へとたどり着けるかを知っていたのですとも言う。

種々の民族・王権が興亡を繰り返した中国の後漢王朝末期（二世紀末）には、王家の外戚、宦官《かんがん》、官僚などが権力争いを繰り返し、政治は乱れ、地方では旱魃《かんばつ》・凶作・飢饉・疫病などの天変地異・災害が続発し、民衆は疲弊した。この時期、民間宗教「太平道《たいへいどう》」の教祖・帳角《ちょうかく》が「蒼天すでに死し、黄天まさに立つべし」と頭部に黄色い布を巻いた同志とともに決起した。「黄巾《こうきん》の乱」（一八四年）である。これが「劉備《りゅうび》・曹操《そうそう》・孫権《そんけん》」等の英雄、「張飛《ちょうひ》・関羽《かんう》・孔明《こうめい》」等の豪傑・智将たちが躍動した「三国時代」の始まりを告げる烽火《のろし》であった。

——このころ、戦乱を逃れたいずれかの国の民が、東方へ向かって船出し、南九州のどこかの地点へ漂着し、新しい国造りを行なった、それがいわゆる天孫降臨の物語であれば、この地に伝えられる伝承と、考古学のデータ、『古事記』という古記録の記述などが一致するのですが……

と、向江氏は語る。そして、その地点「ニニギとサルタヒコとの出会いの地・天の八衢」は、ここ薩摩半島西端に位置する笠沙町の野間岬である、と言うのである。

前項で述べたように天孫降臨伝承地の中でも、『古事記』に記された「笠沙の御前」と想定される重要な地点が二つある。

その一つは、西都市都萬《つま》神社の近くの「御舟塚」。他の一つが、この鹿児島県南さつま市笠沙町野間岬である。前者は、市街地の中の小さな空き地にぽつんと石碑が立っているだけのはなはだ心細い史跡である。近くにサクヤヒメを祀る都萬神社や、ニニギとの出会いの地・逢初《あいそめ》川などの史跡はあるが、肝心の、西都原古墳群の築造年代が現時点では五世紀ごろのものとされていて、伝承と考古学のデータが合致しない。

天孫族＝ニニギ一行が、どこから来て笠沙の御前へ向かったのかは、『古事記』の記述では具体性を欠き、『日本書紀』では「日向の襲《そ》の高千穂から笠狭碕《かささのみさき》」へと向かった、となっているのみで、それがどの地点かは特定しにくい。

仮説を裏づける潮流や数々の地名

細部の検討を省略し、ニニギの一行がまず南九州の地に第一歩を記した地点として、笠沙町の野間岬への「漂着」と「上陸」を想定してみよう。

　すると、東南アジアから東シナ海を経て日向灘へと向かう黒潮の流れ、日本海へと流れる対馬《つしま》暖流という大きな二つの海流、薩摩半島・開聞《かいもん》岳周辺から大隅《おおすみ》半島・日南海岸へと展開するニニギから神武《じんむ》天皇に至る伝承、黒潮文化圏を往来した隼人《はやと》族との関連などが見えてきて、わかりやすくなる。そしてその地点とは、やはり日本最西端の野間半島「笠沙」であり、その場所こそ、ニニギとサルタヒコの出会いの場ではないかと、向江氏は語るのである。

　向江氏の認識は、南九州を歩いて得た私の実感とも共通する。

　そして笠沙町の野間岬やその一角の黒瀬《くろせ》の浜に立ち、土地に伝わる話を聞き歩いてみると、この地域に数多くの天孫降臨伝承が残されていることがわかる。眼下に白波が砕ける岩礁があり、東シナ海が広がっている。ニニギが漂着した場所を「打寄瀬《うちよせ》」といい、上陸して立った地点が「立瀬《たつせ》」、上陸の際に喜びの舞を舞った「舞瀬《まいせ》」、一行が通過した地点を「神渡《かみわたり》」などとする地名が黒瀬海岸一帯に残っており、黒瀬地区には「神渡」という姓の家が現在も十数戸存在すると言う。

　さらに、黒瀬海岸から山伝いの道を登った野間岳山腹に「宮ノ山」があり、そこが、ニニギが初めての宮居《みやい》とした「笠狭宮《かささのみや》」の跡だと伝えられる。照葉樹に覆われた道を登ってみると、積石式の住居跡や墳丘、岩窟式の墳墓跡などの巨石文化の遺構があり、先住の民の居住地に移住してきた渡来人の住居跡であったことは想像できる。

——わたしの、ムカエという姓も、サルタヒコにちなむものと聞いています
と、これは笑いながら向江氏は言う。ただし、現在この地方にはサルタヒコの痕跡は残っておらず、わずかにサルタヒコを祀る「田中神社」という小さな祠《ほこら》が海辺にあるに過ぎないとも言う。

——高千穂から伊勢へと行ってしまった神様なので、仕方ないことでしょうけれど……

これは向江氏の嘆息まじりの独語である。

『古事記』の主役となる「天孫族＝大和王権を樹立した民族」の渡来以前に日本列島には一万年単位で独自の文化を形成した縄文時代があり、それに続く弥生時代があり、弥生時代の終末期から古墳時代初期へかけて、天孫族の渡来と国家創世の時代に入るのである。大陸から、そして南方から、波状的に渡来した異なる文化の影響を受け入れ、新しい文化を醸成してきたのが日本列島の文化史である。

その「境界」に立つ神がサルタヒコであろう。サルタヒコはこのような視点で捉えたほうがわかりやすい。天孫降臨伝承とは、大陸から王家継承の儀礼、稲作と鉄器の文化などを携えて渡来した天孫族の物語である。

このように概括したうえで、向江氏といつかまた語り合える日を待つことにしよう。

南九州こそ天の八衢である

何度でも言う。

「サルタヒコ」は謎の神である。

私は三重県伊勢市にある「猿田彦神社」が主催した「猿田彦大神フォーラム」（一九九八～二〇〇九年）に十年間参加したが、国内外の第一線の学者・研究者が集まったこの会の研究活動でも、サルタヒコの実像は捉えることができなかった。

生誕の地とされる古代出雲地方（加賀の潜戸）からなぜ、どのようにして、ニニギとの出会いの地である九州へ来たのか。そしてどのような経緯で南九州の「王」として君臨したのか。ニニギの降臨をどうして知り、何ゆえに天の八衢で迎えたのか。さらには伊勢へ向かう道中の事蹟、伊勢での活動などの不明確なまま、ヒラブ貝に手を挟まれて死ぬという無様な死に方は何を意味するのか。そのやや滑稽な最後にもかかわらず、「道ひらきの神」「縁結びの神」「道祖神」「先導神」「航海神」等々、民衆神として広範な信仰を集めたのは、なぜか。

サルタヒコの謎は、列挙しただけでもこのような多様性を持つ。そして、調べれば調べるほど、サルタヒコの実像は遠ざかり、またぐるりと巡っては、我々の眼前に現れ、新たな「謎」を突きつけるのである。

それゆえ私は、サルタヒコに関する興味を「サルタヒコは南の王である」という一点に絞った。天孫降臨伝承の地点が九州であることは明らかであるから、伝承事例の多く分布する南九州こそ天の八衢である、となかば開き直ったのである。

南九州には海神の民俗が幅広く分布し、それが東南アジアと黒潮文化圏に分布する儀礼や古伝承と関連している。雄大な体躯《たいく》、恐ろしげな相貌、海の彼方からやってきて幸を与えたり、害をなしたりする来訪神。はるかな海原を航海する神。日神・月神にまつわる信仰。これらは、黒潮文化圏・南九州の地に共通する民俗・伝承として分布し、さまざまに変容しながら、地域の祭り・習俗として残存しているのである。

古代、南九州一帯に勢力を持っていた民族は、黒潮に乗って移動する海洋民であり、「南《は》風《え》人《ひと》」＝「隼人《はやと》」と呼ばれた。独自の文化と勢力圏を持ち、大和王権による日本列島統一後も、最後まで大和朝廷への服従を拒んだ民族としても記録される。一方、天孫族と早くから合流し、大和の祖神となった一族、大和朝廷の守護職として仕えた隼人族も存在する（第五章「海幸彦と山幸彦の諍《いさか》い」で詳述）。

隼人の鎮魂祭とサルタヒコの祭りの共通点

南九州に分布する「弥《や》五郎《ごろう》どん」と呼ばれる大人形は、その隼人族の特徴を色濃く反映する民俗儀礼である。「弥五郎どんは隼人の王である」と言い伝えられ、弥五郎面と呼ばれる大仮面をつけた大人形が、盛大な祭りの行列を先導するのである。かつては七十センチメートルもの大仮面、七メートルもの大人形も登場したという。

隼人族は、養老四年（七二〇年）の「隼人の乱」で大伴旅人《おおとものたびと》によって制圧されたが、その後、隼人の霊は激しく祟《たた》り、災害が発生し疫病が蔓延した。この「隼人の霊」を鎮めるために始められたのが、生き物を海に放ち供養する「放生会《ほうじょうえ》」であり、その祭りの行列を先導するのが弥五郎どんなのである。

一行が、祭りの会場に到着すると、弥五郎どんは、広場の隅、すなわち外界との境に立ち、祭りの場を守護する。祭礼のにぎわいを背に遠くを見つめる弥五郎どんのまなざしは、憂愁を帯びている。

弥五郎どんに類似する仮面祭祀に、祭りを先導する「火の王・水の王」という仮面神がある。赤（火の王）、青（水の王）を表す一対の大型仮面が、祭りの一行を先導する。この「火の王・水の王」は、通常は神社を守護する位置に掛けられており、祭りの日は鉾《ほこ》に取りつけられて先導神となる。大隅半島の内之浦《うちのうら》・平田神社の夏祭りでは、鉾に取りつけられた「サルタヒコ・カナヤマヒコ（金山彦）・オオヤマツミノカミ（大山津見神）」の三神が祭りを先導し、その三面は黒潮打ち寄せる浜辺に立てられて、その前で神楽が奉納される。

薩摩半島南端の開聞岳の麓にある枚聞《ひらきき》神社の祭礼では、赤い顔、大鼻のサルタヒコが祭りの一行を先導し、開聞岳の麓を行く。海に突出した岬、海岸近くに高くそびえる山などは、古くから海洋民の信仰を集めた。「ミサキ神」「鼻高」などのイメージがこれと重なる。鼻高の「サルタヒコ面」に先導される祭りの行列や、神楽のサルタヒコは、『古事記』の描写に近く、その性格は黒潮の民や古代隼人族の習俗との一致点が多い。

まさしくサルタヒコは、九州の地に先住し、広大な南の海を往来し、渡来の民と新しい文化を受け入れる包容力を持った「南の王」であった。

第三章

ニニギの結婚

イワナガヒメは先住の女性シャーマンである

米良山系・小川神楽の磐長姫命

ニニギに結婚を断られた醜い姉

一ツ瀬《ひとつせ》川は、九州脊梁山地の中心部に位置する椎葉《しいば》の山塊を源流とする川と、肥後・日向《ひゅうが》国境の市房山《いちふさやま》山系から流れ下ってきた川が西米良《にしめら》村・村所《むらしょ》で合流し、急峻な米良の山岳を削る激流となり、東へ流れて日向灘・太平洋へと注ぐ大河である。多くの支流が分岐し、その谷の奥深く、神楽を伝える村を秘める。

米良の山脈が果て、川がその幅を大きく広げた辺りに、大小の古墳三百基以上を数える西《さい》都原《とばる》古墳群がある。この古墳群最大の男狭穂塚《おさほづか》・女狭穂塚《めさほづか》の二つの古墳は、ニニギノミコト（邇邇芸命）とコノハナノサクヤヒメ（木花開耶姫）の「陵墓」とされているから、この伝承によれば二神の出会いと終焉の地がここ西都原一帯であったということになる。

私が、神楽の巫女舞《みこまい》を舞う美少女と出会い、彼女に導かれて九州脊梁山地の奥深く、神楽を訪ねる旅を続けるきっかけとなったのが、この西都原古墳群の一隅であった。

夕焼けに染まる古墳の脇の草むらで描き出された神楽の一場面と同じ舞が、彼女に誘われて訪れた村の神楽で舞われていたことの驚きと、その舞の美しさに私は魅せられ、神楽通いに拍車がかかったのである。そして、古代の巫女＝神子《みこ》の系譜に連なると思われる彼女の言葉を借りて、彼女の祖母「ばば様」が語るイワナガヒメ（磐長姫）の物語は、まさしくこの

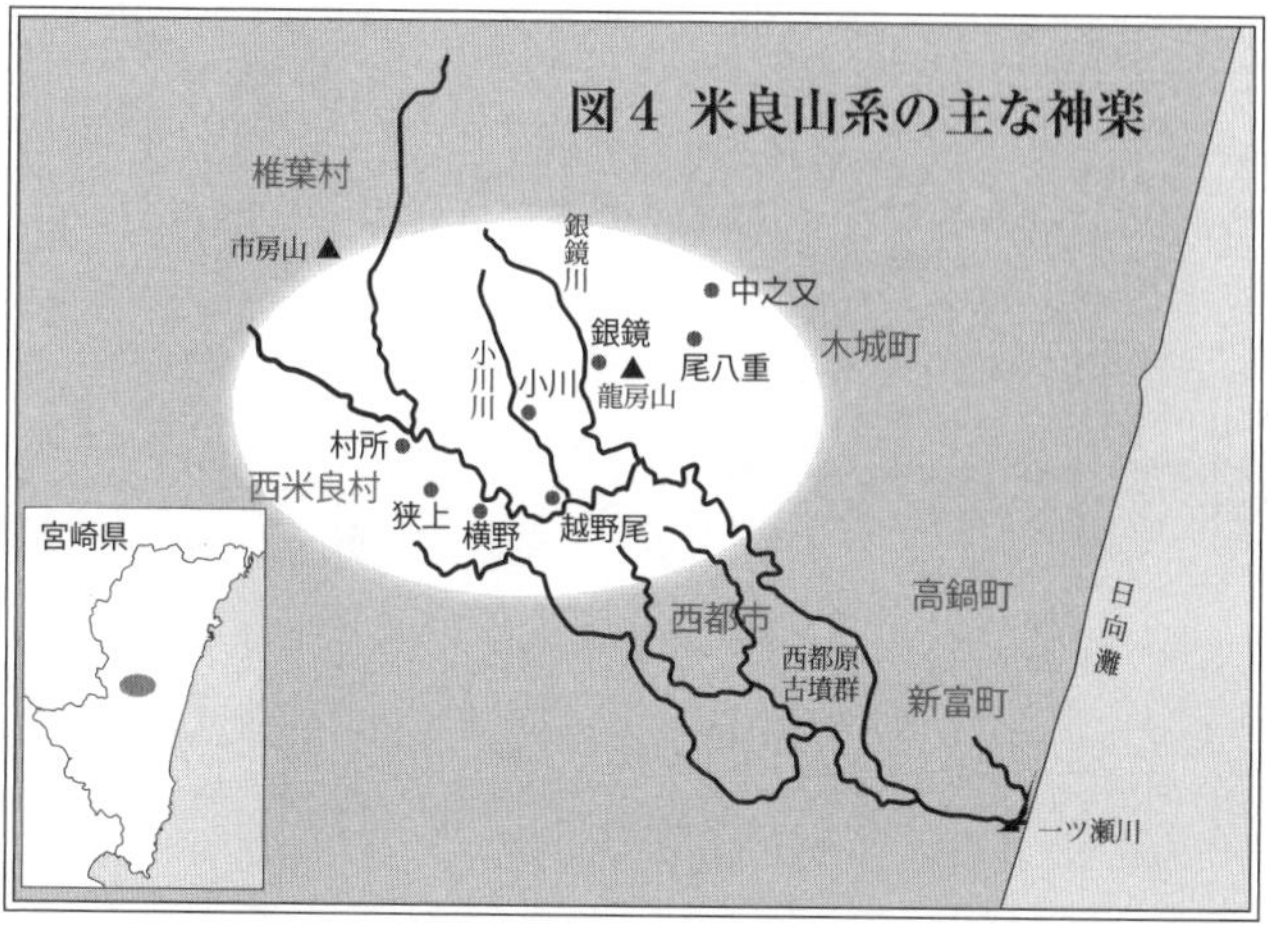

図4 米良山系の主な神楽

土地に語り継がれ、「神楽」という神事芸能によって伝えられてきた「土地神＝先住の女性シャーマン」の記憶であった。

イワナガヒメの物語は、哀しみに満ちている。

『古事記《こじき》』天孫《てんそん》降臨の段では、高天原《たかまがはら》から天降ったニニギは、笠沙《かささ》の御前《みさき》でサクヤヒメと出会い、その美しさに一目ぼれして、結婚を申し込む。サクヤヒメは、父親であるオオヤマツミノカミ（大山津見神）にそのことを告げ、意向をうかがうと、オオヤマツミはおおいに喜び、姉のイワナガヒメも共に献上することを申し出る。ところが、イワナガヒメは大変な醜女だったので、ニニギは返上し、妹だけを娶《めと》る。

オオヤマツミがニニギに献上したサクヤヒ

メとイワナガヒメの姉妹は、サクヤヒメが祝祷《しゅくとう》の意をこめた花の精、イワナガヒメが長寿を寿ぐ磐《いわ》の精であり、いずれも先住の神＝女性シャーマンであったことが推定される。

コノハナノサクヤヒメ・イワナガヒメ伝承には、ニニギが醜いイワナガヒメを受け取らなかったことにより、天皇家の寿命が短くなったのだとする伝承が付随する。『日本書紀《にほんしょき》』神代（下）の一書第二には、はっきりと天皇家の寿命に関する記述と「磐石」という言葉が示されている［※］。この「磐のように長い寿命」という言葉が、後述する米良山系のイワナガヒメ伝承、山の神信仰、女面と女性芸能の源流などと深く関連しているのでご記憶願いたい。

悲しみのあまり一ツ瀬川上流で入水

――イワナガヒメは、大変な醜女じゃった

と、ばば様は語り始めた。

――米良の神楽に行くと、時々、イワナガヒメの面に似たおなご衆《し》がおるものじゃ。イワナガヒメとは、もとから米良の山におった山の神様と言われておるよ

その相貌を、ばば様は

――岩のように色が黒く、細い目が両額に向けてやや吊り上り、唇は厚く、頬骨の張った

骨格の太い顔……

と言う。神楽に出る古いイワナガヒメの仮面にそのような造形のものがあるのだとも言う。

ニニギに受け入れてもらえず、悲しみにくれたイワナガヒメが、その顔を鏡に映して見ると、なるほど、自分でも認めざるを得ぬ醜貌であった。それで、イワナガヒメは一層嘆いて、その鏡を空高く放り投げた。すると鏡は遠く一ツ瀬川上流の龍房山《りゅうぶさやま》まで飛んでいき、日夜白く光を放った。

――これが龍房山の麓にある銀鏡《しろみ》地区の「白見」＝「銀鏡」という地名の起源となったものじゃ

銀鏡地区は古式の銀鏡神楽を伝える。銀鏡神楽にはイワナガヒメと思われる神は出ないが、祭神の後に出る宿神三宝荒神《しゅくじんさんぽうこうじん》がイワナガヒメであるとの伝承がある。銀鏡神社の御神体は龍房山であり、龍房山そのものがイワナガヒメであるともいう。

――イワナガヒメの嘆きは日を追うごとに深まり、ついに西都原から一ツ瀬川を遡って、

※「時に皇孫、姉は醜《みにく》しと謂《おもほ》して、御《め》さずして罷《ま》けたまふ。妹《おとと》は有国色《かほよし》として、引《め》して幸《みとあたは》しつ。則《すなは》ち一夜《ひとよ》に有身《はら》みぬ。故《かれ》、磐長姫、大《おほ》きに慙《は》ぢて詛《とご》ひて曰《い》はく、『仮使天孫《たとひあめみま》、妾を斥《しりぞ》けたまはずして御《め》さましかば、生めらむ児《みこ》は寿永《みいのちなが》くして、磐石《ときはかちは》の有如《あまひ》に常存《とはにまたか》らまし。今既《いますで》に然《しか》らずして、唯弟《ただいろど》をのみ独見《ひとりめ》御せり。故、其《そ》の生むらむ児《みこ》は、必《かなら》ず木《こ》の花《はな》の如《あまひ》に、移落《ちりお》ちなむ』といふ」（以下略。つまり、醜い姉神を受け取らなかったので天皇家の寿命が短くなったの意）

支流の小川《おがわ》川の源流部まで行き、そこに住んだ。小川は、銀鏡から山を一つ越えた隣村じゃばば様の話によれば、その土地の人々は優しくイワナガヒメを受け入れたが、姫の嘆きは一層深く、とうとう御池《みいけ》に入水する。これを村人が憐れみ、手厚く祀ったのが、小川米良神社である。神社の下にある淵がその御池の名残で、神社の対岸の山にイワナガヒメを御神体とする山の神の社がある。一年に一度、この山を下って小川神楽に降臨するのがイワナガヒメ様だというのである。

イワナガヒメが主祭神をつとめる神楽

小川米良神社に伝わる小川神楽の「御祭神舞《ごさいじんまい》」は「磐長姫命《イワナガヒメノミコト》の舞」である。米良神楽の「大王様《だいおう》」「八幡様《はちまん》」「御手洗様《みたらい》」（以上、村所神楽）、「西之宮大明神《にしのみやだいみょうじん》」「宿神三宝荒神」（以上、銀鏡神楽）などと同様の主祭神（神社に祀られる主なる神様で神楽の主役）の舞である。

これら米良神楽の主祭神の舞は、宮司が主祭神の仮面をつけて舞う重厚な舞である。法螺《ほら》貝の音が鳴り響き、村人・氏子代表・神官・弓矢の警護役等に先導された主祭神が現れて、御神屋《みこうや》中央に下げられた天蓋の下、ゴザ一枚分の舞処《まいど》で、厳粛に舞う。金襴《きんらん》の衣装を羽織り、黄金色の天冠《てんかん》を被った仮面神は威風辺りを払う貫禄である。仮面には米良神楽の起源伝承を秘め、中世の様式を伝えるものがある。

主祭神の舞の途中でふたたび法螺貝が鳴る。すると、参拝者は祭神に向かって賽銭を投げる。その天冠の中に賽銭が入ると、一年間の無病息災が約束され、願い事が叶うという。

小川神楽の「御祭神舞」はイワナガヒメの舞であり、宮司が大ぶりの女面をつけて舞う。伝承のような醜い相貌ではなく、古代の巫女の顔を連想させる美しい女面である。天冠を被り、黒い扇と大幣《おおぬさ》二本を持って舞う。衣装は、黒に裾模様のある見事な女装束である。

舞が始まると、法螺貝の音とともに賽銭が降りそそぐ。その夢中で賽銭を投げる人の群れの中に、イワナガヒメの面に似た女の人がいる。それは明らかにこの土地で生まれ育った人の顔である。悠久の「時」の流れの中で、イワナガヒメはたおやかな美人に変異している。

——小川村の山向こうの横野地区に、横野産土《よこのさんど》神社がある。「さんどさま」という女の神様じゃ

昔、この土地を治めた殿様が、山で鹿笛を吹き、猟をしていたところ、不審な女性《にょしょう》が現れた。殿様は、妖《あや》しと思い、火縄銃を放つとその弾は命中し、悲鳴とともに一片の雲が天に向けて昇っていった。殿様は山の神様を撃ったのであった。その後、難産の末に死去した奥方様の胎盤に牙の生えた子が宿っていたことをはじめとして、一族に不運と不幸が相次いだ。これを憂えた後室様（先妻亡き後に迎えた妻）が山神の霊を招き、子安観音として祀ったと

ころ村に平穏が訪れた。この子安観音が「産土様」という女の守り神様である。

横野神楽には、この「産土様」が降臨し、小川神楽のイワナガヒメと同じく主祭神降臨の舞を舞う。天冠を被った白い能面様式の美しい女面である。

村所神楽の「御手洗様」は米良重鑑《めらしげかね》公の奥方「お勝様《かつ》」を表し、同じく山の神信仰と混交し、安産の神として村人の信仰を集める。一族の内紛に倒れた重鑑公の後を追って自刃した奥方様はその時懐妊していた。奥方様は、村の女性の守り神となることを誓い、夫の後を追うのである。山の神となった奥方様が猪と遊び舞う演目が村所神楽に組み込まれている。

同様の「女神様」の登場は、越野尾《こしのお》神楽の「水神男神《すいじんおがみ》」「水神女神《すいじんめがみ》」、狭上《さえ》神楽の狭上稲荷大明神の「奥方様《おくがた》」、上米良神楽の「矢村様《やむら》」などに見られ、米良山系の神楽に広く分布していることがわかる。いずれも、イワナガヒメ伝承が山の神信仰と混交しながら安産の神として信仰され、「女面の舞」として神楽の中に生き続けたものと解釈できる。

米良山系の神楽のイワナガヒメ伝承と山の神信仰の習合、米良神楽の女神信仰などを見ると、そこに古代の先住の女王＝女性シャーマンが行なった祭祀が「女面の舞」に名残をとどめ、現代に引き継がれた古代の記憶は、今なお光を放ち続けているように思える。

神楽セリ歌は古代の歌垣の名残

山の端から月が出た。高い山に囲まれた谷底のような村の、月の出は遅い。黒々とした山の峰を銀色に光らせて昇ってくる月もまた、祭りの場を異次元の空間へと変容させるものだ。月に誘われるように、一人の女が祭りの場から踊り出て、両手を月に向けて振りながら、山のほうへ向かった。

先ほどまで、神庭《こうにわ》の端で、神楽の音楽に合わせて身体を動かしていた女性たちの一人のようだ。村の女性たちに、里帰りしてきたこの村出身の若い女性や、遠方からこの神楽を訪ねてきたというダンサーなどが交じっている。夜が更けるとともに彼女たちの身体の奥深い所に眠っていた神性が目を醒まし、祭りに同化したものだろう。ダンサーは、次第に着衣を脱ぎ捨ててゆき、ついには黒いレオタード姿となって舞い、踊った。身体の線が焚き火の光に照らされてくっきりと浮かび上がった。そこには、まさしく古代の巫女のような舞人《まいびと》がいた。

焚き火の炎が、夜空に向かって立ち昇ってゆく。夜空を飾っていた星座も次第に光を失いつつある。

私は、焚き火に手をかざした姿勢のまま、少し眠ったようだ。ゆらゆらと揺れる炎の向こうに、神楽を舞う人の姿がぼうっと霞んで見える。神楽は、夢と現《うつつ》の境を行き来し、人々を精霊神の遊ぶ夢幻空間へと誘う。

――神楽出せ出せ　神楽出せ　神楽出さなきゃ　嫁女《よめじょ》出せ……

神楽囃子《ばやし》の間を縫って、神楽セリ歌が聞こえてくる。

神楽の御神屋を挟んで、男組と女組に分かれて歌を歌い交わす、古代の歌垣の名残が神楽のセリ歌だ。

――こんな寒いのに　笹山越えて　笹の露やら涙やら
歌は、男女の哀歓を秘める。昔、一年に一度の神楽の夜は、若い二人が出会う数少ない機会であり、許されぬ仲の二人が結ばれる夜であった。

――俺とお前は　木の根が枕　空に三ツ星かかるころ
歌は次第に性的な描写を加え、恋人たちを山中の闇へと誘う。そして、「イワナガヒメ＝磐石《ばんぜき》」の場面へとゆるやかに移行していく。

部屋の神や磐石もイワナガヒメ

米良山系の西端、西米良村・村所神楽に「部屋《へや》の神」という演目がある。これがこれまでに見てきた「イワナガヒメ信仰＝磐石」につながっている。詳細に見てゆく。

神楽も終盤に近づいた夜明け方、台所から舞い出た愛嬌たっぷりの媼神《おうな》が、身振り手振りよろしく、宇宙星宿（天球を二十八宿に分割した古代中国の天文学）の理《ことわり》、万物の生成、子孫繁栄の法、国土創生の物語などを語るのである。この「部屋の神」は米良山系一帯に「室《へや》の神」「磐石《ばんぜき》」「ばんせき」などという演目で分布し、ほぼ同一の様式で演じられる。その神格は、台所の神・山の神である。

「部屋の神」の語りを見てみよう。

村所神楽の「部屋の神」は、出番前に賄《まかない》部屋でお神酒《みき》をいただき、ほろ酔い加減で御神屋に舞い込み、神前に進んで一礼をした後、御神屋を舞い巡る。御神屋を一巡すると

――村所八幡神社の御祭典について、ご苦労めしもそうが

と唱教《しょうぎょう》を唱える。唱え終わると、観客と軽妙な問答をしながら、腰に下げたテゴ（籠）の中から「杓子《しゃくし》」を取り出す。部屋の神の面を「しゃくし面」と呼ぶのはこれに由来する。

この杓子は森羅万象に通じ、人生相談や村の出来事、天と地の距離まで、なんでもご存じの杓子である。観客も耳に杓子を当てて、杓子の話を聞かせてもらう。やがて部屋の神は杓子を天に向かって高々と投げ上げる。杓子はすぐに落ちてくるが、じつはこの短い間に、杓子は天地の間を往復したのである。杓子はその途中（宇宙）で見聞したことを長々と語る。

――天と地の距離は、十尺十寸ヤジャムジュ、ちてしゃが言うが……

と、部屋の神は杓子の頭をなで

——天地イザナキ（伊邪那岐命）・イザナミ（伊邪那美命）の命とはこれのことなり

と、言ってテゴの中に杓子を納める。

続いて、テゴから「ごき」（御器＝飯椀）と「しゃもじ」を取り出し、飯を炊いたり、炊き上がった飯をごきに移したりする演技をする（実際には炊き上がったおこげ飯がすでに入っている）。

やがて、そのおこげ飯を

——八幡神社にほかかい奉る

と、神前に捧げ、次に

——社人《しゃにん》衆にもほかかい奉る

と、言いながら、社人や観客に配る。このおこげをもらって食べると、一年間の無病息災と五穀の豊穣が約束されるのである。この間も、部屋の神と観客の愉快な問答が続く。

最後に、部屋の神は、テゴからさも大切そうなもの（すりこ木）を取り出し、着物の下に隠し、ちらりと見せたりしながら御神屋を巡り、

——参詣の衆、東・西・南・北を知っておるか、知らんけりゃ教えるぞ

と、言いながら、そのすりこ木を用いて、東西南北を示す。部屋の神の大切なすりこ木とは、男根である。その男根が東を向けば、

――東を向いてヒータカ、ヒータカ、タカタカ

と、セキレイの鳴き真似をして、男根を上下させる。これはセキレイ（とつぎおしえどり）がイザナキ・イザナミの二神に国生みの方法を教えたという説話に基づく演技である。

古くは、この後、男面と女面が出て、性交の場面を演じたという。足のかなわない女神が神楽の場にズリ出て（いざり出て）、観客と手真似、腰真似で会話する。そこへ男神が酒徳利や盃を持って現れ、女神と向き合い酒を酌み交わす。やがて酔いつぶれた男神は女神を引き寄せて睦み合う。

米良山系の東端に位置する中之又《なかのまた》神楽には、村所神楽の「部屋の神」と同系の「磐石《ばんぜき》」という演目がある。先に述べたようにこの「ばんぜき」こそ、先住神イワナガヒメが山の神と混交し、米良の山で生き続けた古層の神である。そのことを示す伝承を神楽の中に見ることができる。

中之又神楽の「磐石《ばんぜき》」は、真っ黒な顔の姥《うば》神（老女神）である［図5］。峠を隔てて隣接する尾八重《おはえ》神楽の「ばんぜき」も同じく黒い姥面の神である。

この磐石という演目は、米良山麓の西都原周辺、高鍋《たかなべ》・児湯《こゆ》地域にも分布する。

「磐石」「室の神」「部屋の神」とは、万物生成の様子を演じ、国土安穏・五穀豊穣・子孫繁栄を祈願する演目であるが、底流に山の神信仰が流れ、山姥《やまんば》（姥神）信仰やイワナガヒメ信

仰なども混交している。

日本民俗学では、山姥と山の神信仰の関連は早くから指摘されており、米良山に伝わる狩猟の風習を記した「西山小猟師文書《にしやまこじゅうし》」にも、山の神である山姥と猟師の交流が語られている。同文書の山姥が「一神《いちじん》の君」と呼ばれ、小川神楽のイワナガヒメが「市之宮《いちのみや》様」と呼ばれていることも関連していると思われる。

『古事記』に記された天孫ニニギとサクヤヒメの出会いの場面に付随するイワナガヒメの物語は、米良山系・一ツ瀬川流域に、イワナガヒメ神話として広範囲に分布し、山の神信仰・姥神信仰・女神信仰などと習合しながら、神楽の中で「室の神＝部屋の神＝磐石」として生き続けているのである。

黒い仮面と地母神の関係性は世界共通

縄文時代の祭祀儀礼に使ったと推測される土器や土偶には、妊娠した女性や女性の生殖器の造型が見られ、破壊されて埋められたと思われる土偶などもある。これらの事例により、「山の神＝女性」「山姥」などが地母神的原初神の系譜に連なるものであることが考古学で指摘されている。また、歪んだ顔の「土面」や「黒」などの仮面が土地神を表すことなども指摘されている。

図5 磐石・室の神・部屋の神

芸態はいずれも近似しており、賄部屋あるいは台所から舞い出て、参拝者や祝子〈ほうり〉・社人、神主などと問答をする。これらは「田の神」「御笠鬼神」（田植え神楽）などと関連する。

中之又神楽

演目名「磐石〈ばんぜき〉」。真っ黒な顔の姥〈うば〉神（老女神）。村所神楽の「部屋の神」と同系。

米良山系・尾八重神楽の「磐石」

尾八重神楽

演目名「ばんぜき」。黒い姥面。

銀鏡神楽

演目名「室〈へや〉の神」。白い柔和な顔の媼〈おうな〉面の神。「七鬼神」「獅子舞」と連続する番付。「獅子舞」では、山の神と猪が出る。

越野尾神楽

白い姥神。「室の神」と同曲。

小川神楽

演目名「部屋の舞」（休止中。面は行方不明）。「田の神祭り」に続く演目であり、古くは二人舞で、男面と女面が出て、契りを交わす場面もあったという。

高鍋・児湯の神楽

演目名「ばんぜき」。

世界的にも、イタリア・フランスの仮面神の道化「アルルカン」、アフリカのトリックスター（祭りに闖入《ちんにゅう》し撹乱《かくらん》する道化神）、インドの地母神、アメリカ・インディアンの先住神など、黒い仮面神が先住神や土地神を表す例は数多い。また、日本の「狂言」の太郎冠者《たろうかじゃ》とも関連する。いずれも「道化」「両性具有」「先住神」「地母神」などの性格が共通する（道化については補論で詳述）。

米良山系の神楽の黒い女面「磐石」と「室の神＝部屋の神」こそ、イワナガヒメの残像であり、先住の女性シャーマン＝山の神であった。

第四章
オオヤマツミの登場
先住の山の神の威光

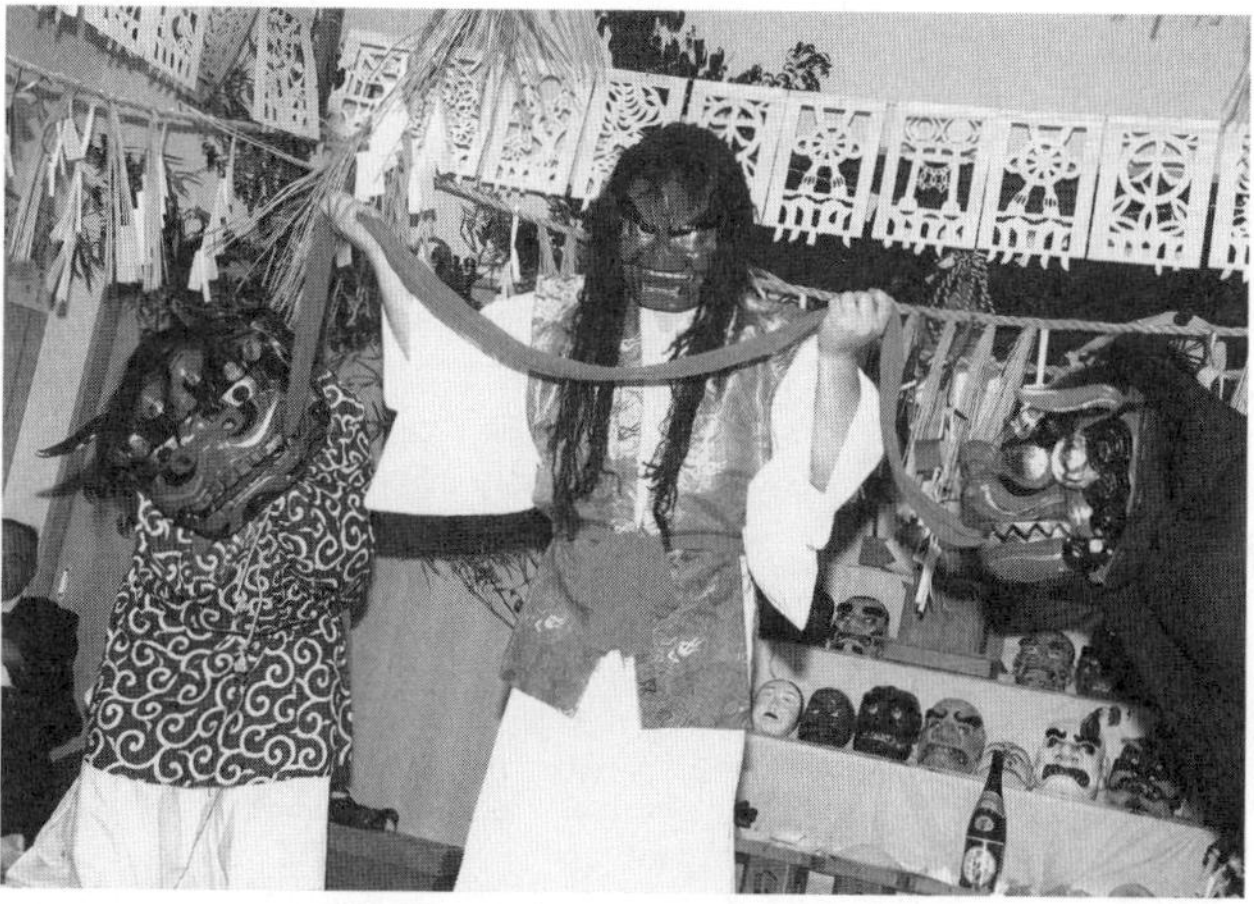

高千穂・押方五ケ村神楽の「山森」

イザナキ・イザナミの子でイワナガヒメ姉妹の父

オオヤマツミノカミ（大山津見神）は、前章のイワナガヒメ（磐長姫）・コノハナノサクヤヒメ（木花開耶姫）の父、すなわち土地の先住神である。

『古事記《こじき》』では「大山津見神」、『日本書紀《にほんしょき》』では「大山祇神」と表記。『古事記』では神生みにおいてイザナキノミコト（伊邪那岐命）とイザナミノミコト（伊邪那美命）との間に生まれた。その後、草と野の神であるカヤノヒメノカミ（鹿屋野比売神）またの名をノヅチノカミ（野椎神）との間にアメノサヅチノカミ（天之狭土神）・クニノサヅチノカミ（国之狭土神）、アメノサギリノカミ（天之狭霧神）・クニノサギリノカミ（国之狭霧神）、アメノクラトノカミ（天之闇戸神）・クニノクラトノカミ（国之闇戸神）、オオトマトヒコノカミ（大戸或子神）・オオトマトヒメノカミ（大戸或女神）の四対八柱の神を生んだとしている。これらはみな、自然現象に関する神である。

『日本書紀』では、イザナキがカグツチ（軻遇突智）を斬った際に生まれたとしている。

オオヤマツミ伝承地が宮崎各地に点在

宮崎の神楽では、「山の神」「狩猟神」としてさまざまに変容しながら信仰されている。九州脊梁山地では「山の神」として信仰され、神楽の中にも登場例が多い。西都原古墳《さいとばる》と、一《ひと》ツ瀬《つせ》川源流部の山中にもオオヤマツミの墓と伝えられる古墳がある。オオヤマツミとは、広大な山岳を支配する先住の王であった。

前章で、天孫《てんそん》ニニギ（邇邇芸命）と先住の女神イワナガヒメ・コノハナノサクヤヒメ姉妹の出会いについてふれたが、ニニギに受け入れてもらえなかったイワナガヒメは、嘆きの果てに一ツ瀬川を遡り、上流部の小川地区で入水する。この話にはさらなる後日談が加わる。

娘の行方を案じたオオヤマツミは、一ツ瀬川を遡りながら探し続け、ついには源流部の狭上《さえ》まで行き、そこでついに崩御したというのである。

狭上には狭上稲荷神社があり、かつては九州脊梁山地の修験道《しゅげんどう》の拠点として栄えた。その影響は山岳地帯全域に及び、椎葉《しいば》を訪れた柳田國男《やなぎたくにお》が手にした狩猟文書（『後狩詞記《のちのかりことばのき》』として世に出た）の原本も現存する。その狭上稲荷神社の裏手に古墳があり、それこそがオオヤマツミの墓と伝えられている。狭上稲荷神社は、現在はただ一軒の社家が守るだけだが、狭上神楽を伝え、主祭神としてオオヤマツミが降臨する。

オオヤマツミの墓と伝えられる古墳は、西都市の西都原古墳群の下方にもある。そこがそもそものオオヤマツミの本拠とされる。

ただし、この古墳群は現在の研究では五世紀以降のものとされているから、ニニギ・サクヤヒメの墓と伝えられる西都原の男狭穂塚《おさほづか》・女狭穂塚《めさほづか》古墳の築造年代とともに、伝承の年代と考古学のデータにズレがある。古墳文化と天孫降臨伝承との時間差は日本史の大きな謎の一つだが、古墳の下には、石器時代から縄文・弥生時代の遺跡が重層的に眠っている場合がある。

現に、私は今住んでいる家の近くの茶臼原《ちゃうすばる》古墳から出土したという土器を所有している（今から二十五年ほど前に大分県大分郡湯布院町〈当時〉の骨董屋に売りに出ていた）が、それは縁辺部に縄文の痕跡が残り、胴部は弥生時代の特徴を示す二千年前のものである。そしてその同型の土器は高千穂《たかちほ》の東北方・祖母《そぼ》山《さん》山麓、西都原周辺、霧島《きりしま》山系、鹿児島まで広域の分布をもつ。地元の考古学者・北郷泰道《ほんごうひろみち》氏は、それこそが「古代隼人《はやと》世界」であり、古墳文化＝大和王権の文化に先立つ南九州先住民の文化であるという注目されるべき説を発表している。

このように見てくるとオオヤマツミは、サルタヒコ（猿田彦）とともに先住の王の代表者であった。しかしながら、娘のサクヤヒメが天孫の妻となったように、いち早く大和の勢力と融合し、変容を繰り返しながら、「山の神」として信仰され、その分布を保った。したたかな協調戦略とも言えるし、日本列島先住の民族がもつおおらかな包容力に富んだ神ということにもなろう。

九州脊梁山地の神楽には、山の神としてのオオヤマツミ信仰が分布する。その諸相を見ていくと、大和王権樹立以前の信仰と言うべき日本列島基層の信仰形態が見えてくる。神楽には、「先住の民の記憶＝山と森の精霊の言葉」が幾重にも織り込まれ、語り継がれてきたのである。

山を拠り所とするくらし

山を越えてゆく峠道に立ち、はるかに続く山脈を眺める。その大きな山塊に抱かれた集落の外れに、煙が立っている。山仕事の人が、焚き火をしているのだろう。

今ではわずかしか残っていないが、かつて、九州の山々では「焼畑」がさかんに行なわれた。森の木を伐り、その跡地を焼き、焼いた野にソバやマメ、イモ、アワ、キビなどの作物を栽培し、同時に植林を進めて、五〜七年を経て次の土地へ移ってゆく。放棄された野は、二十年ほど経つと元の山林に戻る。植林されて育ちあがった森は五十年ほどでスギやヒノキを産出する。焼畑とは、生態系の仕組みをうまく利用した農法であった。

村に立つ煙は、焼畑の風景を思い出させる。火を着け、野に広がる火の勢いと風向きを予測して迎え火を放ち、谷から尾根へと移動する山人《やまびと》は、「火の神」のようだ。火の向こうを、鹿の一群が走ることもある。

焼畑が終えられた野には、神楽の火の神舞で使われた「火の神御幣」が立てられる。

山道を奥へ奥へとたどって行くと、やがてその道は行き止まりとなる。その先は、重厚な九州脊梁山地の山岳である。ある時、その深い山から里へと続く道を下ってきた一人の老翁に出会った。神楽の調査に訪れた村の、もっとも深い谷筋の、一軒の民家の裏手の道であった。

山の翁は、キャタピラー式の小型運搬車にクヌギの木を満載していた。昔は牛や馬にひかせて木材を搬出したものだが、現代の山人は文明の利器を駆使する。クヌギの木は、シイタケの原木となり、山の暮らしを支える。

この出会いが縁となって「カクラ祭り」という古式の祭りに参加した。「カクラ」とは「狩倉」あるいは「鹿倉」と表記する。文字どおり狩りの領域であり、狩りの神「狩倉様・鹿倉様」が支配する。村の猟師たちは、狩猟シーズンに先立ち、カクラ様に御幣とお神酒《みき》を捧げ、今季の豊猟と安全を祈願するのである。カクラ様は、村の奥の巨岩や巨樹の下、沢の岸、小高い尾根筋の道の脇などに祀られている。

「カクラ祭り」の神事が終わると、お神酒と婦人たちがつくった山里料理をいただく。鹿肉の刺身や骨つきの猪肉の煮込みが旨い。おにぎりに入っている雑穀や煮つけの野菜は、かつて焼畑が行なわれた野や、丹念に耕された山の畑で収穫されたものだ。この料理は、草刈りや伐木、材木の搬出や植栽など、山仕事の現場や、神楽の夜にも提供される。山で暮らし、一晩中、神楽を舞い継ぐ男たちの元気のもととなる食物だ。

ある秋、山の猟師たちに交じって、鹿狩りに同行したことがある。私を「カクラ祭り」に案内してくれた老翁が、その日の狩りの頭領であった。翁は、山に入る前に「カクラ様」が祀られている巨岩の前で唱え言をした。山の神に捧げる祭文である。そして、山道をたどり、鹿の通り道である「シガキ」に身をひそめた。森の中で、片膝を立て、猟銃を肩にした老翁こそ、山の神そのものに見えたものだ。遠くで犬の声が聞こえ、風が渡り、木々がざわめき、目の前を獣が走り去った。と同時に銃声が轟《とどろ》いた。

山の神神事で始まる大神楽

深い山の奥から、コーン、コーンと木を伐る音が聞こえてくる。山守《やまもり》（山の神）が「神の榊《さかき》」を伐る音である。

諸塚《もろつか》村・戸下《とした》神楽の「大神楽《おおかぐら》」は、十年に一度開催される大曲である。一日目の正午から翌日の正午まで、二十四時間をかけて五十番が奉納される。

その大神楽一番の演目として「山守」という山の神神事が組み込まれている。

地区の鎮守神社での神事を終え、御神屋《みこうや》へと神々の行列が舞い入った後、「山守」役と「警護」役の祝子《ほうり》とが、神楽宿《かぐらやど》の西方の山に入り、途中の山道でお神酒を酌み交わす。ここから先は、山守と警護だけが山に入る。他のなんびとも同行を許されない。

山に入った山守は、かねて目星をつけておいた山中の「神の榊」を切り、蔓草を全身に巻きつける。その榊を伐る時の音が、山から里へと響いてくるのである。伐りとった榊を杖につき、蔓草を纏《まと》い、笠を被った山守は、その時、「山の神」となる。

やがて山守＝山の神は、二人の警護に先導され、一気に山を駆け下りてくる。他の警護は後に続く。集落の入り口に達した山守は、すでに神に変異しており、疾風のように村人や参拝者の間を駆け抜けて、御神屋の前に達する。

御神屋では神主が待ち受けていて、山守と問答をする。長い問答の中で、今宵一夜の神楽の場を訪れた山守は、山の神である「山守」が、村人に種々の宝や福を授けるためにこの神楽宿へやってきた、と言う。問答は、「山問い」の文言と「山鎮め」の詞章を入れながら、五色五行の法則（天地万物を木＝緑＝東方、火＝赤＝南方、土＝黄＝中央、金＝白＝西方、水＝黒＝北方の五元素に分類する東洋哲学）を解き明かしてゆく。問答が済むと、山守は手すり竹を乗り越えて、御神屋に上がる。

御神屋の中では神主と山守が対面し、山守はこの村の諸願成就のために隠れ笠と隠れ蓑を譲る。引き出物が渡されると、村人の代表が徳利と盃を持って出て、それまでに対立してい

た神主と山守との和解を促し、仲直りの歌が歌われる。そうして、御神屋を舞い巡りながら、

――此の山は　精ある山か精なくば　山守すえて我が山にせん

と、山の神が山の持ち主を尋ねる詞章が入り、

――うれしさに　我は此処にて舞い遊ぶ　妻戸《つまと》も開けず　御簾《みす》も下ろさず

と、喜びの神歌（節回しのついた唱え言）が歌われ、舞い終える。

山守神事とは、諸塚山の山神が、神楽の場に現れ、宝物を授けて村人と一夜を共に過ごし、山神の守護と山の幸を約束する儀礼であり、神楽の古形である。諸塚村は、宮崎県の北部に位置し、北は高千穂町、西は椎葉の山岳に境を接している。村土の九十五％を山林が占めるという山の村に、八十を超える集落が点在し、三座の夜神楽と六座の昼神楽を伝えているのである。山から下ってくる諸塚の山守＝山の神はもっとも古い形の山の神儀礼であると言えよう。

狩猟儀礼を伝える神楽

「九州脊梁山地」とは、九州の中央部に位置する広大な山岳地帯である。椎葉村、高千穂町、諸塚村、西米良《にしめら》村がその中心をなす。九州島の骨格を形成する地域と言えよう。今もなお、古来の生活形態と狩猟文化、神楽などを伝える。この山岳地帯に山の神信仰と習合したオオ

ヤマツミ信仰が分布し、山人の暮らしと深くかかわっている。各地の分布を紹介しておこう。重厚な山岳地帯、椎葉村には、平家の落人伝説があり、二十六座の神楽が伝わっている。平家の落人が伝えたという伝承もあり、諸塚神楽との共通項も多い。

椎葉神楽にも山から下ってくる「山人」の儀礼がある。

椎葉・嶽之枝尾《たけのえだお》神楽の「宿借《やどかり》」は、山から神楽の場へと下ってきた「山人」が、宿主に一夜の宿を乞う「宿借り神事」である。宿主は、蓑笠に身を包み、杖をついて現れた山人のみすぼらしい姿をあげつらい、宿を貸すことを断る。が、山人は納得せず、宿主との問答が始まる。その問答の過程で、山人がじつは山の神であり、諸国の山を巡り、今、この村に寿福を授けるために現れたのだということが判明し、山人は宿へと迎え入れられる。こうして、一夜の神楽が始まるのである。ここにも山の神信仰の古形がある。

椎葉神楽には、「しょうごん殿」という演目がある。神楽の中盤、弓の舞、矢の舞、弓と弓の間を参拝者が潜り抜ける「弓通し」などの儀礼があり、「しょうごん殿」へと続く。

しょうごん殿とは、この地の地主神であり、山の神である。しょうごん殿の役は太夫《たゆう》(神主に相当する人)が務める。太鼓の上に徳利をのせたしょうごん殿と村人の軽妙な問答が続き、最後はしょうごん殿から〝お宝〟である徳利が村人に渡され、神楽が再開される。村人は徳利を捧げ持ち、喜びの舞を舞う。

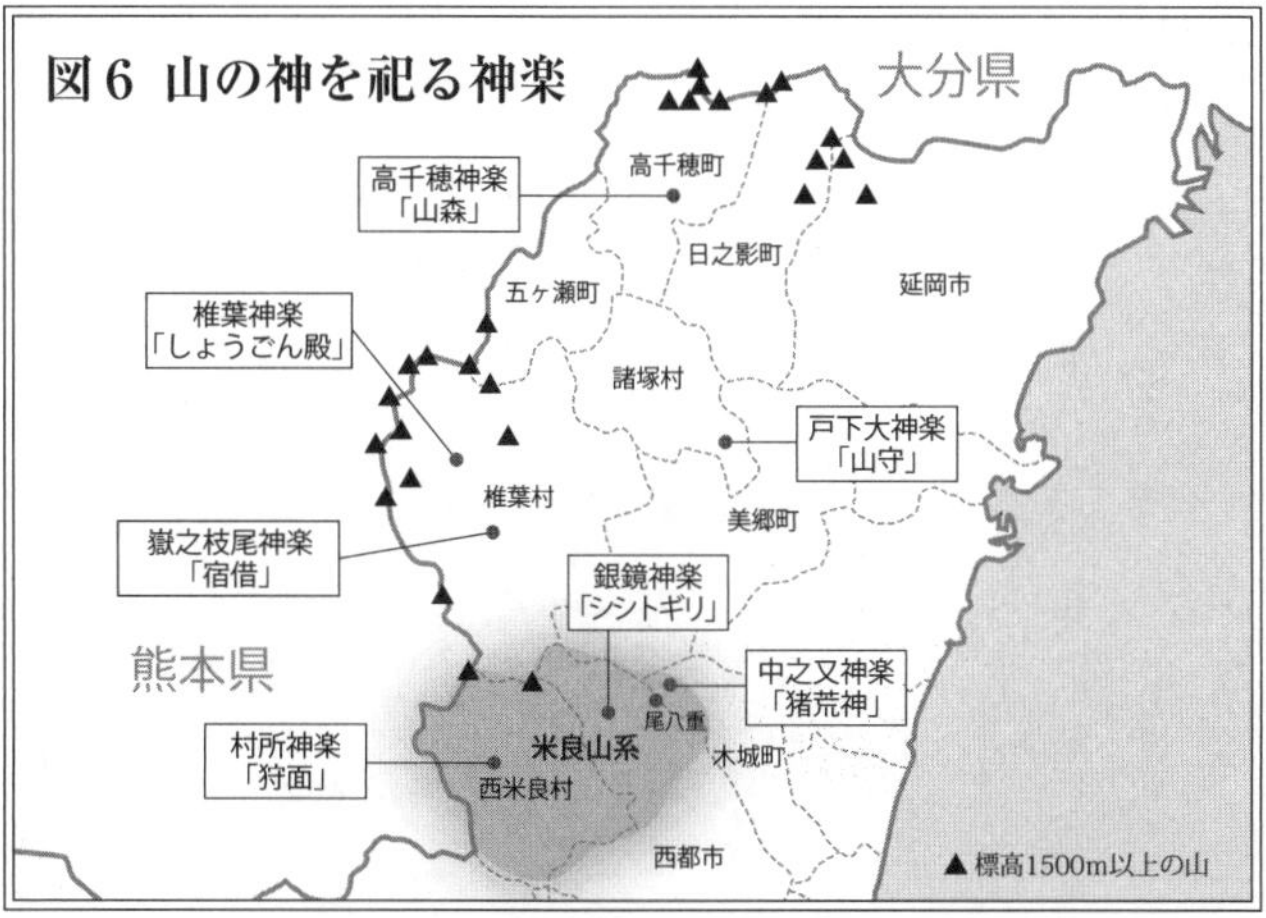

図6　山の神を祀る神楽

椎葉・諸塚の山脈の北方に高千穂盆地がある。険しい山岳に囲まれた盆地に二十座の高千穂神楽が伝わり、「山森《やまもり》」という演目が分布する。高千穂神楽の山森は、青竜王・白竜王・赤竜王・黒竜王・黄竜王の五神と山の神が舞う。山の神はオオヤマツミである。大《おお》幣《ぬさ》・鈴・弓・剣《つるぎ》・榊を採り物に舞い、所によっては猟銃を担いで舞う神楽もある。その年に獲れた猪が祭壇に供えられたこともある。神楽が舞い続けられる間、村の猟師は御神屋正面に正座し、神楽を拝観する。「山森神楽に使われた猟銃は中《あた》る」という。狩猟儀礼と山の神信仰が習合した神楽である。

「米良山系」とは、西米良村、西都市銀鏡《しろみ》地区・尾八重《おはえ》地区、木城《きじょう》町《ちょう》中之又《なかのまた》地区に広がる山岳地帯の総称である。旧・米良荘《めらのしょう》の西米良・東米良が近代の町村合併の折にそれぞれ別の自治体に組み込まれたが、今でも「米良は一つ」という意識が強い。それぞれの地区に古式の神楽を伝え、山の神信仰、狩猟儀礼を伝える。

米良の神楽には、神楽の始まる前に神前に猪頭《ししがしら》を供える儀礼がある。その年に仕留められた猪の頭が猟師たちから奉納され、御神屋正面の祭壇に供えられて、その前で一夜の神楽が奉納されるのである。多い時には十頭を超える猪頭が祭壇に並ぶ。折敷《おしき》（盆）にのせて捧げ持たれた猪頭が次々に運び込まれる儀礼は圧巻であり、厳粛な山の神の祭儀である。

銀鏡神楽では、最後の演目である「神送り」の前に、御神屋に柴を積み上げた〝山〟が設《しつら》えられ、そこで古式の猪狩りの様子「シシトギリ」が演じられる。爺と婆が出て猪の足跡をたどり（とぎり）、弓矢で猪を仕留める様子を面白おかしく演じる。神主が「狩行司」を務め、神事を差配する。大根を股間にぶら下げた爺はトヨイワタテノミコト（豊磐立命）、腰の大きく曲がった婆はクシイワタテノミコト（櫛磐立命）という山の神である。

森へ入った二人がちょっと一服とばかりに弁当を食べている最中に犬が猪を追い立て、慌ててそれを追う爺は、逆に猪に反撃されて御神屋隅の榊の木によじ登ろうとするが、その木は爺の重みを支えきれずに弓なりに曲がってしまい、爺は危機に陥る。そこで勇を奮った婆が爺を助けて、ようやく猪を仕留め、二人は意気揚々と村へ引き返す。このシシトギリが終わると、観客に猪雑炊《ししぞうすい》がふるまわれる。

村所神楽《むらしょ》の「シシトギリ」（演目名は「狩面《かりめん》」）は、神楽のすべての番付が舞い終えられた後、執行される。山の神・オオヤマツミが出て場を祓《はら》った後、真っ黒の「狩面」をつけた狩人たちが出て、狩りの様子を演じる。古式の狩り言葉や猪の足跡を追跡する様子が再現される。

米良山系の東端・中之又地区の中之又神楽には、「猪荒神」が出る。夜も更けて、焚き火の火は赤々と燃え、火の粉が巻き上がり、舞い上がって星の光と混交してゆくころ、「獅子＝猪」が出て、神庭《こうにわ》で舞い遊ぶ。神庭には、猪汁と焼酎の匂いが充満している。男たちの顔もますます赤い。

神楽の場に舞い出た猪は、山の神の使いである。大きな口をあけて子どもの頭を噛んだり、ミカンや缶ビールをもらって村人と遊んだり、御神屋に戻って、ごろん、ごろんと転げまわったりするが、やがて現れた猪荒神に取り押さえられ、森へと連れ帰される。

この猪荒神はオオヤマツミである。赤い鬼神面をつけたいかめしい神である。

山畑の作物を荒らす猪は手ごわい害獣だが、獲物として仕留めれば、冬場の貴重な栄養源となり、「薬食い」とも言われるように種々の薬効もある。自然と生き物とが協調して暮らす山の村の風景が神楽にも組み込まれているのである。

四季折々の山の恵み

秋から冬へかけて、夜神楽が開催される時季は、一年の収穫を感謝する祭りを開催し、山へ入り、狩りを行なうシーズンだが、春から夏、そして初秋までの山は山菜採りや山の草刈り、山畑の手入れ、蜂の子採り、ヤマメ釣り、キノコ狩りなど、さまざまな仕事や楽しみに満ちている。

私はこの季節、釣り竿を担いで渓流に分け入る。九州脊梁の山々は峻険な渓谷を擁し、奥行きが深い。源流部には、原種のヤマメが生息する。

ある夏、村で知り合いになった小学校高学年の少年少女と一緒に渓谷を遡った。二人は、谷を知り尽くしており、野生の生き物のような俊敏な動きで私を源流部へと導いた。少年は、

――じいちゃんが、エノハ（ヤマメのこと）釣りを教えてくれた

と、言った。神楽と釣りと山の暮らしを愛したじいちゃんは、すでに天の国の人となったが、自分は、じいちゃんの跡継ぎになるのだ、と言った。その言葉を、隣で少女がうん、うん、と首を縦に振りながら聞いていた。

釣り進み、ケヤキやカエデ、ヤマザクラなどの大樹が枝を広げる大岩の上で弁当を食べる。竹の皮に包まれた三人分の弁当は、ばあちゃんが作ってくれた。真っ白なおにぎりと、その

真ん中をほの赤く染めている梅干し、そのおにぎりの横に添えられたゼンマイとタケノコとシイタケの煮しめなどの素材は、山の畑で採れたり、山で採集して保存しておいたものだ。水辺で食べるばあちゃんの弁当は、ほんとうにおいしい。

この日の釣果は上々。ほどほどに切り上げて竿を仕舞う。「釣り過ぎない・採り過ぎない」ことも山人の心得だとじいちゃんから教わった。

大岩の所まで引き返し、岩の下の淵へ、着衣のままざぶんと飛び込む。少年と少女は、美しい魚のように泳ぐ。私もそれに続く。そして、三人で渓谷を泳ぎ下る。水の流れに身体を任せ、下流へと移動する。獲物も釣りの道具も手に持ったままだ。猟を終えて山から下ってきた狩人のような、あるいは水の神・河伯《かはく》の化身のような三人を、木立から漏れてきた真夏の日差しが、翡翠《かわせみ》の羽の色や濃緑色や白銀色に装飾する。

第五章
海幸彦と山幸彦の諍い

先住隼人族と渡来民の衝突

日南・潮嶽神楽の海幸彦

海幸彦は隼人族の祖、山幸彦は神武天皇の祖父

海幸・山幸伝承とは、その神名が示すとおり、山の猟を得意とする山幸彦《やまさちひこ》（弟＝ホヲリ＝火遠理命）と、海の漁を得意とする海幸彦《うみさちひこ》（兄＝ホデリ＝火照命）の物語である。

この兄弟はニニギ（邇邇芸命）とコノハナノサクヤヒメ（木花開耶姫）の間に生まれた。二人はある日道具を交換し、山幸彦は魚釣りに出掛けたが、兄に借りた釣り針を失くしてしまう。兄の海幸彦にどうしても元の針を返せと言われて困り果てていたところに現れたシオツチノオジ（塩土老翁）に教えられ、小舟に乗り、綿津見神宮《わたつみのかみのみや》（または海宮《わたつみのみや》、海神の宮殿の意味）に赴く。

山幸彦は、そこで海神・ワタツミノカミ（綿津見神）に歓迎され、その娘・トヨタマヒメ（豊玉姫）と結ばれて綿津見神宮で楽しく暮らすうち、三年もの月日が経つ。山幸彦は地上へ帰らねばならず、ワタツミノカミに、なくした釣り針と霊力の宿る「塩盈珠《しおみつたま》・塩乾珠《しおふるたま》」をもらい、その用い方や呪文の唱え方を教わって帰還し、海幸彦をこらしめて忠誠を誓わせた。この後、海幸彦は隼人《はやと》族の祖となる。

山幸彦の妻のトヨタマヒメは鵜戸《うど》の岩屋で子どもを産む。それがウガヤフキアエズノミコト（鵜葺草葺不合命）であり、神武《じんむ》天皇の父である。すなわち山幸彦は神武天皇の祖父にあ

たる。

記紀神話（『古事記《こじき》』『日本書紀《にほんしょき》』の神話）の中でも、もっとも詩情豊かな物語として語り継がれているが、宮崎・日南《にちなん》海岸の神楽にその後日談が残る。それこそが、渡来の天孫族《てんそん》と先住の隼人族との闘争の神話化と見られる。

「山の国」と「海の国」の物語

霧島《きりしま》山系の東端の峠を越えていく時、大きな山脈が見える。

田野《たの》（現在は宮崎市田野町）の中心部から、霧島山系を右に見ながら南方へと向かう道が、宮崎平野・都城《みやこのじょう》盆地方面から日南市を結ぶルートで、飫肥《おび》街道と呼ばれる古道につながっている。

峠から見える山脈は鰐塚《わにつか》山に連なる山々である。「鰐」とは「鮫《さめ》」の古名で、海幸・山幸伝承に由来する。海神の国でトヨタマヒメと結ばれた山幸彦が、故郷へ帰る際にその背に乗ってきたのが「ワニ＝サメ」であった。これにちなみ、古くは「鰐の塚山」と呼ばれた。ただし、標高千百メートルの山頂に、鮫の背に乗った山幸彦がどのようにしてたどり着いたのかを証明することは現時点では不可能である。

日本民俗学の創始者・柳田國男《やなぎたくにお》は、どんな小さな伝承・伝説・説話でも見逃してはならない、そこには、なんらかの始原の物語または事実があって、変形や変化を加えられながら残ったのである、というような内容のことを述べておられる。このことを念頭に置きながら、海幸・山幸伝承の原郷を訪ねることにしよう。

鰐塚山系は、西方で霧島山系に連なっている。鳥瞰図的に見渡せば、天孫降臨から海幸・山幸伝承を経て神武に至る伝承の分布地であると把握できる。虚構と実像との境が「神話」ということになろうか。

峠から見える広大な山は、飫肥杉の産地でもある。見事に植林された山並みが、視界の果てまで続き、その向こうに日向灘《ひゅうがなだ》・太平洋が霞む。山脈から流れ出た谷が、黒荷田《くろにた》川となって流れ下り、下流で広渡《ひろと》川と合流、さらに河口付近で酒谷《さかたに》川が合流して、日南海岸の荒波が打ち寄せる日向灘に注ぐ〔図7〕。飫肥杉は、この飫肥街道と広渡川によって搬出され、日南・飫肥藩の経済を潤した。

峠から見ると、山幸彦と海幸彦の説話が、「山の国」と「海の国」の物語であるということが実感できる。

この広渡川の流域・北河内《きたかわち》地区に鎮座する潮嶽《うしおだけ》神社とその周辺に海幸彦の伝承が残されている。それが『古事記』に記された海幸・山幸伝承の後日談である。記紀に記された、南九州の山と海を舞台としたファンタジックな物語の背景には留意しておくべきいくつかの特徴

図７ 鰐塚山系と広渡川

があるので、記紀の記述をもとに、各地の伝承を筆者の見解を交えて整理しておこう。

南九州一円に広がっていた隼人世界

日向の高千穂《たかちほ》に天降ったニニギが出会ったのは、その土地の神・オオヤマツミノカミ（大山津見神）の娘であるコノハナノサクヤヒメであるが、サクヤヒメは別名をカムアタカシツヒメ（神吾田鹿葦津姫）ともいい、阿多隼人の姫神である。

古代隼人族にはこの阿多隼人、薩摩隼人、大隅隼人、日向隼人などがあり、それぞれその拠点とした地域の名を冠して呼ばれる。王権に従属した隼人と服属を拒んだ隼人があり、その性格や日本史における位置づけが異なる。

ニニギとサクヤヒメの出会いの地と比定さ

れる場所は、薩摩半島西端にある笠沙町の野間岬と西都原古墳群一帯であることはすでにふれたが、「阿多・吾田」という地名は日南海岸から鹿児島県域に分布することを考慮しておかなければならない。

「高千穂」という地名は霧島山系の高千穂峰と宮崎県北部の高千穂町との二カ所がある。いずれも天孫降臨の伝承地であり、学問的にも二説に分かれるが、最近の考古学の成果（発掘された遺物の特徴の共通項と分布の広がり方）により、「高千穂とは阿蘇・祖母山の南方から霧島までを含む広範な一つの隼人世界ではないか」という仮説が発表されていて興味深い。海幸・山幸伝承の謎を解く鍵になるとともに、二つの高千穂を一つに結ぶ大きな視点が得られる論考である。

山幸彦がトヨタマヒメと出会った海神の国は、薩摩半島の開聞《かいもん》岳周辺であるという伝承がある。その海神の国で、山幸彦がワタツミノカミ（トヨタマヒコ）から授けられた「塩盈珠・塩乾珠」は、海神の呪力を持つ。日南海岸に分布する神楽には、この「塩盈珠・塩乾珠」を連想させる「干珠《かんじゅ》・満珠《まんじゅ》」を捧げ持った神が登場する。

やがて、山幸彦との争いに敗れた海幸彦は山幸彦に服属する（俳優《わざおぎ》となる）ことを誓い、隼人の祖となったが、日南海岸と潮嶽神社周辺には、海幸彦のその後と、海幸彦伝承にまつわる習俗も色濃く残されている。

このように、海幸・山幸伝承地は南九州一帯に広がっている。

さらには、海幸彦（海神）と山幸彦（山神）の兄弟神による釣り針交換の物語は、インドネシアなど黒潮文化圏に分布する古い神話である。南九州に分布する儀礼や伝承は、アジアの黒潮文化圏の先住民の民俗と関わっているととらえれば、より大きな構図が見えてこよう。

なお、山幸彦を綿津見神宮（海神の宮）へと導いたのが、シオツチノオジ（塩土老翁）と呼ばれる土地神（翁神）であることは、終章のテーマと深く関連するので、頭にとめておいてほしい。

敗れた海幸彦を祀る潮嶽神社

山幸彦との戦いに敗れた海幸彦は、漂流の果てに満潮に乗って潮嶽（現在の日南市北郷《きたごう》町《ちょう》北河内）に漂着し、晩年をこの地で過ごした。現在は山に囲まれた静かな里だが、当時はここまで鵜戸の海が続いていたのだという。土地の人々は、この地で没した海幸彦を手厚く祀った。それが日本で唯一、海幸彦を主祭神として祀る潮嶽神社である。

潮嶽神社に伝わる「潮嶽神楽」を見る前に、周辺を散策しておこう。

潮嶽神社の鳥居の前から谷へと向かう一筋の細道がある。その小道の脇に巨樹の森がある。集落と田んぼの間の、クスノキとタブの木に覆われた鎮守の森程度の一角だが、その巨樹には注連縄《しめなわ》が張られ、御幣が立てられている。小規模ながら鬱蒼《うっそう》と繁るその森は禁足地であり、潮嶽神社の宮司以外は立ち入ることを許されない神域だという。そこが、山幸彦との戦いに敗れた海幸彦が磐舟《いわふね》（クスノキの刳《く》り舟）に乗って漂着した地点である。

古代、広渡川河口からこの地域までは海だったと、隣接する畑地で農作業をしていた近所の老人は言った。

――この場所には、「磐舟」が埋まっておるのじゃ

と、老人は言う。

その指差す先の木立の奥に小暗い空間があり、そこから水が湧き出している。はるか古代の記憶が、鮮明に甦る地点である。細流（古代と現代をつなぐ水脈）は一度地中を潜り、広渡川へと流れ出る。川は、鰐塚山頂方面に現れた勾玉のような形をした雲を映して、静かに流れていた。

この地に漂着した海幸彦は、宮居《みやい》を建ててこの地を統治し、地元民に慕われた。海幸彦が「隼人の祖となった」という伝承は、今も現実感がある習俗として残っている。海幸彦が禊《みそぎ》をした池を「神池《みいけ》」といい、海幸彦を葬った川上の陵を「潮塚《うしおづか》」という。

この地方の人々は、山幸彦と海幸彦の釣り針の貸し借りが兄弟の争いの発端となったことにちなみ、今でも針の貸し借りをしないという。

子どもが生まれると、初参りには額に紅で「犬」の朱字を書き、魔除け、病封じとして祈願する。この習俗は大和朝廷成立後、海幸彦との戦いに勝利した山幸彦に従った大隅隼人が都の周辺（現在の京都府京田辺市）に多数移住し、朝廷を守護する職を務めたこと、犬の吠え声に似た「吠声《はいせい》」を発して宮廷警護にあたったことなどに関連する。

今から千五百年も前の古代国家成立にちなむ事項が、つい先ごろのことのように語られ、土地の民俗として残っていることは大変重要かつ貴重なことである。

潮嶽の伝承は、フィクションでは構成しえないほどの説得力をもって、我々を迎えるのである。

海幸彦が舞う春神楽

潮嶽神社の参道を進み、石段を登りきった所に、がっしりとした造りの潮嶽神社がある。「潮嶽神楽」は、この潮嶽神社に伝わる、春の気配が里に満ちる二月初旬に行なわれる春神楽である。拝殿には十数頭の猪頭《ししがしら》が供えられており、神事の後の「福種子《ふくだね》降ろし」に続いて古式の巫女舞《みこまい》が奉納される。

宮崎の平野部や海岸沿いに分布する「春神楽」とは、秋の豊作・豊漁などを祈願する祈祷神楽である。種籾を撒く福種子降ろしが里の春を告げる。巫女舞の後、境内に設《しつら》えられた舞庭（御神屋《みこうや》）に舞人《まいびと》たちが出て、にぎやかに神楽が始まるのである。

潮嶽神楽は、古くは三十三番を上演していたが、現在は十二番の奉納となっている。春の日差しが神庭《こうにわ》を暖める午前十時ごろ、神楽が始まり、清めの舞「奉者舞《ほうしゃ》」、先祓《さきばら》いの鬼神舞「一番鬼神」、八百万《やおよろず》の神々を招き降ろす「繰り下ろし」、地霊を鎮める神楽「地割鬼神《じわりきじん》」などが出て次々に舞う。

潮嶽神楽の仮面はいずれも「霧島面」の特徴を備えた古面である。

霧島面とは、彫りの深い皺を刻んだ鬼神面に優品が多く、霧島山系から宮崎平野へかけて分布する神楽に使用される仮面の多くに共通する様式である。霧島修験《しゅげん》の「海老原《えびはら》一派」によって制作されたものをその源流とする。桃山から江戸初期にかけて制作された面が残り、霧島山麓の高原《たかはる》町・えびの市一帯には室町期の古面も伝来する。潮嶽神楽の仮面もこの系譜に入るもので、制作年代は江戸初期～中期ごろにかけてのものと推察される。

精悍な舞人が気迫を込めて舞う剣《つるぎ》の舞が終わると、昼食を兼ねた直会《なおらい》となる。

直会では、猪汁が振る舞われる。祭壇に奉納されていた猪である。これが旨い。薄めの醤油味だが、とろけるほどに煮込まれた猪肉と、大根、牛蒡《ごぼう》、人参、コンニャクの味がほどよく調和して、絶品である。神庭に敷き詰められた荒筵《あらむしろ》の上で、春の日差しに暖められながら食べる一椀は、まさに極上のもてなし。

午後の部に入ると、すぐに黒い道化神が登場する。この黒い仮面神は「直舞《ちょくまい》」あるいは「曲舞《きょくまい》」（白拍子《しらびょうし》から派生した曲舞《くせまい》とは違う舞）と呼ばれて日南海岸から宮崎平野一帯の神楽に分布する田の神である。シュロで作られた笠を被り、すりこ木と笊《ざる》を持った男神が、観客に「ヘグロ」（竈《かまど》のスミ）をつけたり、男根に見立てたすりこ木と女陰を表す笊を駆使して性的な演技をしたりして、会場を爆笑と興奮の渦に巻き込むのである。「直舞」の登場による場の騒乱状態が少し静まると、いよいよ「海幸彦」が、釣り竿を担いで登場する。

古代の隼人族の呪法が下敷き

海幸彦の面は、端正な「若男《わかおとこ》」の仮面である。長年の使用が古面に寂《さ》びた美しさを与えている。南国の春の陽射しを浴びて登場した海幸彦は、ひときわあざやかに耀《かがや》きを放ち、観客から一斉に拍手が起こる。

この芸態は、日南海岸一帯の神楽では「魚釣舞《うおつりまい》」となっており、唱教《しょうぎょう》で、海幸彦と山幸彦の釣り針貸し借りの物語と山幸彦の海神の宮探訪譚などを語るが、潮嶽では、この仮面神の舞を「海幸彦の舞」と伝えている。

海幸彦は、その釣り竿を担いだ姿勢のまま、唱教を唱える。次に、釣り竿の中ほどの部分を左手で支え、右手で竿の手元を持って、ぐるぐると竿の穂先を回す。そして、扇を開き、右の耳に当てて遠い波の音を聞くような所作をし、さらに、左膝を立てた片膝立ちの姿勢で、扇を広げ、波を呼んだり返したりするような所作をする。これを、それぞれ三回繰り返す。これが、海幸彦の舞である。

そしてこの海幸彦の舞の最初に舞われる、釣り竿を担いで御神屋を一周する舞こそ、米良《めら》神楽の巫女舞「神和《かんなぎ》」や鹿児島県霧島市隼人町の鹿児島神宮（祭神はアマツヒダカヒコホホデミノミコト＝天津日高彦穂穂出見尊＝山幸彦）に伝わる古式の隼人舞（鉾《ほこ》を担ぎ、面を扇で隠して舞う）と共通するのである。

「海幸彦の俳優《わざおぎ》」について古記録を簡略に見ておこう。

山幸彦との戦いに敗れた海幸彦は、『古事記』では「これからのちは、あなた様の昼夜の守護人《まもりびと》となって仕える」と誓い、「その海水に溺れたときの様々なしぐさを、絶えることなく演じて仕えた」となっており、『日本書紀』（一書第二及び別伝ならびに一書第四）には「子孫の末々まで、あなたの俳人《わざひと》になりましょう」「狗人《いぬひと》として仕えます」「フンドシをして、赤土を手のひらに塗り額に塗り」、海溺れの様子を再現し、俳優の民となると誓ったなどという記述がある。

七世紀には隼人の子孫が宮廷に歌舞を奉納したことが、『続日本紀《しょくにほんぎ》』『続史籍集覧《ぞくしせきしゅうらん》』〈歌舞品目〉』（明治期に収集した日本の史籍の叢書）などに記されている。

海幸彦の俳優の舞とは、古代隼人族に伝えられていた芸能が、服属儀礼として朝廷に奉納されたものと推定できる。もともと天孫族の一神として生まれた海幸彦が、「隼人の祖」と伝えられるようになったのは、潮嶽に漂着した後の先住民との幸福なる融合の結実であろう。そしてその芸態は、今もなお南九州の芸能の中に脈々と生き続けている。

海幸彦が舞う「魚釣舞」は古代の海神族＝隼人族の呪法を下敷きとした古式の神楽であった。

宮崎南西部の魚釣舞との共通点

広渡川が穏やかな里山風景の中を流れ下り、上流域から中流域へとかかる辺りに、郷原《ごうのはら》神社があり、「山宮《やまみや》神楽」（現在は郷之原神楽と表記）を伝えている。「山宮」の起源は、この地の裏手にそびえる山の頂上で山霊を祀り、稲作の祭りが行なわれたことに由来する。神社の宝物に天正年間（一五七三〜一五九二年）のものがあり、その起源の古さを物語る。「山宮神楽」には、「翁」が舞う「魚釣舞」が伝わっている。郷原神社と山宮神楽の歴史には、日南海岸沿いに分布する神楽の起源をひもとく重要な手がかりも秘められている。少し南下して、日南海岸の神楽と照合してみよう。

日南の海へは、宮浦《みやうら》川、風田《かぜた》川、広渡川、細田《ほそだ》川等が注いでいる。鰐塚山系を水源とする川である。山岳地帯と海岸線との距離があまり離れていないため、いずれも大規模な河川ではなく、穏やかな里山の中を流れ下る川が多い。酒谷川の下流には飫肥の城下町が静かなたたずまいを見せ、日南市で広渡川と合流し堀川運河を経て海へ出る。

やや南方の榎原《よわら》川・南郷川と合流した細田川が日南の海へ注ぐ所が大堂津《おおどうつ》で、遠洋漁業の基地として知られる大堂津港がある。初鰹はこの港から揚がる。この地域が、山の幸・海の幸に恵まれた豊かな国であったことがわかる。

大堂津港から内陸へ車で五分ほど入った所に九社《くしゃ》神社があり、「九社神楽」を伝え、「鵜戸舞」がある。潮嶽神楽の「海幸彦の舞」や山宮神楽の「魚釣舞」と同系の、日南海岸から宮崎平野へかけて分布する舞である。その唱教は、概ね山幸彦が釣り針を取られて海神国へ行き、トヨタマヒメと結ばれる物語を述べる。九社神楽の鵜戸舞も例外ではない。

日南市北方の宮浦川のほとりに鎮座する宮浦神社に伝わる「宮浦神楽」の「魚釣舞」も同系の神楽である。宮浦神社は、山幸彦の子であるウガヤフキアエズを祀る鵜戸神宮に近接し、宮浦神社と潮嶽神社は山の東側と西側にあたる。この辺り一帯が、海幸・山幸伝承の中心地であることが理解できる。

宮浦神楽の「魚釣舞」を見てみよう。

図8　日南の神楽

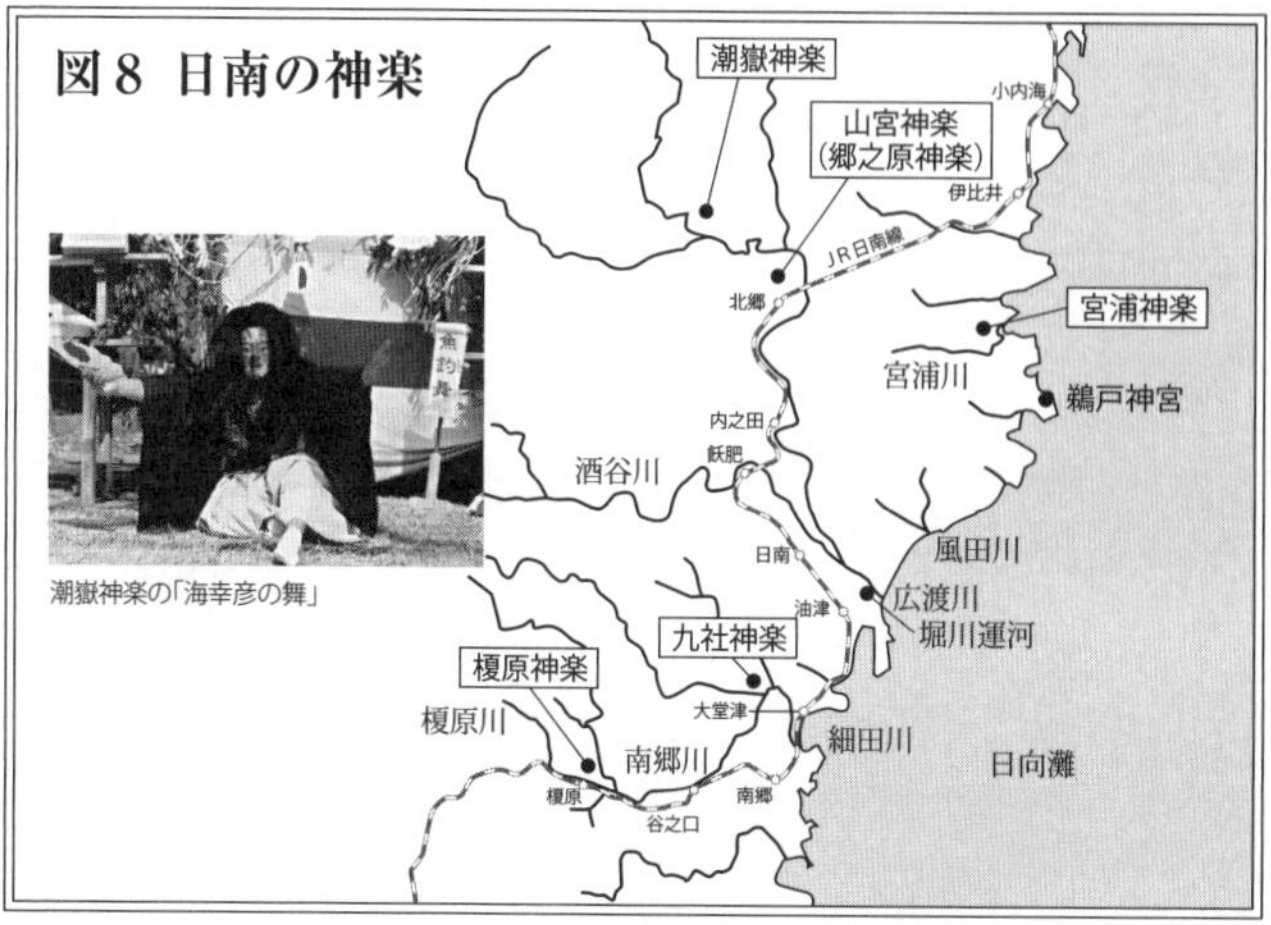

潮嶽神楽の「海幸彦の舞」

「魚釣面」をつけた舞人が、右肩に釣竿を担ぎ、てのひらを胸の前で前方に向け、ぐるぐると渦巻きを起こすような所作をしながら、御神屋を回る舞い振りは、前述の潮嶽神楽の「海幸彦の舞」とほぼ同じである。

魚釣面は、白い若男の仮面である。一周ごとに唱教を唱える。唱教の内容は、鵜戸の海を誉める歌から始まり、天神七代、地神五代の物語などを説いた後、

――かのつりばりを魚にとられ　龍の都に
訪ねいり　豊玉姫にちぎりをこめ　そ
れ水晶のかんじまんじの玉をそえ給り
ほどなくかいじんにて王子いちにんも
うけたもう

と、唱教を唱える。

さて、これらの一連の「魚釣舞＝海幸彦の

舞」「鵜戸舞」等が同曲であることが把握できた。そしてこれらの芸態（魚釣舞・鵜戸舞）が、海幸・山幸伝承を語る神楽であり、潮嶽神楽に海幸彦伝承が秘められていることもわかってきた。そしてこの、釣り竿や御幣または鉾を担いで御神屋を舞い巡る芸態は、霧島山系から宮崎平野を経て米良山系の神楽にまで分布する「神和《かんなぎ》」「市の山」「宇治」「天宇売女命《アメノウズメノミコト》」などの演目とほぼ同じ舞い振りであることがわかってきた。さらには、同じ芸態が、鹿児島県霧島市隼人町の鹿児島神宮の「隼人舞」に伝わっていることが注目される。

この一連の共通項から、「海幸彦」「ウズメ（天鈿女命）」「隼人族」の習俗・儀礼がほぼ同一線上に連環しているということがわかる。「海幸彦」の舞とは、「古代隼人族＝黒潮を往来した海洋民」の呪法だったのではないか。

黒い海幸彦の仮面

以前、私は「海幸彦の面」と呼ばれる仮面を所蔵していた（現在は九州国立博物館所蔵）。南九州南端の大隅半島を訪ねる旅の途上で出会った老人からいただいたのである。

老人は山仕事を専業とする山人《やまびと》で、神楽の舞人であった。若いころ、その面をつけて「海幸彦の舞」を舞ったことがあると言っていた。

その仮面は、黒い若男の面で、渦巻きのようなぐるぐると巻いた眉をもっていた。その渦巻きは、海潮を表しているのだと老人は言った。そしてその面をつけると、遠い潮鳴りのような、かすかな轟《とどろ》きが聞こえるのだとも言っていた。

——魚釣舞は豊漁祈願の舞じゃった

——村に疫病が流行ると、その面をつけて、釣り竿の代わりに御幣を持ち、一方の手に扇を持って神庭を三回ずつ巡る呪法を行なった。海が荒れる日が続くと、干珠・満珠という珠を持って舞うこともあった。強い呪力を持つ面と言われておったよ

——それが、南の海を航海した隼人族の先祖の呪法じゃよ

潮嶽神楽の海幸彦の舞を見ると、岬の村の老人が語った古代の物語と、黒い海幸彦の面を思い出す。その旅で見た南の果ての海岸、そこからさらに南へと広がる黒潮の海、その海へと白い飛沫を散らせて落ち込んでいた花瀬《はなぜ》川という川のことなどが、神楽の舞に重なって、美しい絵物語のように変転してゆくのである。

第六章

神武天皇の東征前夜

大和王権の胎動と古代日向

宮崎平野・生目神楽の「神武」

狭野で生まれ育ったという伝承

霧島《きりしま》山系の北麓に位置する宮崎県高原町《たかはるちょう》には、カムヤマトイワレビコノミコト（神倭伊波礼毘古命）＝神武《じんむ》天皇の幼少期の伝承が残る。まずは神武伝承の概要を見ておこう。イワレビコは、前章の山幸彦（ホヲリ＝火遠理命）の孫、つまりニニギ（邇邇芸命）の曾孫にあたる。

『古事記《こじき》』では、カムヤマトイワレビコ＝神武は、兄のイツセノミコト（五瀬命）とともに日向《ひむか》の高千穂《たかちほ》で葦原《あしはら》の中《なか》つ国を治めるにはどこへ行くのがよいか相談し、東へ行くことにした。

船団を率いて日向《ひゅうが》・美々津《みみつ》を出発し、豊後《ぶんご》水道を北上し、豊国《とよくに》の宇沙《うさ》（現在の大分県宇佐市）に立ち寄り、畿内へと向かう。ここから大和王権樹立への具体的な戦闘場面などが描かれることになる。

が、本書では割愛し、宮崎県内に残るカムヤマトイワレビコ＝神武の生誕地、幼少期を過ごした土地、青春期のエピソードと初めての結婚、初めて政務を行なったという地点、東征へ向けて船出したという港など、数多くの事跡を検証する。

さらに霧島山系から日南海岸を経て宮崎平野にかけては神楽に「神武」演目が分布し、神武の国造りの様子が描かれる。神武演目には、地主神に神武が激しく打ちかかる所作がある。この所作が、神武の「国造り」を物語っている。「記紀」（『古事記』と『日本書紀《にほんしょき》』）にも記されなかった知られざる神武伝承である。

『古事記』には「イワレビコ＝神武」の宮崎での記述はわずかしか見られないが、『日本書紀』一書の記述には、神武天皇の幼名が「サノノミコト（狭野尊）」であると書かれており、当地の伝承では、現在の宮崎県高原町狭野《さの》がその生誕地であると言われている。

サノノミコト＝カムヤマトイワレビコノミコト＝神武天皇を主祭神として祀る「狭野《さの》神社」は、神武生誕の地に創建されたと伝えられる。霧島山の麓にあることから、噴火の被害をたびたび受け、延暦《えんりゃく》七年（七八八年）、文暦《ぶんりゃく》元年（一二三四年）、享保《きょうほう》三年（一七一八年）には社殿の焼失に見舞われた。

鹿児島県・宮崎県の境にあって、南九州を東西に横断する霧島山系は、高千穂峰、韓国岳《からくにだけ》など二十を超える山で構成される火山群である。その中の新燃岳《しんもえ》は、二〇〇八年から二〇一〇年にかけて小規模な噴火を繰り返し、二〇一一年には本格的なマグマ噴火が発生した。

有史以来噴火を繰り返した活火山の麓にある狭野神社は、その影響を直接受けたが、神社を守る松阪氏（現在の宮司）は、自らの命は神社とともにあると言い切り、噴煙立ち込める神域を守り通した。私はその数年前に、狭野神社が伝える中世の様式を残す神楽面の取材で訪れる機会があったが、その覚悟には深く胸を打たれたものである。神とともにある人がそこにいた。

狭野神社に伝わる「狭野神楽」と、近接する霧島東神社の「祓川神楽《はらいがわ》」に勇壮な剣舞《つるぎ》があり、その主役を務める少年こそ狭野尊を表すと地元の人は言う。神楽の古形と神武伝承の関連を示す資料は今のところ見当たらないが、地名や伝承はこの地域に分厚く残る。

年代順に辿ってみよう。

かつて狭野神社があった皇子原《おうじばる》公園内の「皇子原神社」には、「産場石《うべし》」と呼ばれる石があり、ここが、サノノミコト出産の際に産湯を使った所という。少し離れた所には「血捨之木《ちしゃのき》」という出産の際の諸物を洗い清めた場所もある。

「宮の宇都《みやうと》」とは、サノノミコトの父・ウガヤフキアエズノミコトの皇居のあった所で、幼いサノノミコトはここで父と遊んだ。「祓原《はらいばる》」はサノノミコトが身体を祓い清めた所で、「祓川」はその祓原から流れ出る小川である。その西に霧島東神社があり、祓川神楽を伝えている。

「皇子港《おうじみなと》」は高千穂峰を正面に望み、その秀麗な姿を水面に映す「御池《みいけ》」に七つあった港の一つで、ここからサノノミコトは船出したという。

蒲牟田《かまむた》川沿いの「狭野渡《さののわたし》」はこの地を出発し、東方に向かう時に最初に渡った所。

図9 狭野の神武伝承

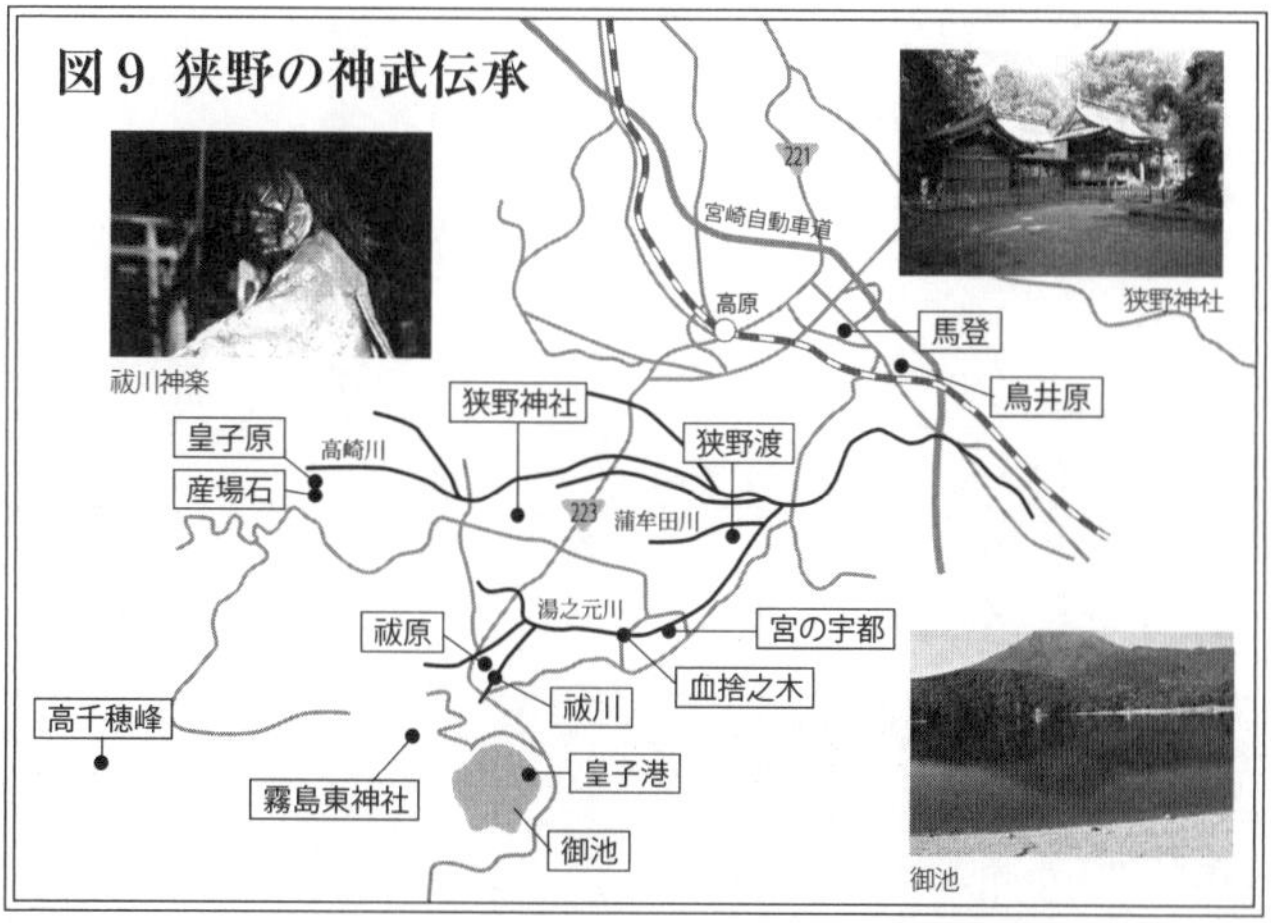

サノノミコトと馬にまつわるエピソードも多い。

青年期に達したサノノミコトは、馬を飛ばして方々へ出かけ、日南の海辺でアヒラツヒメ（吾平津姫）と出会い后とする。アヒラツヒメを主祭神とする吾平津《あひらつ》神社が、日南市堀川運河を見下ろす高台に鎮座する。サノノミコトは、鰐塚《わにつか》山を越えてここまでアヒラツヒメに会いに来ていたという。アヒラツヒメを妻に迎えて住んだ宮居の跡が日南海岸に面した駒宮《こまみや》神社であり、愛馬を繋いだ駒形岩がある。

「馬登《まのぼり》」は、サノノミコトが狭野の地を出発し東方へ向かう際に馬を召した所で、「鳥井《とりい》原《ばる》」は、旅立つサノノミコトを住民たちが鳥居を立てて見送った地点という。

やがてサノノミコトはカムヤマトイワレビコノミコトと呼ばれるようになり、宮崎平野へ出て「皇宮屋《こぐや》」に宮居《みやい》を定め、政務を行なった。「皇宮屋」は、宮崎市の中心部を貫流する大淀《おおよど》川河畔の国道近くに鎮座し、今もなお地域の人々の信仰を集めている。

伝承地と神楽の分布が重複

以上により、サノノミコト＝カムヤマトイワレビコノミコト＝神武天皇は、霧島山麓で誕生し、幼少期を過ごし、青年期には日南海岸方面まで勢力を伸ばし、霧島山系を源流とする大淀川流域の宮崎平野に進出して、最初の「政務＝まつりごと」を行なったという「活動の軌跡」が明らかになってくる。そして、その伝承の分布と重複しながら、神楽の「神武演目」が残存するのである。今、確認している神武演目を挙げてみると、霧島北麓のえびの市の神楽群（すでに神楽の伝承は消滅しているが、番付表に載っている）、日南市九社《くしゃ》神楽、宮崎市生目《いきめ》神楽、宮崎市大島神楽、新富町 新田《にゅうた》神楽、新富町三納代《みなしろ》神楽などである。私はまだ確認していないが、このほかにもあると思われる。そしてこの分布は、「皇宮屋」を中心とした地域であるという明確な特徴を持つのである。

その特徴をもっともよく伝える宮崎市生目神楽の神武演目を見てみよう。

今は人手に渡っているが、旧・由布院空想の森美術館の仮面コレクションの中に「神武」

という仮面があった〔口絵〕。白い「若男《わかおとこ》」の面で、裏面に「神武」の墨書がある。それは、神楽の岩戸《いわと》開きの段の「タヂカラオ（手力男命＝天手力男神）」、「フトダマ（天太玉命＝布刀玉命）」や大蛇退治の「スサノオ（須佐之男命）」等の壮年の神を表す仮面で、土地神である「荒神」や風の神「シナツヒコ＝志那津彦＝志那都比古神」とも用途が混交していたため、長い間、その正体をつかめずにいた。

壮年の神様の仮面は、いずれも白い端正な顔立ちで、口を「吽《うん》型」に結ぶか半開きにした力のこもった風貌である。鼻下から頬へかけて剛直な髭を跳ね上げているものもある。目はやや吊り上がり気味の強い表情。能面の「若男」に類似の造形があるが、能面とは一線を画する作風である。

これらの勇壮な仮面が、「古代国家創生の英雄たち」を表す造形であると思われたが、「神武」がいったいどのような演目に登場するのか、そもそも「神武」という神が登場する神楽があるのかどうかさえ、わからなかった。だが、生目神楽の「法社」から「神武」に至る連続五番の演目に出会い、ようやく謎が解けた。数年前、じっくりとそれを確認する機会を得た。

生目古墳群を神武執政の地とみなす説

生目神社は、宮崎県宮崎市大字生目（宮崎市北西部の丘陵台地）にある神社。亀井山《かめいやま》と称する丘上に東面して鎮座し、「日向の生目様」と呼ばれ、古くから眼病に霊験あらたかな神社として信仰を集める。

この生目神社は、「生目古墳群」の南に鎮座する。

生目古墳群は、古墳時代前期（三世紀後半）から造られ始めた大古墳群で、まだ詳細なデータが出揃っていないが、『古事記』『日本書紀』に記される古代国家はこの辺り一帯に存在したのではないか、という説を展開する学者・郷土史家がいる。それを示唆する神社や史跡も一帯に点在している。

この生目古墳群のある丘陵台地は、日向灘の海岸線から約九キロメートル西に位置する。大淀川は霧島山系を源流とし、都城《みやこのじょう》盆地を流れ下り、宮崎市を貫流して小戸《おど》神社の近くで太平洋に注ぐ。イザナキが黄泉の国から帰って禊《みそぎ》をしたのが、橘《たちばな》の小門《おど》の阿波岐原《あわきはら》であるが、その伝承地点とされる地域が、大淀川が太平洋に注ぐ地点のすぐ近くなのである。霧島から生目古墳群を経て大淀川河口までを鳥瞰図的に見てゆくと、生目古墳群一帯が孤立した伝承地域ではないということがわかる。

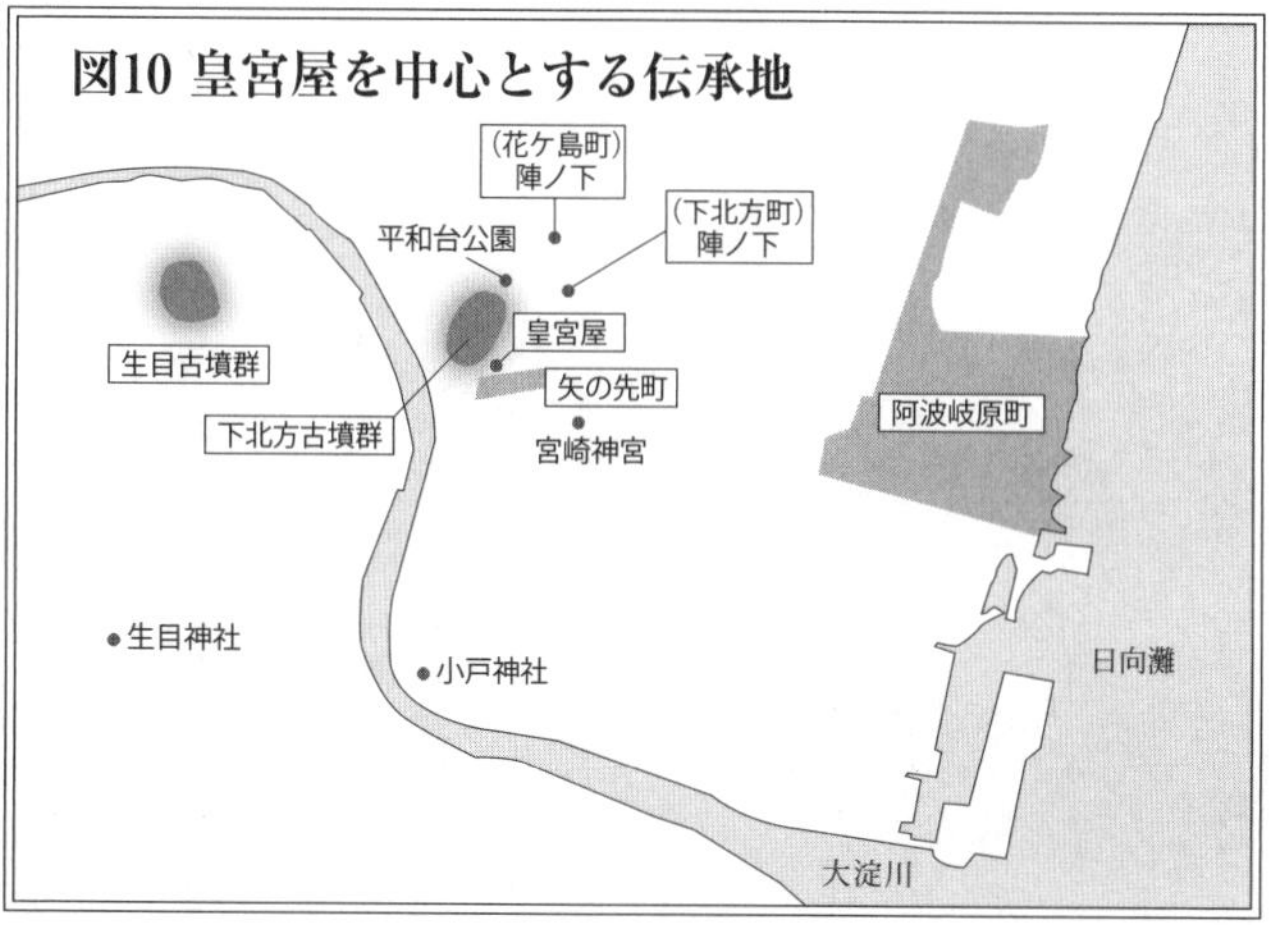

図10 皇宮屋を中心とする伝承地

大淀川の対岸には下北方《しもきたかた》古墳群がある。

下北方古墳群には越ケ迫地区（前方後円墳一基と円墳一基）と塚原地区、少し離れた船塚地区（前方後円墳一基）が含まれ、前方後円墳四基と円墳十二基、それに地下式横穴墓が分布している。

この下北方古墳群に隣接して、神武天皇を祀る「宮崎神宮」がある。宮崎神宮そのものは十二世紀の創建であり参考にならないが、宮崎神宮の「元宮」である「皇宮屋」こそ、先に述べたように、霧島山麓・狭野で生まれ育ったカムヤマトイワレビコノミコト（神武天皇）がここに至り、三十年間住んだ所（初めて政務を行なった所）と伝えられる地点である。

このように俯瞰すると、古くは生目古墳群

と下北方古墳群が一体の地域であり、東征前の神武伝承がここに付随しているということに注目せざるを得ない。そして生目神楽とその周辺の神楽に「神武」演目が伝承されている。これもまた、見落としてはならない事例であろう。

農耕儀礼の中心をなす「神武演目」

生目神楽は、宮崎平野部から日南海岸へかけて分布する「作祈祷神楽《さくきとう》」と呼ばれる春神楽である。農耕儀礼を骨格とし、春の種播きから秋の収穫に至るまでを模擬的に演じる演目が配置されている。

神楽は、前半の「御笠舞《みかさまい》・御笠荒神《みかさこうじん》」、中盤の道化神的田の神「ニカメン」、終盤の「杵《きね》舞《まい》」と「箕舞《みまい》」、最終演目の「田の神」と全編に農耕儀礼が組み込まれているが、九番「法《ほう》社《しゃ》」から十三番「神武」までが〝連舞《つれまい》〟となっており、連続した五番一曲が神武演目と把握される。神楽番付表に「神武・スメラミクニ皇神国・安泰の舞」と記されており、伝承者も古くからそのように伝えられていたと証言する。

この五穀豊穣を祈願する神楽の中心部に「神武」という演目が組み込まれていることは、これまであまり注目されなかったが、ここまでに見てきたように霧島山系から生目古墳群、大淀川流域の伝承事例などと重ねてみると、「神武」に関する伝承と神楽の神武演目がこの地域に語り継がれた「事実」に基づく大変重要な番付のように思えるのである。

前半の農耕儀礼を飛ばして、「神武」演目を見ることにしよう。

この「神武」演目は、別名「岩戸神楽」という番付名でも表記されているが、「岩戸開き」だけの場面であるとは考えられない。「岩戸」と「神武」の伝承がごちゃ混ぜになった、あるいは、もともとあった「神武」の演目に後世になって「岩戸開き」が付け加えられた感じだが、それはそれとして以下の一連の演目を見ていこう。

「神武」に至るまで「法社」「稲荷山《いなりやま》」「里人《さとびと》」「陰陽《いんよう》」という神々が登場し、難解な唱教《しょうぎょう》や神歌を唱える。古語と宮崎弁が混ざり合ったその詞章をここに再現することは不可能なので、大変惜しまれるが省略して、概要を述べる。

山の神の性格を持つ「稲荷山」

生目神楽の「法社」[※]とは、赤い大型の鬼神面の神である。

「法社」は、二本の大幣《おおぬさ》を採り、四方を踏み激しく舞いながら「稲荷山」を呼び出す。神楽

※　法社という呼称からは、ただちに高千穂神楽の「奉仕者〈ほしゃ〉どん」が連想される。高千穂神楽の「ほしゃどん」とは、神楽に奉仕する人という意で、神楽の舞人を表す。修験《しゅげん》の「法者〈ほっしゃ〉」も関連しているであろう。ちなみに神楽の舞人を表す言葉には「伶人《れいじん》」「祝子《ほうり》」「太夫《たゆう》」「社人《しゃにん》」などがあり、古記録に見える表記もある。

番付表には、「法社は連舞の始め、サキモリ、鎮守ともいう」とある。この一連の番付の先触れの神として出て、御神屋《みこうや》の隅に立ち、次々に神々を呼び出す神である。「法社」に招き出される「稲荷山」は、番付表に「山を守り風難除けの舞」となっているから、「山の神」の性格が強い神と解釈される。

赤いあでやかな女衣装に素朴な女面をつけて現れた「稲荷山」は、先端に御幣のついた長い神楽棒（面棒、荒神棒などとも呼ばれる）を肩に担ぎ、その中ほどを扇で軽く打ちながら、御神屋を右回りに回る。

これは、米良山系の神楽に分布する「神和《かんなぎ》」、霧島山系「狭野神楽」の「高幣《たかび》」と同一の所作である。すでに述べたように狭野神楽の高幣は黒い女面の神で、霧島山の縁起と御幣のいわれを説く。米良山系の神和は、その呼称から宮廷の「御巫《みかんなぎ》」の系譜に連なる芸能者であると思われる。米良山系の神和は、ウズメ（天鈿女命）という伝承、山の神という伝承などが混在している。

一連の「神武演目」を構成する演目の一つである「稲荷山」は、先住神・山の神信仰とウズメ伝承とが混交した演目、あるいは、山の神信仰に稲荷信仰や里神楽の「稲荷」などが習合したものだろう。

先住神「里人」と渡来神「法社」の対話

「法社」は、「稲荷山」が退場すると、「里人」を招く唱教を唱え、御神屋の隅に立つ。招きに応じて、「里人」が登場し、法社と問答をする。

「里人」は黒（黒褐色）の翁面の神である。

その要旨は、法社が稲荷山を招じて神めい（神明か？）を明らかにし、「ともに岩戸を祈ろう」とするが、それが叶わぬので里人を招いたのだという。そして、里人を「寿殿《じゅうどの》」と呼び、

――あれに見えたる　み山をば　何のみ山と　げに候

と問う。里人は

――しばしこそは　やましげ山　しげるとも神ぢの奥に　みちのあるもの

と、何やら「み山」なるもののいわれを語り、さらに天神七代、地神五代の神名を説いた上、退場する。

この場面を先住の地主神「里人」と渡来の神との対話と読み解くことは可能である。なんとなれば、この里人（翁面の神）は、最終演目「田の神」に登場し、神主と問答して、天地創造・子孫繁栄の法を説くのである。

この里人は、この土地の先住神・地主神であろう。

「里人」の退場と入れ替わり、「陰陽」が登場する。

「陰陽」は赤みがかった黒褐色の鬼神面をつけた神である。陰陽は二本の大幣を採り物に、はじめ二本の幣を横にして旋回し、次に一本を右肩にかつぎ、他の一本を前方に突き出し、片足を高く上げながら舞うのである。さらに、この大幣を左右交互に振りながら舞った後、長い唱教がある。その内容は難解で、完全な解読は不能であるが、要約すると、高天原《たかまがはら》になんらかの神々が集まって祈ったけれども「神めいいまだご納状なく」（意味不詳）であるので、やむなく「神武」を招いて祈ろう、というのである。

「陰陽」が語る高天原にとどまった（集まった）神々の名は、「もしもしちめらがむつ」「かむろぎかむろぎの命」「通りのこみこう茂山《しげやま》の上南天皇《じょうなんてんのう》」となる。これでは、この神々が何者であるか、見当がつかない。

神楽番付表には、「陰陽」は「天地、昼夜、日月、男女の舞」となっており、一層この神の正体をわかりづらくしている。「陰陽」もまた何者であるか解明されないままであるが、神楽とはいっぺんに何もかもがわかってしまうというものではない。先へ進もう。

土地の古伝承と「岩戸開き」が混合

さて、ようやく「神武」の登場である。

ここまで、「法社」「稲荷山」「陰陽」という神々が登場し、それぞれ神を招く舞を舞い、唱教を唱え、「み山」のいわれ、「天神七代、地神五代」の物語、そこに集まった神々の名などを明らかにしたけれども、「神めい」はいまだ「ご納状なく」という状態は続いている。

この項の冒頭で説明したように、この一連の曲（九番から十三番までの五番一曲）が「神武」と呼ばれたり「岩戸神楽」と表記されている（他の地区では大神《だいじん》神楽と呼ばれる例がある）ため、演目の中に散見される「高天原」「アマテラス（天照大神）」という呼称などから総合すると、どうやら、この番付は「岩戸開き」を主題とするもののようである。

しかしながら、岩戸開きの主役であるアマテラスと五代も後の人であるはずの神武とは、同時代の人ではあり得ず、記紀神話のどこを見ても「岩戸開き」の場面に「神武天皇」は登場しない。「陰陽」が語る「茂山の上南天皇」なども記紀には記録されていない。

前後の脈絡から、この演目は、この土地（生目古墳群から宮崎平野中心部・大淀川下流域）に伝わる古伝承に神楽の「岩戸開き」が重ねられたものだと推理することができる。

なかんずく、このあと登場する「神武」は、岩戸の縁起も国造りの物語も語らず、「かわ（原文では川）の太鼓」のいわれなどを語るのみである。山神または荒神が鹿狩りをして鹿皮の太鼓を作る物語は九州脊梁山地の神楽には点在するが、「神武」とは無縁であり、「岩戸番付」とも関連しない。これでは「神めい」が「ご納状」になるどころか、岩戸も開かず、世の中の光も回復せず、「神武」そのものの神格さえも明らかにはならないではないか。

だが、「神武」の演技そのものの中に、その謎を解く鍵は秘められている。「文字」や「言葉」だけではなく、「芸能＝演技」の中に古い事蹟・伝承が記録され、伝えられてきたのではないか。それを読み解くことで、文字記録以前の「大和王権樹立」の前段階としての古代国家「古代日向王朝」の存在と展開を推理し、浮き彫りにしてゆくという本書の眼目がここにある。

「神武」と「道化神」が演じる国造りの真相

私が以前コレクションしていた「神武」の面と同様、生目神楽の「神武」も、白い「若男」の仮面をつけて降臨する。

能面様式の若男ではなく、精悍な活力に満ちた壮年男子の相貌である。

神武は、先端に御幣のついた面棒（神楽棒）を両手に持ち、激しく舞う。この後、「陰陽」と問答し、陰陽が退場する。

ここで神武の唱教があるが、その文言は、五十鈴《いすず》川を誉める口上と、川（鹿皮であろう）の太鼓の縁起である。これは参考にならないので敬って棚上げしておくこととし、神武の演技そのものを見ていくこととしよう。

注目すべきは、神武に続いて登場する黒褐色の「道化神」（まねこづ＝真似小僧。真似居士ともいう）とのやり取りである。

道化神・まねこづはひょうきんな所作で登場し、観客に絡んだり、子どもとふざけあったりする演技、赤い布で頬かむりをして、鼻の穴に詰め物をしているところなどが、山地神楽の「荒神」に類似しており、この土地の「地主神＝精霊神」と解釈できる。

この道化神は、方形（井桁）に組んだ面棒（神楽棒）を持っている。面棒の両端には五色の御幣が取りつけられている。これを捧げ持って、御神屋正面に座る。すると、神武はその方形の面棒に向かって、激しく打ちかかる。この所作を何度も繰り返す。

この「道化神・まねこづ＝土地の精霊神」が持つ方形に組まれた面棒こそ、「古代日向の国＝生目古墳群を中心とした大淀川両岸の地域」を象形したものと読み解くことができる。激しく打ちかかる神武の所作こそ神楽の演技に秘められた「スメラミクニ＝皇神国」生成の物語であろう。

神武は、両手の面棒を激しく振り、足を交互に高く上下させながら、何度も打ちかかる。

まねこづは、それに合わせ、方形を左右に揺する。さらに御神屋正面に移動して、それを繰り返す。その間、まねこづは客席へ餅を投げたり、子どもたちと遊んだりする。

激しい演舞が終わり、神武が退場すると、道化神は客席へと移動し、参拝者に餅を与えたり、子どもたちの頭をなでたりして交歓する。ここでもこの道化神は田の神や土地の祖先神としての性格を鮮明にしている。

生目神楽の「法社」から「神武」へと続く一連の番付がこれで終わる。

神楽の神様や舞人が唱える唱教や、歌いながら舞う流麗な歌詞の神歌・神楽歌などは、その性格の根本が「言祝《ことほ》ぎ＝寿詞《よごと》」である。

そこで奉納される芸能は「渡来神＝新たなその土地の支配者」への服属儀礼を下敷きにするものと私は認識している。唱教・神歌・神楽歌の文言すべてに歴史的事実が語られているわけではないが、通観すると、この「神武演目」は、記紀神話に記されていない「土地の記憶」としての神武伝承が骨格となり、神楽の「岩戸番付」が重複して伝承されたものと見ることができる。「服属儀礼」の断片が、「道化神＝土地の精霊神」の登場であり、「田の神」「祖先神」などの演技であるという分析もできる。

宮崎平野を中心に分布する他の地区の「神武演目」（いずれも「岩戸」「大神」などの演目名となっている）と照合しても、演技や詞章の内容に大きな違いはない。生目古墳群、大淀川下流域、宮崎神宮、皇宮屋などの「神武伝承」を伝える地域に、神楽のこのような神武演目が分布しているということの意味は、今後、大胆（かつ慎重）に検証する価値があると思えるのである。

東征への道筋を伝える地名

カムヤマトイワレビコノミコト＝神武天皇が初めて政務を行なった所と伝えられる「皇宮屋」は、宮崎市のほぼ中心部に位置する。

イワレビコは、霧島山麓の高原郷で生誕、皇太子に就いた十五歳から大和を目指す「東征」の四十五歳まで、皇宮屋のある場所を宮居とした。西方はるかに霧島の峰を望み、大淀川の流れを眼下に見る地点である。大淀川対岸には生目古墳群。皇宮屋の背後は深い森に覆われた丘陵地帯で、下北方古墳群が眠る。

この皇宮屋を中心とした地域に、神楽の「神武演目」が伝わっていることを前項までに見てきたが、地名もまた、関連しながら分布する。そしてその地名伝承は、「東征伝承」に沿うように「北上」してゆく。道順に従ってチェックしてみよう。

皇宮屋背後の森は、現在は「平和台公園」という大規模な森林公園になっており、宮崎市民の憩いの場となっている。その頂上（と言っても標高六十メートル足らずだが）に立つと、宮崎平野も霧島の山々も、大淀川が注ぐ日向灘も、その先に黒潮のうねりを見せる太平洋も、周囲を取り巻く古墳群も一望のもとに見渡すことができる。

ここにイワレビコは東征への陣を敷いたらしい。その直下に「矢《や》の先《さき》」という地名があり、やや北方に「陣《じん》ノ下《した》」があることからそれが推理できる。

少し距離が飛ぶが、皇宮屋から四十キロメートルほど北方に「尾鈴山《おすずやま》」がそびえる。山名は、この山の麓で野営したイワレビコが、尾に銀の鈴をつけた馬が山を越えていく夢を見たことにちなむ。尾鈴山を源流とする名貫川《なぬきがわ》の上流に「矢研《やとぎ》の滝」がある。この滝の周辺から産出する石で矢を研いだという伝承。

さらに伝承は北上し、日向・美々津に至る。ここには、この地を通りかかったイワレビコの衣服が破れたので、立ったまま地元の少女が繕いをした「立縫《たちぬい》の里」の伝承がある。美々津はイワレビコ一行の東征への船出の地で、椎葉《しいば》山脈を源流とした大河・耳《みみ》川（古名は美々川）が日向灘へと注ぐ所である。

ここにはまた、船出を早朝に行なうことになったイワレビコの軍勢に、地元民が大急ぎでこしらえて差し入れたという「お船出《ふなで》だんご」、村人の起床を促したことにちなむ「おきよ祭り」（「起きよ！」の意）なども残る。いずれも後世の作り話とは思えぬ、具体的で、土着的な挿話である。

図11 神武東征ゆかりの地名

この地点で、宮崎におけるイワレビコ＝神武に関わる伝承は消え、美々津以北に、神武伝承を見いだすことはできない。神武は、ここから豊後の海を通り、水先案内にシイネツヒコ（椎根津彦）を得て宇佐を経由して大和へと向かうのである。

「記紀」に記されない大和王権樹立前夜のイワレビコの事蹟は、土地の伝承・地名・説話・神楽となって記憶されていた。これが宮崎の神話伝承の凄さである。

第七章

荒ぶる国つ神

荒神に託した先住民の抗議と譲歩

椎葉・嶽之枝尾神楽の荒神

荒神は土地の先住神

「荒神《こうじん》」とは荒ぶる神であり、土地神である。『古事記《こじき》』に、「荒ぶる国つ神」「荒ぶる神」と簡略に描かれているのが、この荒神である。宮崎の神楽では、中盤に降臨し、主役級の活躍を見せる。「荒神」が語る宇宙の真理、神楽の由縁、人界と神界の交流、渡来の神と先住の神の激突と和解、自然と協調して生きる知恵などは、人々が伝えてきた叡智の結晶であり、神楽の骨格である。

夜が更けて、神楽が舞い続けられている御神屋《みこうや》の上を星座が彩る。私は、神楽の神庭《こうにわ》を離れて、少し歩く。標高六百メートルほどの高地の集落で舞われる神楽は、天界の神々と地上の人々とを結ぶ一夜の祭りだ。山の道は、森から尾根へと延び、天空へと続く。すでにスバルは中天にかかり、天の狩人オリオンが、天狼シリウスを従えて東の空を昇ってくる。

――あれは、昴宿《ぼうしゅく》・スバル。西方を守り、六つの星（一群・軍団など）を統《す》べる神の象徴。一群に牡牛座があり、狩猟を司る宿《しゅく》として信仰された畢宿《ひつしゅく》がある。牡牛を追うように上ってくるのが輝かしいオリオンで、その肩に当る位置に觜宿《ししゅく》。腰部の三ツ星は参宿《しんしゅく》。この三ツ星を「三宝荒神《さんぽうこうじん》」と見立てる地方がある。東方にふたご座が光り、井宿《せいしゅく》が位置する。さらに蟹座の鬼宿《きしゅく》、長大な柳宿《りゅうしゅく》が東天を昇ってくる……

星空を見つめ、古代オリエントを発祥の地とする西洋の「星座」と、古代中国の天文学「星宿《せいしゅく》」とを重ね合わせながら見ていると、近づいてくる影がある。深夜から明け方へかけて舞われる「剣舞《つるぎ》」の出番を控えた少年だ。今年、中学一年生になったという。

この子が生まれる前から私はこの村の神楽を見るために通い続けてきているから、彼の父親とは古いつきあいだ。長老として長くこの神楽座を率い、引退前の最後の舞でアマテラス（天照大神）を導き出す春日大神《かすがのおおかみ》の役を務めた祖父は、昨年、天上の人となった。

——絵描きの先生、また星を見てるの……

——うん、神楽の構成は星の信仰とどこかで関連しているはずだと思って、調べているのだが、まだ、わからない

——ふーん、じいちゃんもおんなじようなことを言ってた。大人はむつかしいことばかり考えるんだ

——そうだね。難しいことも調べてゆくと案外簡単に謎が解けることもあるし、それによって神楽の秘密や大事な要素がわかってくることもある

——星と神楽のこと、わかったら教えてね。もうすぐ、「舞荒神《まいこうじん》」が出るよ

私を促し、少年は、神楽宿《かぐらやど》のほうへと駆けていった。私もそのあとを追って引き返す。

神楽に通い、神楽の絵を描き続けておよそ三十年。途中、絵のほうは十年ほどの中断期間

があるが、最近は、一シーズンに十〜十五座の神楽に通い続けて徹夜で描き、一晩に百枚ほども描く日もあって、神楽の場に流れる時間や空気、神楽の音楽などが、一筆の線に宿る瞬間があるような気がしている。星の光が一本の線に落ちてくるように、星宿信仰と神楽のかかわりの謎が解ける時が来るような気もしている。

神楽を「観る」ということは、さまざまな体験の集積だ。少年もまた、多くの経験と修練の時期を経て、練達の舞人《まいびと》へと成長を遂げてゆくことだろう。

土地の記憶を語る諸塚神楽の荒神

どどん、どん。

と地を揺るがすような太鼓の音が響く。地霊を呼び醒まし、山霊に働きかける神楽の囃子《はやし》は、太鼓のリズムが基調だ。その力強い響きに、哀調を帯びた笛の旋律が重なり、村から森へ、森から山岳へ、そして天空へと響奏してゆく時、神楽の主役である仮面神が降臨する。

――「舞荒神」とは、昔からこの土地におった神様じゃ

と古老は言う。

宮崎県の北部に位置する山の村・諸塚《もろつか》村に伝わる諸塚神楽では、「舞荒神」「三宝荒神」という番付が神楽の山場で、延々三時間に及ぶ上演時間を有する。地主神である「三宝荒神」(山

の神・土地の神・火の神）が神楽の場に降臨し、神主と問答をして、神楽の由来や土地の記憶、神楽に秘められた宇宙根源の思想などを語るのである。「神主」とは、神楽の主宰者であり、土地神に対して新しくこの土地の支配者となった渡来民・天孫《てんそん》族の神を祀る祭祀者である。

三宝荒神の先触れの神として舞い出る「舞荒神」もまた、土地神である。村土の九十五％を山林が占めるというこの村には、八十を超える集落が点在し、古風を保つ骨格の太い人々が暮らしている。その集落ごとに座す神様が、山の神であり、水神や稲荷であり、荒神などの土地神である。

村を訪ねると、三叉路に立つ道祖神や、崖の窪みに置かれた石仏、小さな祠《ほこら》に祀られた神像、森と村の境に立つ赤い鳥居などに出会う。それが古い時代からこの土地で信仰されてきた神様、仏様である。その素朴な信仰は、狩猟や焼畑、採集生活などの山の生活と密接に結びついており、その根源の思想が神楽にも投影されている。

舞荒神の面は、赤い大型の鬼神面である。地区ごとに造形を異にする。その仮面と同じような顔つきの舞人もいる。村の長老や尊敬を集めた村長《むらおさ》、仮面を伝える家の主《あるじ》など、実在の人物に似せて仮面を彫刻したのか、あるいは、長年、その仮面を使い続けているうちに「神」と同じ顔相となったものか。舞荒神の面は、山の村の物語と仮面神の不思議を秘めて、神楽の場に舞い出る。

渡来民の代理人たる神主を問いただす

夜が更け、星座が巡り、神楽の場は赫々《かっかく》と焚火の明かりに照らされている。男たちが焼酎を酌み交わしている。彼らは、神楽の夜に降臨する舞荒神とさほど変わらぬ相貌である。

諸塚神楽の主役級の格づけである「三宝荒神」の前座として降臨する「舞荒神」が荒々しく舞い終えると、「山の神」「土地の神（築地《ついじ》荒神）」「火の神（竈《かまど》荒神）」を表す三宝荒神が次々に降臨する。

「三宝荒神」とは、在来神を祀る山岳信仰や地神信仰に修験道《しゅげんどう》や陰陽道《おんみょうどう》等が習合した信仰で、仏教の「仏・法・僧」の三宝を守る守護神の思想も投影され、「竈神《かまどがみ》」の神格も持ち、広範な信仰の広がりを見せる。

諸塚神楽の三宝荒神は、「一荒神・山の神＝広大な諸塚の山を支配する神」「二荒神・築地荒神＝土地の地主神であり、神を祀る社《やしろ》や鳥居を立てる時などは吾の許しを受けよと荒ぶる神」「三荒神・竈荒神＝火を司る台所の神であり、村人の生活を守護する神」となっており、三宝荒神の根本的な骨格を示している。

神楽の場に降臨した「三宝荒神」は、神主と問答をする。延々、一時間以上を要する神主と荒神の問答を要約すると、荒神は森の奥から怒り出てきて、渡来の祭祀者が自分の支配する山に無断で入り込み、山の木や榊《さかき》などを切り出し、社をこしらえてにぎやかな祭りを行なっていることに抗議しているのである。それに対し神主は、アマテラスの岩戸《いわと》隠れによってこの世が闇に閉ざされたため、天《あま》の香具山《かぐやま》の榊を切り出して御神屋を設《しつら》え、太陽神であるアマテラスの再降臨を請う祭りを行なっていることを述べる。しかしながら荒神はすぐには納得せず、長い問答は続く。

山の神「一荒神」は、赤い大型の荒神面をつけ、大柄の型染めの衣装を羽織り、金ぴかの天冠《てんかん》を被り、榊を腰に差し、荒神杖を持って厳かに登場して、山を支配するものは吾なるぞ、と荒ぶる。太鼓はどどんと激しく打たれ、笛の音と交響して、落葉蕭条《しょうじょう》たる山塊へと響いてゆく。地主神の代表たる一荒神の登場に神庭は沸き立つ。

築地荒神「二荒神」は、白い大型の鬼神面で現れ、正面にどっかりと腰を下ろす。そして神主の口上のたびに立ち上がり、難解な質問を繰り出す。

竈荒神「三荒神」は火の神である。真っ赤な衣装に赤い鬼神面で現れ、生活全般における心得を説き、自然の摂理に従って暮らす山人《やまびと》の暮らしの豊かさを教えさとす。

地主神である三宝荒神と渡来民の代理人である神主の長い問答によって、天地・自然の事《こと》理《わり》や神楽が執行されている御神屋の仕組み、神楽の由緒などが解き明かされてゆくのである。

共存の道を探りだした先人の叡智

神楽の荒神問答を、「渡来の神」と「土地神」の激突・相克・協調の物語と読み解くことができる。渡来の神とは、稲作・鉄器などの新しい文化とともに移入してきた民族が奉る文明神であり、土地神とは、その土地に古くから居住した先住の民が信仰する自然神である。「荒神祭祀」は、全国各地の神楽に分布し、ほぼ同様の主旨・骨格を有する。中国地方では「神がかり」があり、四国地方の一部では「荒神鎮め」の儀礼があり、「大蛮《だいばん》」「樵《きこり》」「炭焼き」等の山の神信仰と混交している。九州・米良《めら》山系の神楽では、星宿信仰と習合している。

各地の神楽では、荒ぶる荒神は鎮められる例が多いが、諸塚神楽の荒神問答では、終盤、どうにか納得した荒神の前で、村人が徳利を持って出て舞う盃の儀があり、神主と荒神の和解が成立する。

「記紀」（『古事記』と『日本書紀《にほんしょき》』）の記述とは、大雑把に捉えれば、渡来の民族が先住民の土地を征服してゆく物語である。その過程で、製鉄の拠点である「山」や「金属」「水」「火」などを支配し、先住の地主や山地民を服属させるエピソードが綴られてゆく。渡来神と先住神は衝突と和解を繰り返しながら、共存と協調の理念を探り出してゆくのである。

神楽「荒神問答」は、謙虚に自然そのものと向き合い、自然を「神」と観念し、自然と対話しながら生きる道を見出してきた先人の叡智の結晶である。

荒神の語りは、さまざまな価値観が交錯し、紛争の絶えない現代社会の行く手を照らす指標のように、星夜の下で受け継がれていくのである。

星宿信仰との深いつながり

九州脊梁山地・米良山系の神楽では、深夜を過ぎて神楽が後半にかかるころ、「夜中の荒神」と呼ばれる荒ぶる神が降臨する。

このころ、オリオンは中天を過ぎ、冬の夜空の主役の座を東天から昇ってくる獅子座に譲ろうとする。中央アジアからヨーロッパの星座の思想では、オリオンは天の狩人とされ、子犬座・大犬座を従えて冬夜を横切ってゆくが、古代中国の思想ではオリオンの三ツ星が「参宿」と呼ばれ、さまざまに解釈される。

興味深いのは、中国古代の兵占《へいうら》に使われた例で、三ツ星は「三大将」を表し、それを囲む長方形の四星は「左将軍」「右将軍」「後将軍」「偏将軍」を司るとされていることである。そして、三大将と四将軍の光が明らかであれば軍は強く、三大将の光が弱ければ、「将軍」（大臣）が謀反を企てる。同じく三大将の光が動揺すれば天下に乱が起こり、光が消えれば軍は壊滅する等々の解釈がある。

現代の科学知識から見れば幼稚にも見える運用だが、古代の軍師や天文家は、日ごと夜ごと天空を観測し、軍事に応用したのである。そしてそれが的中し、政権の変動に結びつく場合もあったから、玄妙である。

日本列島でも「唐鋤星《からすきぼし》」「酒枡星《さけますぼし》」などと地方によって呼び名と解釈を変えるが、東北地方に「三ツ星は三宝荒神」という地域があって目を引く。「三宝」とは一般的に、「天の神・地の神・火の神」（前述したように、諸塚では山の神・土地の神・火の神となっている）の信仰であり、仏教と習合した「仏・法・僧」の教えである。これこそ、神楽の三宝荒神に相通ずるデータである。

私はこのことを、長年愛読している天文民俗学者・野尻抱影著『星三百六十五夜』（中公文庫／一九七八年）によって知った。これまで見落としていた記述が、最近、何気なく開いたページに載っており、天空から落ちてきた一条の光のように私の眼を射たのである。

今度、諸塚神楽の少年に会ったら、伝えておこう。まだこのテーマで神楽を読み解いた研究者は見当たらないが、今後、解明されてゆく分野だと思う。彼と星空を見ながら、神楽と星宿の信仰について語り合う日が楽しみだ。

米良山系の中心地に位置する東米良の銀鏡《しろみ》神楽は「宿神三宝荒神《しゅくじんさんぽうこうじん》」と南朝の皇子・懐良《かねなが》親王を表す「西之宮大明神《にしのみやだいみょうじん》」を銀鏡両神《りょうかみ》として神楽の場に迎え、一夜の祭りが開催される。

宿神三宝荒神とは、銀鏡地区の神体山である龍房山《りゅうぶさやま》と山の神であるイワナガヒメ（磐長姫）に対する崇拝、星宿神「宿神」の信仰、さらに「三宝荒神」の信仰が複合的に混交したものである。西之宮大明神が厳かに降臨した後、宿神三宝荒神が赤い大型の鬼神面をつけて降臨する。「宿神三宝荒神」はべろりと舌を出した憤怒相の荒々しい仮面神である。

銀鏡神楽では、神楽の一日目に「星の舞」（星神楽）という舞が一曲だけ奉納されるが、それは星宿神である宿神三宝荒神を招く舞だという。二十八星宿の星飾りが屋内の御神屋に設営され、その下で星の舞が舞われると、地主神である宿神が降臨し、外に向かって一歩を踏み出す。次の日、祭壇に猪頭《ししがしら》が供えられ、一夜、神楽が舞い継がれる。星宿信仰との結びつきの強い神楽だと言えよう。

米良山系に共通する様式

米良山系西端の西米良村・村所《むらしょ》神楽の「荒神問答」を見てみよう。

米良の神楽には「はらかき荒神」と呼ばれる荒神が登場し、神楽と星宿信仰について語る。九州では、激しく怒ることを「はらかく」と表現する。

すなわち、諸塚の三宝荒神と同様に、荒神は、渡来の祭祀者が無断で自分の支配する山に入り込み、社をこしらえてにぎにぎしく祭りを行なっていることに怒っているのである。渡来神と先住神の激突の場面がこれである。

金襴《きんらん》の派手な衣装を着け、荒神杖《こうじんつえ》（荒神棒、金剛杖、面棒などとも呼ばれる）を持って出現した荒神は、腰を深く曲げて上体を8の字を描くように激しく振りながら怒り舞う。そして太鼓（籾俵《もみだわら》や樽などの所もある）に腰掛けて、荒神杖を地面に突き立てた荒神は、閉じた扇で杖をぱしり、ぱしりと打ちながら、神主と問答をする。

米良の山々には、「地主の森」「荒神の森」「荒神林」などと呼ばれる森があり、そこには、「山の神」と同等に祀られ、信仰され続けてきた「荒神」が鎮座していた。神楽の番付も進み、北斗七星が大きく北天にかかる深夜二時ごろにもなって米良の山岳から怒り出てきた荒神は、自分の支配地を荒らす渡来者に対して激しく抗議するのである。しかも、祭りは、すでに中盤を過ぎている。荒神は、太鼓を停止させ、その太鼓に腰掛けてしまう。祭りは中断を余儀なくされた。

ここで神主が登場し、太陽神再生の祭りを行なうことの意味を説き、無断で荒神の支配地に入ったことについての理《ことわり》を述べる。この構図も諸塚の三宝荒神と同様の趣旨である。

米良山系の神楽の荒神舞はほぼ同一の様式で展開される。

村所神楽の荒神問答では、神主の第一声は、

——御《おん》そもそも　荒神の降《くだ》り給えば　綾を映え　錦を映えて　御座とまします

御神《おんかみ》というも　皆よく見れば　我が身なりけり
天地《あめつち》の七ツ五ツの世を過ぎて　今は六しょう神とこそなる
其れ今年今月吉日の良辰《りょうしん》を以って
当神壇《とうしんだん》において　天照皇大神《アマテラスオオミカミ》八百万《やおよろず》の神たちを勧請し奉る……

から始まるもので、注連《しめ》を立て、荒神の許可なく神楽を開催することへの詫び事を述べ、引き続き祭りを開催することへの許しを願うものである。

越野尾《こしのお》神楽では、荒神は、扇で荒神杖を叩きながら、

――そもそも汝我が御前《おんまえ》にさし寄せたぞとは　あやしみ申すぞや
我すなわち天地陰陽不思議の始め　混沌の世界より天地和合のしんぎをきざし
いづれの神もすでに形成って一代三千世界をなし
森羅万象ことごとく我が御前にあり　三界《さんがい》の頭領とは我がことぞかし

と、荒神が宇宙の根本神であり、この土地の支配者・地主神であることを宣言する。その後、神道の本義、榊の本義、注連・幣帛の解説へと移行してゆく。この様式は銀鏡神楽、尾《お》八重《はえ》神楽、中之又《なかのまた》神楽などの「米良山系の神楽」にほぼ共通するものである。前述した諸塚神楽の「三宝荒神」とも通底する。

「三界」を統括する神格

問答は、延々と続く。

この辺りで、観客の大半は眠くなる。すでに大酔している客も多い。それゆえ、難解な荒神の語りを理解するものはほとんどいない。

私は神楽の唱教《しょうぎょう》や神歌、神楽歌、神々の語りなどの内容をおぼろげながらにでも把握できるようになるまでに二十年以上の年月を要した。神楽に通い続け、古老に問いかけ、文書を読み解いて、ようやく判明する内容が多いのである。

この荒神問答に関する文書も、入手するまでに膨大な時間を要した。そして古語や宮崎弁の交じる文言を読み込んでいくうちに「荒神」の実像が浮かびあがってきたのである。文書の解釈に個人差や視点の違いがあることも承知。

荒神問答の前半部分では、荒神が渡来の祭祀者である神主にさまざまな問いを発し、神主が答える。銀鏡の荒神の語りには「吾は三界の頭領なり」という詞章、中之又の荒神も「吾は三界の頭領」を名乗り、「御鏡は日神、勾玉は月神、剣は星宿なり」と語るくだりがあって理解を深める助けとなる。

つまり、三界の頭領とは、「日・月・星」「天・地・人」「鏡・勾玉・剣」など三種の神格を統括し、ひいては天界・自然界・人間世界すべてを統括する神格であり、それこそが三宝荒神であるということになろう。

御神屋は宇宙であり母の胎内である

村所神楽の荒神問答には、問答の後半部に重要な詞章がある［図12］。

この難解きわまる問答（全文を掲載できないのでなお意味不明瞭）を要約するならば、神楽の御神屋とは二十八星宿を象り、結界を張った神事空間のことで、その空間を飾る御幣は天地の原理を五色で表す五行の思想に基づくもの、そしてその中央に吊り下げられている白《びゃっ》蓋《かい》とは、宇宙そのものを表し、同時に母の胎内を象る。すなわち今宵一夜の神楽は宇宙空間を凝縮した御神屋＝白蓋＝母の胎内のごとき神秘空間で開催されるというのである。

神楽最終盤に出る「白蓋鬼神」は激しく舞い巡りながら白蓋の中心に下げられている「蜂の巣」と呼ばれる小袋を面棒で突く。すると蜂の巣の中から五色の切り幣が舞い落ちて、御神屋一面に舞い散る。面棒と小袋をつつくという白蓋鬼神の所作は生殖行為を表し、五色の切り幣は万物の種子「ものだね」を表すという。

「白蓋」とは「えなをかむいて宿ること全くこれに同じ」とあるように「胞衣《えな》」のことである。胞衣とは母の胎内で胎児を包んでいた皮膜のことで、出産後に排出される。民俗学では胞衣に関するさまざまな信仰が採録されている。これがその後の子どもの一生を守ると考え、種々に祀る習俗は縄文時代から見られる。なんともやさしく穏やかな思想ではないか。

神楽の音楽に酔い、舞人の入神の舞を見続けている私たちは今、この時、温かな母の胎内にいて胞衣に包まれ、広大な宇宙空間を逍遥《しょうよう》しているのである。

荒神とは大いなる宇宙神であり、村の守護神たる精霊神であり、母のごとき土地神であると解釈できる。

荒神問答は、最近は省略されて時間が短縮されている神楽も多いが、長い所では、二時間に及ぶ演目である。問答により、荒神の怒りは次第に鎮まり、神主の祝詞《のりと》奏上によって荒神が荒神杖を渡して退場すると、ようやく神楽が再開される。これこそが、土地神と渡来神との和解の場面である。

満天を飾る星座が、神楽が舞い続けられている御神屋の上を巡ってゆく。この時刻になると、客は減り、粛々と舞い継がれる神楽だけが、古代の絵物語を描いてゆく。

私は、絵筆を走らせ続けている。山風に交じって小雪がちらついてきた。ふと気づくと、私の広げている画紙の向こうの端を、風で紙が飛ばないように両手で押さえてくれている少女がいた。いつの間にそこへ来たのか気づかなかったが、彼女は、西都原《さいとばる》古墳の一隅で出会い、時々、神楽の場で出会う少女であった。私がそちらを見ると、彼女も目を上げてこちら

図12　村所神楽の荒神問答より

閉じた扇で面棒を三回叩いた荒神は、おもむろに

――しからば　注連のあらまし申しあぐるでござろう
注連とは天の五行に八本のしゅで(幣帛)
地の五行に五本のしゅで
彼の注連に天地五行のしゅでを捧げて
この内に注連は勧請し奉る
たとえば諸道に品々の法を書き入れて用い
其の上を封じたるを注連というがごとし

と、注連と結界の原理を述べる。それに続き神主は

――されば天の五行に八本のしゅでは
水・火・木・金・土の五行なり
吐・火・加・心・以・真・多・如の八神に捧げ(以下略)

と、五行八宿(木・火・土・金・水と二十八宿)の理を述べる。

荒神は、

――それ神事礼法に垂れ合う物を
白蓋〈びゃっかい〉というなり
是すなわち天を怖れ　地を怖るるをいう
天上幸いおこないの時は
天の御影〈みかげ〉　日の御影というなり(中略)
これによりて人々母の胎内に宿る時
えなをかむいて宿ること全くこれに同じ(中略)
それいかんとあらば　其の母百毒を食するとも
懐胎の子は一味の毒に当たらず
是天地一同相の理想に同じ
これによりて白蓋の形を作る
天の二十八宿　地の三十六金土
合わせて六尺四寸に形取るなり
色相をあらわすごと　五色五行の形なり(以下略)

と、応じて怒りを解く。

を見た。視線が合い、笑顔を交わした。

言葉はいらない。

神楽に流れる「時」は、人を夢幻と現世《うつつよ》の境に誘う。少女が私の背後に回ってきて、手元を覗き込んだ。

――星の神様が、降りてきてるよ

――そうか、それはうれしいことだ

ふわりと温かなものが私の背を包んだ。それは少女が掛けてくれた一枚のやわらかな布だったが、もしかしたら彼女の体温そのものだったかもしれない。

私はこの時、古代の巫女《みこ》に抱かれたような、あるいは母の胎内のような時空にいたのである。

補論

道化神

まつろわぬ民のしたたかな抵抗

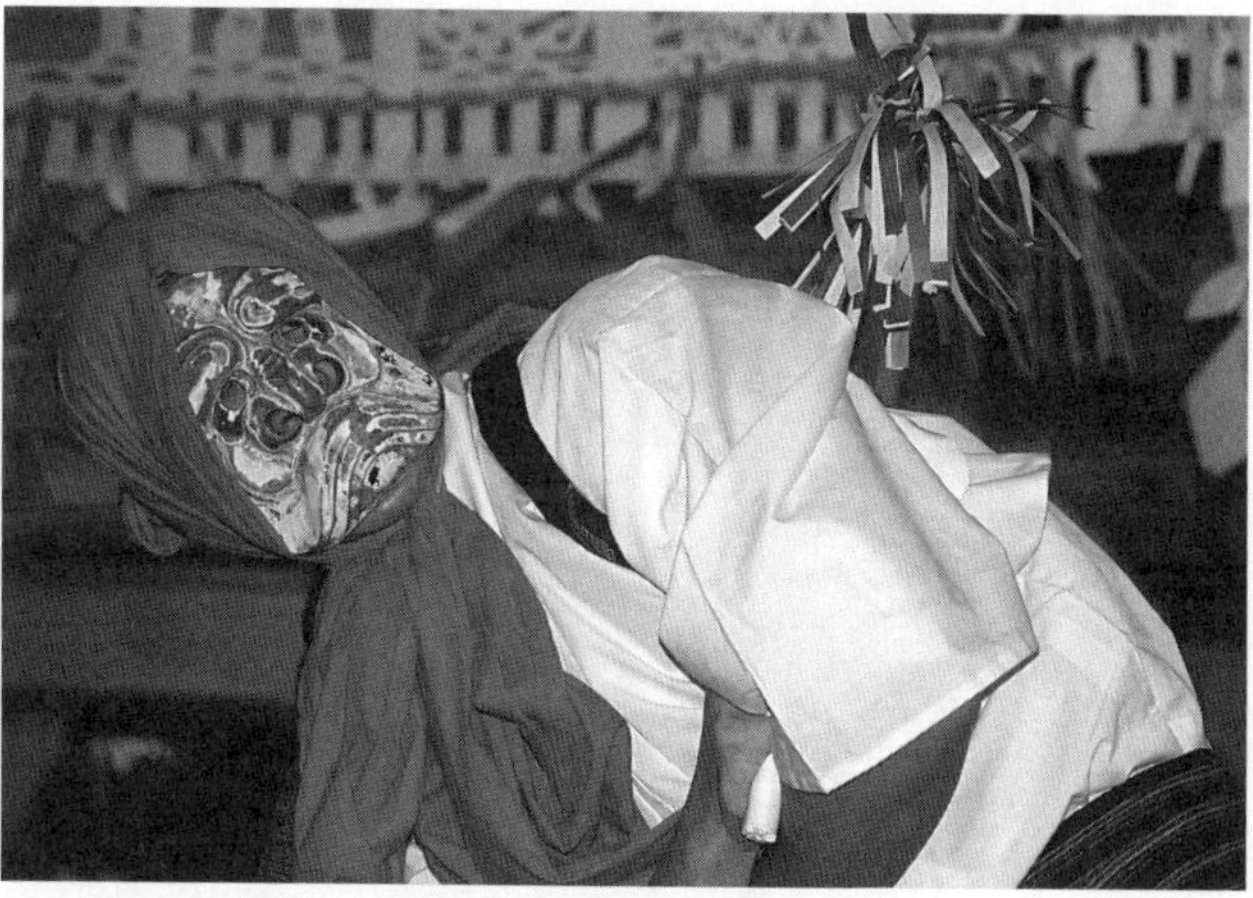

高千穂・秋元神楽の「八鉢」

神武の兄に制圧された鬼八

宮崎の神楽に登場する「道化《どうけ》」「稲荷《いなり》」「田の神」「山の神」「翁」などは、大和王権の支配下に入った後も、「荒神《こうじん》」と同様に先住神として祀られ、信仰されてきた土着の神々である。なかでも滑稽な所作や性的な演技で会場を沸かせ、場を騒乱の渦に巻き込む「道化」は不服従の精神を抱き続けた庶民のヒーローである。

——谷は八つ　峰は九つ　戸は一つ　鬼の棲家はあららぎの里

高千穂《たかちほ》神楽の神楽歌に歌われる「鬼」とは「鬼八《きはち》」のことである。

高千穂の鬼八伝承では、神武《じんむ》天皇東征以後のことが語られており、神楽にも織り込まれている。

「記紀」(『古事記《こじき》』と『日本書紀《にほんしょき》』)では、宮崎の地を発したカムヤマトイワレビコ(神倭伊波礼毘古命)=神武は「日向《ひゅうが》・美々津《みみつ》港から船出して豊後《ぶんご》水道を経由して大和へ向かった」、そしてその兄は「常世《とこよ》の国に行った」「先祖には山神も海神もいるのに、陸でも海でも苦しめられると嘆いて海に入った」としか書かれていないが、土地の伝承では、「強風で船が押し戻されて一行からはぐれた兄君のミケヌノミコト(三毛入野命)は高千穂に入り、高千穂郷を治めた」と、ミケヌのその後が語られている。

　このミケヌこそ、高千穂十社《じっしゃ》大明神として祀られる高千穂神社の主祭神である。十社大明神の神面は、神楽の日、高千穂神社の宮司が捧げ持って神楽宿へと降り、一夜を村人と過ごす。

　ミケヌの高千穂入りについては、高千穂の東隣の日之影《ひのかげ》町などにもその足跡を示す伝承地がある。高千穂地方には、イザナキ（伊邪那岐命）・イザナミ（伊邪那美命）の国生み伝承から岩戸《いわと》開き伝承、天孫《てんそん》降臨伝承までほぼすべての神話伝承が分布するが、いずれも、考古学的な資料や文献資料の裏づけが乏しく、信憑性に欠ける。

　しかしながら、ミケヌ伝承だけは説得力がある。高千穂の西隣の阿蘇地方では、イワレビコ＝神武の孫のタケイワタツ（建磐立命）が阿蘇盆地の開拓神となっていることから、伝承地の北上・西行の事例が確認されるのである。

　反論や地元の反発を覚悟の上で、あくまで私見として言うが、ミケヌが高千穂を治めた事蹟だけが「事実」で、それに国生みから天孫降臨といった他の伝承が付随したものだと見れば、高千穂神話がそれなりの整合性を持つ。

　高千穂を治めることになったミケヌに対し、土地の先住の王である鬼八は激しく抵抗した。山に籠もり、谷に隠れて反乱を繰り返したのである。鬼八は、「鬼」と呼ばれ、文字どおり「まつろわぬ民＝悪神」として描かれる事例が多いけれども、土地の人々は、

――鬼八は「荒神」である。最後まで大和に服従しなかった土地神じゃという。

激烈な闘争の末にミケヌに制圧された鬼八の霊は、その後も激しく祟《たた》り、何度も息を吹き返して暴れたり、霜を降らせたりして害を与えた。そこで鬼八塚に祀り、「猪掛《しし か》け祭り」を行なってその霊を慰めると、鬼八は怒りを鎮め、高千穂は五穀の稔《みの》る土地になったのだという。

前章で取り上げた「荒神」も荒ぶる神で、祟りやすい性質を持っているからこそ、村人に丁重に祀られ、鎮められ、さらには恵みをもたらした。鬼八も、この「荒神」と習合している。

鬼八の鎮魂祭が高千穂神楽の古形

この「猪掛け祭り」は、高千穂神社に今も伝わっている。毎年、旧暦の十二月三日に神前に猪一頭を供え、「笹振り神楽」を奉納して神代のころをしのび、土地神を敬い、五穀の豊穣・狩りの豊猟・子孫繁栄を祈願するのである。

――しのべや　たんぐぁん　さあれや　さあそう

まとはや　ささくり　たちばな

と、宮司が笹を振りながら神楽歌を歌うこの神楽が、高千穂神楽の古形と伝えられる。これもまた高千穂神楽の起源をひもとくうえで重要な伝承の一つである。

高千穂神楽には「道化荒神」という演目があり、「鬼八」を彷彿とさせる「荒神」が出る。高千穂の「道化荒神」は、神楽の序盤に出る。ひょうきんさと風刺の精神を併せ持つ、反骨のサムライである。主祭神降臨の「杉登《すぎのぼり》」に続く演目で、突然、暴れ出るのである。出ない地区もあるし「座張《ざはり》」と呼ぶ地区もある。この「道化荒神・座張」は、地主神の性格を有する自然神であろう。

大きく跳躍し、目を剥《む》いて何者かを威嚇し、次の瞬間には客席へ躍り出て、子どもたちを追い回したり、なじみの女性客と抱き合ったりして、神楽の場をトランス状態に巻き込む。そして御神屋《みこうや》に戻り、ふたたび見得《みえ》を切って一舞を舞い、あざやかに退場する。

祭りの場に闖入《ちんにゅう》してきた先住神は、祝祷《しゅくとう》の舞を舞って祭りの場を祝福したのであるが、どうやら心《しん》からの屈服は示していないようである。祭りの場を攪乱《かくらん》し、一言、世相を批判し、権力を風刺して、さっさと退場するのである。観客は、我らがヒーローに対してやんやの喝采を送る。

「荒神」「先住神」については、私は機会があるごとにふれているし、今後も言及し続けてゆく。「神楽」に登場する「道化神」については、『古事記』には直接の表現はないが、この道化神こそ、渡来神が伝わる以前の古層の神であろう。批判と諧謔《かいぎゃく》、滑稽などの「わざ」を繰り出す「道化神」とは、先住神・制圧された民のしたたかな抵抗精神の残影である。

ヒョットコは古代の製鉄民

以前、出雲地方に残る古代製鉄の跡地を訪ねた時、「荒神」とは製鉄の神であり「山主《やまぬし》」である、という説明を聞き、納得したことがある。古代、製鉄を行なうには「火」が欠かせず、火を司る神がすなわち「荒神」であった。製鉄に必要な資源を単純化すれば、鉄百貫(一貫は三・七五キログラム)を得るためには千貫の炭が必要であり、千貫の炭を確保するためには一山の木材が必要となる。よって山を支配する「荒神＝山主」の協力がなければ製鉄は成立しない、というのである。これも納得。

中国地方には、「荒神神楽」や「荒神祭祀」が分厚く残り、舞人《まいびと》が神がかりの状態になる場面のある神楽が現存する。出雲神楽の花形・スサノオ(須佐之男命)の大蛇退治は、斐伊《ひい》川上流の製鉄拠点を大和の勢力が制圧する物語であるという。中国山地や四国山地の神楽には「荒神」に類する神として「山主」「山王《やまおう》」「大蛮《だいばん》」「樵《きこり》」「炭焼き」などが登場する。いずれも、九州山地の「荒神」と同系の神である。

各地の神楽に分布する「ヒョットコ」も、製鉄神・火の神としての「荒神」と関連する。ヒョットコとは「火男」である。赤い顔をして火を吹く火男は、上役の命令に従わず、顔を歪め、あらぬ方角を眺めて嘯《うそぶ》く、批判者であった。祭りの場に乱入するヒョットコはこの系譜に連なる神である。

我が「九州民俗仮面美術館」の展示品に黒い道化仮面がある。口を歪め、そのゆがめた口が「うそ」を吹いている。「うそを吹く」とは、「嘯く」(口をすぼめて息を吐く）ことで、自分より目上の人、雇い主、権力者などに対して不服従の態度を表す表情である。

原型に「ヒョットコ＝火男＝古代製鉄の鉱山労働者」がある。古代、蹈鞴《たたら》製鉄において、炉の火を焚き、火を吹き続ける労働者は、もともとは山に依拠した先住民＝山人《やまびと》である。「山主＝荒神」が製鉄の技術とともに渡来してきた民族の支配下に入った時、心ならずも従属し、製鉄民として組み込まれた。そのことを受容しながらも、心《しん》から服属してはいないという態度。機会さえ到来すれば、ただちに反旗を翻し、反乱軍の闘士となってゲリラ戦を展開する、という意思表示。それが「嘯〈うそふき〉」なのである。「嘯く」という表現には、山の神の使いである「猿」の鳴き声も含まれる。深山に嘯々《しょうじょう》と響きわたる猿の声は、山の神の神意として畏敬された。

神楽の黒い道化面は、「ひょっとこ」「樵」「炭焼き」などとして登場する。本来ならば、「祝祷」の舞を舞い、祭りの場を祝福するのであるが、ひょうきんな道化神は、滑稽な演技で場をにぎわし、性的な所作で笑いを誘い、客席に出て遊び、若い女性に抱きついたりして一場を騒乱の渦に巻き込む。そしてあざやかな残像をあとに退場するのである。高千穂の「道化荒神」もこの系譜に属する神である。

鼻曲がりの仮面と縄文土面の共通点

同じく「九州民俗仮面美術館」の展示品に「鼻曲がり」の道化面がある。

赤い顔は、炉の火を受けて輝く火男の残影。大きく右に曲がった鼻。半開きの眼は左右不均一で、その視線はおぼろに霞む。口をわずかに開けた恍惚の表情は、定説では古代の呪術者の神がかりの表情と想定されているが、はたしてそれが正しいのかどうかは不明である。

これと同じ造形の木製仮面は他には見当たらないが、日本列島では、縄文時代の遺跡から鼻曲がりの「土面」(土製仮面)が出土していることはよく知られている。

岩手県二戸郡一戸町の蒔前《まくまえ》遺跡から出土した「鼻曲り土面」(国重要文化財)は、御所野《ごしょの》縄文博物館のホームページによれば、土製の仮面で、顔全体がゆがんでおり、面の両端には紐通しの穴が空いている。これは祭祀に用いられていたものと考えられている。このような土面は岩手県北部から青森県東南部で五例見つかっているとのことである。

私は、九州の民俗仮面を収集し、展示し、調査を続けて三十年余になるが、その間、一貫して、縄文時代の「土面」の系譜に連なる仮面祭祀が、渡来民＝大和王権を樹立した民族の祭祀儀礼の中に取り込まれ、その後の木製仮面の造形として残ったのではないか、という視点で考察を続けている。

そのことを顕著に示す事例が、この「鼻曲がり」の仮面であり「道化神」であると思うのである。神楽の里を訪ね、神楽の場に身を置き、森の奥から神楽笛に交響してくる神秘の声に耳を澄ます時、そのことが実感できる。それが「神楽」の魅力であり「深み」である。

海幸彦の「海溺れ」が起源の一つ

「道化神」という括りで先住神の残像を見てゆくと、いずれも、祭りの場に祝い出て、滑稽な演技や性的な所作をして観客を笑わせ、一場を騒乱の渦に巻き込み、退場するという共通項があることがわかる。

これは『古事記』の「海幸・山幸」の段で語られる海幸彦の「海溺れ」の場面を起源の一つとする。山幸彦との戦いに敗れた海幸彦は、海で溺れた時の様子を演じて、「以後、汝の俳優《わざおぎ》となる」ことを誓うのである。これにちなみ、「俳優〈わざおぎ〉」とは、物まねや祝祷の舞を舞う演技者を指す言葉となった。

祭りの場に闖入する「ヒョットコ」や、ひょうきんな所作で笑いを誘う「猿」、妖気漂う所作の「狐」、水神の使いとして現れる河童《かっぱ》や龍神などの眷属神《けんぞく》も同類であろう。怒れば恐ろしい山の神も水神も、眷属神の愉快な所作や性的な演技で本体をカムフラージュし、神楽の場をにぎわす。これらの神々は一方では畏怖されながらも村人に親しまれ、幸を授ける脇役として人気を博するのである。

高千穂神楽の「八鉢《やつばち》」も道化神と把握してよいだろう。八鉢とは、スクナビコナノカミ（少名毘古那神）の舞である。スクナビコナは、指先ほどの小さな神で、蛾《が》の羽根の服を着たお洒落な神様である。常世《とこよ》の国からガガイモの葉の舟に乗ってやってきて、オオクニヌシ（大国主神）と国造りをした。渡海の折、薬草を携えてきたとも、船べりを叩いて即興の舞を舞ったともいう。

これにちなみ、スクナビコナは、薬学の神・芸能神として信仰される。高千穂神楽の八鉢は、滑稽な所作を交えながら、太鼓の上で逆立ちをしたり、とんぼ返りをしたりして盛んな拍手を浴びる。

ある年、御神屋の真ん前で横着に寝転んでいたアマチュアカメラマンにからまれた女性客のリベンジを、さりげない風を装って八鉢がやってのけた。

女性がそれと知らずにカメラバッグを跨《また》いだことにカメラマン氏が激しく怒り、神楽の場はひと時白けたのだったが、八鉢は、神庭《こうにわ》に舞い出て遊びながら、そのカメラバッグを御神屋に向けて放り投げたのである。見事な放物線を描いて落ちたバッグとともにカメラマン氏の威勢は地に落ちたが、その直前のトラブルについては、八鉢の演者は知るところではなかったということだったから、村人は

――神意である

としてこれを歓んだ。神楽にはこういう不思議が時々起こる。

太郎冠者や韓国仮面劇も同系

時代がかなり下るが、「道化」と「先住神の残像」は狂言の「太郎冠者《たろうかじゃ》」にも引き継がれている。「主《あるじ》どの」にちょっかいを出し、主に叱られても頓知《とんち》と機知で返し、ちくりと風刺し、主の権威を失墜させて風のように去る太郎冠者は、まさに道化の最たるものである。

同様の風刺劇は韓国の仮面劇にも見られる。韓国仮面劇・タルチュムの主人公たちもまた、貴族や僧侶、学者などを批判し、風刺し、民衆の熱烈な支持を得る。韓国の風刺仮面劇を受け継いできたのは、被差別階級の人々であった。芸能職を担った階級の人々は、支配者から異端・異属・敗者として排除された先住の民であった。哀しみと反骨と、風刺と笑いを包含しながら、道化神は祭りの場に躍り出るのである。

終章　翁が伝える縄文の記憶

神楽を伝える現代の翁

山へ続く道が二つに分かれている。

分岐点から西へ行けば、南北朝の面影を残す神楽を伝える村がある。東へ行く道は、大きな山脈に続いており、道は、車の通らない峠路となる。そこは、かつて四方の村々を結び、物資を運び、さまざまな芸能や文化を運んだ山の道であった。

その古道からさらに奥深い山中へと稲妻形に折れて行く小道がある。けもの道のようなその細道は、山仕事の人や村の猟師が通う道である。折れ曲がった道の途中のカエデの大木の下に山の神の祠《ほこら》がある。

その山道を、一人の老翁が下ってきた。まるで山の神のような風貌の老人は、この村の神御《み》神楽を伝える伝承者である。高齢のため、神楽の舞そのものを務めることは稀になったが、御神屋《こうや》の脇に端坐し、神楽の進行を見つめる。そして、時折、笛を取り出して吹いたり、摺《す》り鉦《がね》と呼ばれる打楽器を静かに鳴らしたりしている。その姿そのものが古びた木彫の神像のようだ。

私は、分かれ道で山の翁と会う。そして、神楽の起源や、語りの内容、降臨する神々の名やその神格、仮面神の諸相などについて質問をする。幼いころ、山の村に回ってきた神楽を見た私は、その後、山の村を下り、各地を点々としたが、青年期になって古い木彫の仮面と出会い、収集し、調査を重ねる研究者となったのである。

生まれ育った村では、すでに神楽は途絶え、村そのものが消滅の危機に直面している。神楽の場を訪ね続けながら、私はいつか、神楽を機軸とした地域の活性化計画にかかわる機会が巡ってくるだろうと信じている。

神楽の演目、唱教《しょうぎょう》や神歌と呼ばれる唱え言、舞とともに歌われる神楽歌などには、古代の記憶が秘められている。それを探索し、読み解く作業は難しいが、興味はつきない。伝承記録と民俗学、文化人類学、歴史学、神話学、考古学などのデータを突き合わせ、そこに秘められている「謎」を解き明かす。神楽を訪ねる旅は、古代と現代を結ぶ時空を逍遥《しょうよう》する旅であり、終わりのない旅である。

黒い翁＝先住神と白い翁＝渡来神

能楽の「翁《おきな》」（式三番）では、「白い翁」と「黒い翁」がすれ違いながら問答をする。「白い翁」とは、「大和王権」を樹立した民族の祖神と比定できる。第一章で取り上げた諸《もろ》塚《つか》神楽の「春日大神《かすがのおおかみ》」（岩戸《いわと》開きの段で、岩戸の前で呪術的な舞を舞い太陽神・アマテラス＝天照大神を導き出す）のごとき老翁である。「黒い翁」とは、先住神・土地の精霊というべき神である。各地の神楽における「山の神」「樵《きこり》」「炭焼き」「田の神」などをその象徴と見たい。

能楽の完成者・世阿弥《ぜあみ》の著『風姿花伝《ふうしかでん》』やその他の資料によれば、能楽の源流は神楽であり、翁（式三番）こそ神楽六十六番を三番に凝縮したものと解釈できる。

世阿弥は、神楽をその祖形とし、田楽・申楽《さるがく》などとして広く普及していた古来の芸能を、「能楽」という完成形にまで高めた天才芸術家であった。世阿弥は『風姿花伝』の第四神儀で「稲經翁《いなつみ》（翁面）、代經翁《よなつみ》（三番申楽）、父助《ちちのじょう》、これ三つを定む。今の代の式三番これなり」と述べている。この稲經翁は稲作農耕に関係する神であり、代經翁が土地神であろうと考える研究者は多い。

世阿弥の女婿で世阿弥の能楽理論の継承者でもあった金春禅竹《こんぱるぜんちく》は、その著『明宿集《めいしゅくしゅう》』で「翁

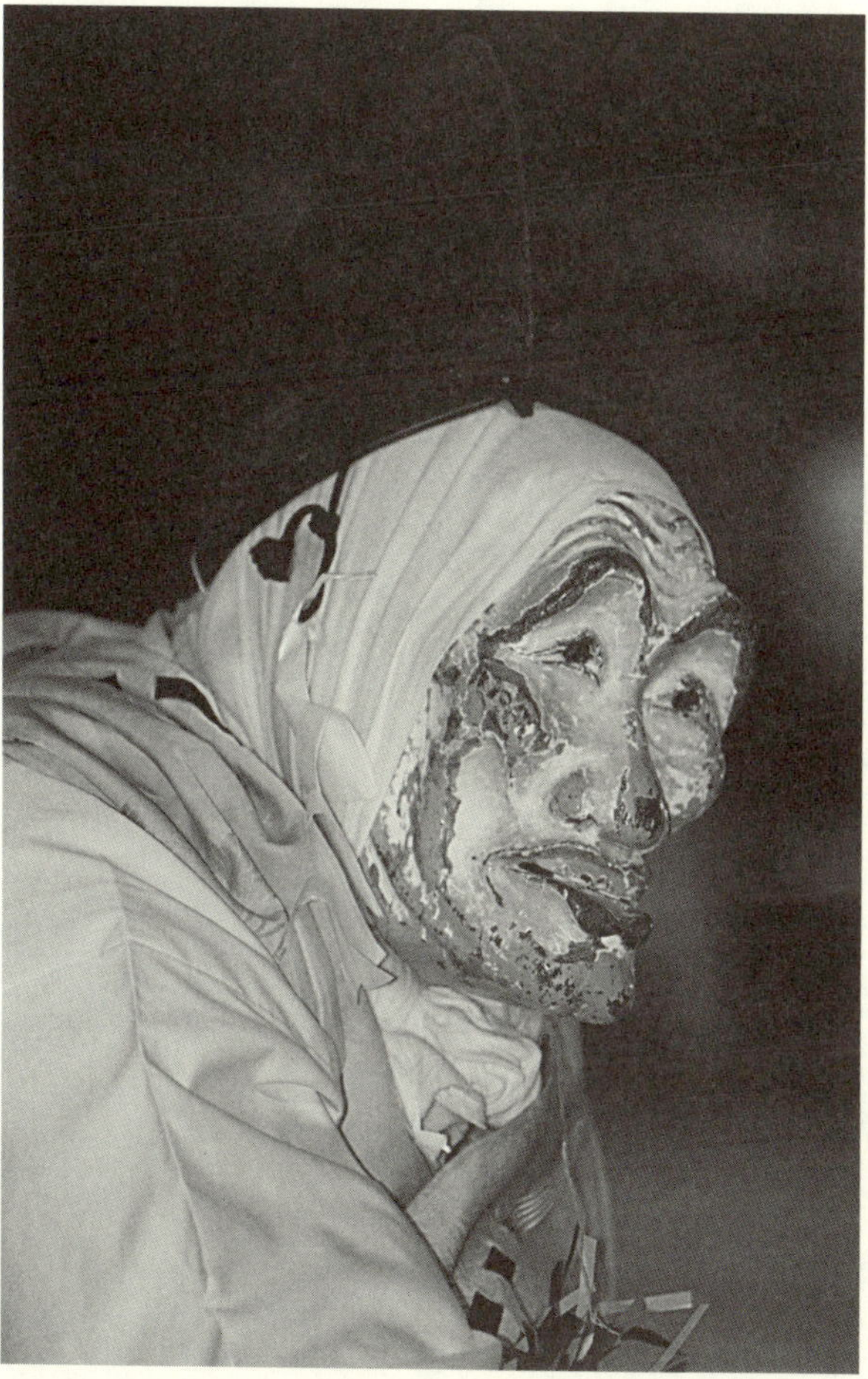

美郷町・神門〈みかど〉神楽の「寿〈じゅ〉の舞」。高鍋、児湯〈こゆ〉、西都地域に分布し、延命長寿を喜ぶ翁の舞である

を宿神と申したてまつる」と書き、翁は日月星の三光を宿す星宿神であるとして、神仏習合の諸相にふれながら、能楽の祖である秦氏《はた》（渡来の氏族を代表する民族）と「翁」の理論を総合してみせる。また「塩土翁《シオツツノオキナ》」も翁であり、天と地の媒介者であるとする。

世阿弥の「稲經翁、代經翁」論と併せて読めば、白い翁が能楽の祖・秦氏の祖先神であり、黒い翁が土地神であるという解釈も成立する。

またこれは、近代の民俗学者・折口信夫《おりぐちしのぶ》が著書『翁の発生』で、独自の「まれびと論」と重ね合わせて論じた翁の原型とも関連する。

白い翁と黒い翁は、ある時は対面し、またある時は交差しながら、風土の記憶、信仰史の表裏、芸能の始原の姿などを伝え続けてきたのである。

山の神や田の神に変容する翁神

本書では繰り返し、先住民の祭祀と渡来民の儀礼について述べてきた。それは狩猟採集文化の後に入ってきた稲作文化との融合の歴史であり、山の神（山の翁）↓田の神（里の翁）への変容とも重複している。

記紀（『古事記《こじき》』と『日本書紀《にほんしょき》』）における「翁」の登場例は、山幸彦が釣り針をなくして途方にくれているところに「塩土老翁《シオツチノオジ》」（『古事記』では「塩椎神《シオツツノカミ》」）として現れて海神の国へ行くようにと教える場面、「塩土老翁」がカムヤマトイワレビコ（神日本磐余彦＝神倭伊波礼毘古命＝神武《じんむ》）に東方に佳き国があるとして東征を促す場面が目立つぐらいで、多くはない。

が、宮崎の神楽では折にふれて登場し、重要な語りをする。土地の先住神としての「稲荷《いなり》・田の神・山の神」は山の文化から稲作文化への転換を語る象徴的な神である。「稲荷」は稲作の神であり、田の神であるが、ここでは山の神が変容した姿、すなわち先住民の神が渡来民の神の性格も吸収して変異していった姿と見ておこう。

稲荷・田の神・山の神が「翁」として象徴的に表される例は、各地に見られる。一族や村の祖先神として現れる翁は、混沌とした宇宙の生成と神々の誕生、天地創造の原理、国家創生の物語を語り起こす。

海の底から現れる皺を深く刻んだ仮面神「ソコツツノオノミコト（底筒男命）・ナカツツノオノミコト（中筒男命）・ウワツツノオノミコト（表筒男命）」や黒い仮面神「住吉様」なども翁とみなすことができる。先述のとおり、諸塚神楽の「岩戸」を開く「春日大神」も翁である。

「翁神」は、さまざまな形態で民衆の間に浸透し、古層の記憶を語り継いできたのである。椎葉《しいば》・高千穂《たかちほ》・諸塚の山々を歩くと、収穫が終わったばかりののどかな田んぼの脇から、

図13 神楽と稲作信仰

高千穂神楽

「五穀〈ごこく〉」という演目があり、米・黍〈きび〉・粟〈あわ〉・稗〈ひえ〉・豆の五穀を捧げ持って舞う。雑穀栽培の記憶と稲作神話とが習合し、神楽の中に取り入れられたものであろう。

高千穂・秋元神楽の「五穀」

米良山系の神楽

序盤の「花の舞」で少年が盆に榊〈さかき〉と米をのせて清めの舞を舞う。

霧島山系の神楽

ニニギ(邇邇芸命)が霧島山・高千穂峰に天降った時、深い霧に閉ざされたため、籾種〈もみだね〉を撒いて祓い清めたところ、たちまち霧が晴れたという伝承が残る。

諸塚神楽

稲荷神は白い「稲荷面」をつけて降臨し、重厚な舞を舞う。神楽の日、八体の稲荷神が七体の荒神とともに村里を巡る行列に参加する。これは「七荒神八稲荷」と言い表され、「荒神」と「稲荷」は同格の地主神として祀られている。村のそこここにある赤い鳥居と小ぶりの祠が、信仰の篤さを物語る。「稲荷」の多くは壮年の神だが、眉毛や髭が白く、皺〈しわ〉を深く刻んだ面もあるから、「翁」と見ていいだろう。

諸塚・戸下神楽の稲荷

諸塚村の桂神楽

米のことを「フマ」という古語で呼び、神楽始めの「神おろし」の中で祝子〈ほうり〉全員が鉢巻を締め、米をのせた扇を両手で捧げ持ち、神おろしの神歌を歌いながら舞う。

椎葉神楽

「みくま」(御供米の意)という演目があり、盆に飯が山盛りに盛られた椀をのせて舞う。

森へと続いてゆく道に出会うことが多い。

晩秋の日差しが稲藁と草を温め、その香りが野道に漂う。田の脇の道と森とが接する所が集落のもっとも奥まった地点である。その森と村との境に建つ小さな祠は「稲荷様」である。

山奥の村にある稲荷様とは、稲作の神であり、その本体は「山の神」である。かつて雑穀を栽培していた山の村に稲作と美味なる米の飯がもたらされた時、人々は山の恵みを忘れないように、「山の神」と「稲荷様」とを同義に祀った。眷属《けんぞく》神である白狐に乗り、稲藁の束を担いで降臨する白髪白髭の老翁は、「稲の神＝田の神」でもあり、山の生活を見守る「山の翁」でもあった。

図13に見るとおり、いずれも「米」に対する信仰と憧れに基づく。「雑穀栽培＝山の文化」と「稲作栽培＝里の文化」を巡る信仰は、いくつもの層が重なり合いながら、列島基層の文化を形成した。

千年の空白を埋める仮面の発見

私は九州の民俗仮面を収集する過程で、縄文時代の土製仮面（土面）の消失から仏教渡来以後の木製仮面の普及までおよそ千年の空白期があることに驚き、「仮面史の謎」として追跡した。千年もの長期にわたり、仮面を使用する祭祀が日本列島にまったくなかったはずはないと、その痕跡を探し続けていたのである。

その中で、縄文時代の「土面」と民間に分布する木製仮面との間に造形的な共通項の見られるものが多数存在することを指摘し、縄文系の祭祀が「先住民の服属儀礼」というかたちで政権に奉納され、その後の民間祭祀＝神楽に引き継がれ、残存したのではないか、という論を展開してきた。すなわち、「土面（山の神）→木製仮面（田の神＝翁）」という仮面神の造形の系譜がこの日本列島の上で絶えることなく存在し続けていた、という推理である。

二〇〇七年、奈良県桜井市の纏向《まきむく》遺跡で弥生時代末期から古墳時代初期（三世紀前半）のものと見られる木製仮面が出土した。

従来の仮面研究では、日本列島の木製仮面文化は、仏教とともに渡来した仏像彫刻や伎楽面、舞楽面等の影響を受けて発生し、民間へと普及したと考えられてきた。縄文時代に「土面」を使用した仮面祭祀があったことは各地の発掘事例により確認されていたが、その土面の文化と現代につながる木製仮面の文化の間には、前述したように千年近い空白期があり、土面の文化と木製仮面の文化の関連性はないものとされていたのである。纏向での発見は、その通説を覆し、仮面史の空白期を埋めるものと思われた。

私はさっそくそれを見に行った。それは、明らかに仮面として製作されたものであった。大きさは縦二十六センチ、横二十一・五センチ、奥行き〇・六センチ。細い両眼の穴がはるかな千八百年前の時空を見つめるように開き、線刻された眉毛やその周辺にわずかに残る赤い顔料が、かつて彩色された仮面であったことを示す。鼻の穴も穿《うが》たれ、わずかに盛り上がった鼻は、なんらかの工具によって削り出されたもので、明確な造形意識が見てとれる。

口は、丸くぽっかりと開いた円形の穴で、その形状と、周辺から発見された木製の鎌《かま》の柄や多数の木製品などにより、木製の鍬を仮面として転用したもので、丸い口は鍬《くわ》の柄の部分だと見られることから、この仮面が農耕祭祀に用いられたものと推定されている。裏面は平らで紐を通すための穴もないが、大きさがほぼ大人の顔を覆う寸法であることから、祭祀の際は手に持って使用されたものだと考えられている。

仮面祭祀が引き継がれてきた証

纏向遺跡は桜井市三輪山西部の裾野に広がる三～四世紀の大規模集落遺跡で、卑弥呼《ひみこ》の墓とも言われる箸墓《はしはか》古墳など三世紀ごろの前方後円墳を擁し、邪馬台国の有力候補地ともされる。さらに、纏向遺跡に隣接する大福《だいふく》遺跡からもほぼ同時代の木製仮面出土が報じられている（発見は纏向遺跡の五年前）。この二例の木製仮面は、大和王権成立と同時期あるいはそれ以前に、先住民の祭祀儀礼としての仮面祭祀が存在したことを示す。

それこそが、各地の田植え祭りに残るような、祖先神としての「田の神＝翁」が、支配者に対して「言祝《ことほ》ぎ＝寿詞《よごと》」を述べ、祝福の舞を奉納する儀礼であろう。先住民が大和朝廷に奉納した芸能としては「倭舞《やまと》」「久米舞《くめ》」「筑紫舞《つくし》」「諸県舞《もろかた》」「隼人舞《はやと》」などが記録されているが、今、ここに農耕儀礼としての仮面祭祀を書き加えることができるのである。

これによって、縄文時代―弥生時代―古墳時代―仏教渡来―中世の仮面普及期から現代へと引き継がれてきた仮面史の空白期は埋まった。「翁神＝山の神・田の神」が先住民の代表者であり縄文の系譜をひく祖先神であるという私なりの解釈も、さらなる謎を孕《はら》みながらもひとまずの着地点に至った。

はるかな縄文の地霊は大地に潜み、地上の祭りでは「翁神」にその記憶を語らせ、「仮面」にその「かたち」を刻印しながら、生き続けてきたのである。

今後、さらなる発見が研究を進展させてくれることであろう。

次なる謎、海人の神「住吉」

深い眠りから目覚める時、遠い海鳴りを聞いた、と思ったが、それは神社のすぐ近くを流れる渓流の音だった。

谷に沿った山道を登りつめた所に深い森があり、その森の中に、空に向かってぽっかりと開けた空間があって、数軒の民家が肩を寄せ合う集落がある。神楽の夜には、森の神様「荒神様」や、星の神様「宿神様《しゅくじん》」、鹿狩りの神様「鹿倉様《かくら》」などが出る。私は、鹿倉様の舞を見ながら眠ってしまい、目覚めたのは、もうよほど夜が更けた時刻であった。赤々と燃えていた焚き火の炎もやや勢いを減じ、中天に昇った天狼星《シリウス》だけが青白く輝いていた。

神楽には、不思議な神様が出ていた。黒い翁面をつけた神様が、背負われて出て、御神屋の中をよろよろとよろめき回り、深く腰を沈めて舞ったり、片ひざを立てて座った位置のまま白い御幣飾りのついた面棒を、手先でくるりくるりと回したりしながら舞うのである。「住吉」という神様である。その神様は、深い水底から浮き上がり、また沈み込んで水の底を漂い、そこからふたたび浮き上がってくるような印象を与える。その不思議な舞を舞い終えると、黒い翁面の住吉様は、若い祝子《ほうり》に背負われて退場する。

『古事記』に記される住吉神は海の神、和歌の神としてあまねく分布し、信仰される。住吉の舞を見ながら、ふたたび眠りに誘われる。とろりとろりと眠りの波の中を漂いながら、私は古代と現代を結ぶ仮面史の中を逍遥している。私と一緒に、終わりのない旅を続けているのは、謎の翁神であったり、古代の巫女《みこ》のような美少女だったりする。

山の神から田の神へ、そして海人の神「住吉様」へ。仮面史の源流を探訪する私の旅は今も続いているのである。

九州の山は深く、海は青い。

あとがき

私は、およそ三十年にわたり、九州の「民俗仮面」と呼ばれる民間に分布する仮面を収集し、その起源や用途、神格、分布、歴史的裏づけなどの調査を続けてきた。その過程で、宮崎県内に分厚い分布を見せる「神楽」に出会い、多くのことがわかってきた。

本書の主題である「古事記外伝」のような、文字記録以前の膨大な情報すなわち「古代日向《ひゅうが》王朝」というべき古代国家の存在を示すデータが、語り継がれ、演じ続けられ、伝承されてきたことがわかったのである。

そして、仮面史最大の謎というべき千年の空白期も埋められた。縄文時代にこの日本列島に存在した仮面祭祀は、神楽の先住神である「荒神《こうじん》」「山の神」「田の神」「道化」などの芸能の奥底に秘められながら、受け継がれてきたのである。

これが、本書でたどり着いた一定の結論である。私が聞いた神楽太鼓の轟《とどろ》きのような、遠い海鳴りのような響きは、縄文の地霊が発する信号であり、九州の大地に秘められた悠遠の記憶であり、人々が語り継いできた長大な叙事詩であった。

本書の編集にあたっては、東京から宮崎へと毎年神楽通いを続けている俳人の石地まゆみ氏と廣済堂出版の川崎優子氏に大変お世話になった。

石地君は、神楽と神楽を伝える村、そこに生きる人々に惚《ほ》れこみ、神道と神楽に精通する研究家としての視点も併せ持ち、徹底した考証で一書の完成へと導いてくれた。

川崎さんは、方々に書き散らしていた私の「宮崎の神楽と仮面に秘められた古伝承＝先住の精霊神の声」に関する考察に目を止め、初めてこのジャンルの書物を手に取った読者の皆さんにも趣旨と内容が伝わるように心配りをしてくださった。

二人は、狩人が山から仕留めてきてどさりと庭先に置いたばかりの獣のような私の文章を、丹念に整理し、構成し、神楽の感動が伝わり、歴史の深層にまで切り込む一冊の読み物として仕上げてくれたのである。獲物をさばく村の女衆のような見事な手際であった。厚くお礼を申し上げる。

二〇一七年二月　　　　高見　乾司

主な参考文献

次田真幸 訳注『古事記 全訳注（上・中）』講談社学術文庫、一九七七・一九八〇年
宇治谷孟 著『日本書紀 全現代語訳（上）』講談社学術文庫、一九八八年
坂本太郎ほか 校注『日本書紀（一）』ワイド版岩波文庫、二〇〇三年
後藤俊彦・武田憲一 著、沼口啓美 写真『神楽三十三番――高千穂夜神楽の世界』〔ひむか新書5〕鉱脈社、一九八六年
山口保明 著『宮崎の神楽――祈りの原質・その伝承と継承』〔みやざき文庫2〕鉱脈社、二〇〇〇年
西米良村教育委員会 編、高見乾司 文、小河孝浩 写真『西米良神楽』鉱脈社、二〇〇九年
渡辺伸夫 著『椎葉神楽発掘』岩田書院、二〇一二年
濵砂武昭 著、須藤功 写真『銀鏡神楽――日向山地の生活誌』弘文堂、二〇一二年
諸塚村神楽等広報用書籍出版企画委員会 企画編集、高見乾司 文、狩集武志 写真『百彩の森から――諸塚の神楽と人々のくらし』鉱脈社、二〇一六年
鎌田正 著『春秋左氏伝（一～四）』〔新釈漢文大系30～33〕明治書院、一九七一～一九八一年
斉藤国治・小沢賢二 著『中国古代の天文記録の検証』雄山閣出版、一九九二年
青木和夫ほか 校注『続日本紀（二）』〔新日本古典文学大系13〕岩波書店、一九九〇年
近藤瓶城 編『続史籍集覧（九）』近藤出版部、一九三〇年
野尻抱影 著『星三百六十五夜（上・下）』中公文庫、一九七八年
野尻抱影 著『星の民俗学』講談社学術文庫、一九七八年
加藤周一 校注『世阿弥・禅竹』〔日本思想大系24〕岩波書店、一九七四年
世阿弥 著、野上豊一郎・西尾実 校注『風姿花伝』ワイド版岩波文庫、一九九一年
中沢新一 著『精霊の王』講談社、二〇〇三年

写　　真　高見乾司・石地まゆみ
挿　　画　高見乾司
編集協力　石地まゆみ
校　　正　アンデパンダン
DTP制作　三協美術
編　　集　川崎優子

神楽が伝える古事記の真相
秘められた縄文の記憶
2017年4月10日　第1版第1刷

著　者　高見乾司
発行者　後藤高志
発行所　株式会社廣済堂出版
〒104－0061　東京都中央区銀座3－7－6
電話 03-6703-0964（編集） 03-6703-0962（販売）
Fax 03-6703-0963（販売）
振替 00180-0-164137
http://www.kosaido-pub.co.jp

印刷所
製本所　株式会社廣済堂

装　幀　株式会社オリーブグリーン
ロゴデザイン　前川ともみ＋清原一隆（KIYO DESIGN）

ISBN978-4-331-52088-8 C0295

まるかもしれないという、確信に似た感触を得ることができるようになる。

私の場合、短い原稿であっても、できるだけ「一渡り感」のあるメモを作るようにしている。しかし、この「一渡り感」の重要性は、どんなに長い論文、どんなに分厚い本でも、どんなに長期の連載を書く際にも変わらない。一つの論文、一冊の本、一つの長い連載の狙いは、一枚の紙の上で表すことができ、一挙に一目で見渡すことができる。

長いものを書いていくプロセスでは、何重にもそのような「一枚の紙」が作られる。現在、『群像』で「〈世界史〉の哲学」という長い連載を書いているが、毎月毎月、自転車操業で書いているかというと、そうではない。たとえば、この連載を始めるとき、連載の全体を見通す、一目で見渡せるメモが作られている。この連載は、十数回分が、「古代篇」とか「中世篇」とかといったまとまりになっているが、そのまとまりに対応した、やはり、一目で見渡せるメモがある。そしてまた、一回で四十枚前後の論文が書かれるが、それに対応した、やはり一枚のメモがある。さらに、ときには、一回の中の一つのパート、一つの節に対応した一枚のメモが作られることもある。私の考えでは、連載の全体は、何年にもなる大きな仕事なので、数十枚のメモになる、というのではだめで、どのレベルでも、まとまりごとに、「一目で見渡せるメモ」が必要である。

短い長いに関係なく、一個の仕事と言えるものには、必ず一渡りで見ることのできる、紙の上での思考のまとまりを作らなくてはいけない。それができないと、私の考えでは、よい原稿にはならない。

ちなみに、この紙の上での作業は、パソコン上でも代替はできる。ただ、ワードなどの設定が出来すぎているワープロソフトはあまり良くない。単純なメモ帳、まっさらなプレーンテキストが向いている。

この場合にも、「一渡り感」の重要性は同様である。スクロールしないと見渡せない量では多過ぎる。だから、スクリーンが小さ過ぎるのもよくない。

順番をつける

「一目で見渡すことができるメモ」の作り方についてもう少し話しておこう。

ここまで述べてきたように、まずは、不完全な言葉たちが紙の上に並ぶことになる。次になすべき作業は、一枚の紙の上に記された話題に順序を付けることである。何をどのような順番で書くのか。つまり、何をどのような順序で提示するのか。このことを決めるのだ。

宙に浮いている何か、もやもやとした何かにとりあえずの言葉を与える。このとき、言葉たちは、自分自身の思考の中で発生してきた順番で並んでいる。しかし、この順番にそって書いても、説得力のある論文にはならない。

自分の思考が実際にたどった順序と、他者に対して説得力のある順序とは違う。話題がどのような順序で提示されたときに、他人は納得してくれるのだろうか。思いついたさまざまな話題やアイディアを、読者となる他人にとって説得的であろうと思われる順序に配列するのだ。話題に順序が付けられたメモになったとき、「一目で見渡すことができるメモ」は完成する。

自分自身の思考の実際の展開とは別に、他者に対して提示する順序を考えなくてはならないのは、もちろん、他人にわかってもらうためである。自分の思考がたどり着いたところに、他人にもたどり着いてもらう。そのために書くのだ。

だから、書くことには他者が内包されている。自分が発見したものを、人に聞いてもらいたい、わかってもらいたいという情熱は不可欠だ。そうでなければ、どうしてわざわざ書くのか。まして、その書いたものを公表するのか。自分があることをおもしろいと思う、それを人に聞いてもらったら、その人も同じようなおもしろいという感覚をもってくれるのではないか。そのおもしろさを伝えたいがために書き、そして公表するのだ。話題にきちんとした順序が付いているメモは、論文に他者が内包されていることの証である。その「順序」は、他者の視線を、読者の視線を意識しているからである。

自分の思考を、人にわかってもらえる順番で展開し直すのに最もよい方法は何か。具体的な他者に向かって、しゃべること、語ることである。

しゃべってみることの効用

この本でも、このあとの三つの章は、実際に講義したことがベースになっている。書く前にしゃべる。しかし、しゃべるタイミングが重要だ。

すでに述べたとおり、まだまとまっていない、うまく捉えきれていない段階で確定的な答えにしてしまうとつまらない結論になる。しゃべるときにもあまりにも摑みきれていないときにしゃべってしまうと、非常につまらないことで終わってしまうことが多いのだ。自分自身が、その妥協した答えを受け入れてしまうからである。

自分が納得できるのとは別に、目の前の相手を納得させなければならないので、そこで妥協が起きる可能性もある。相手がわからないから「これでいこうか、しょうがない」みたいなことになりかねないのだ。あまり早い段階でしゃべり過ぎるとその妥協の幅が大きくなってしまうだろう。

このように、他者に向かって語るときには、それを「いつ」やるのかというタイミングにデリケートな問題はあるけれども、ある程度まとまってきたところで、しゃべってみることの効用は大きい。

理想的には熱心な聴衆がいる講義のような場があるとよいが、身近な人が相手でも充分である。準備しながらしゃべりたくてしかたがないような状態になったら、思考がかなりうまくいっていると思ってよい。

思考は対話である

書くという行為は、最終的には、不特定多数の読者に向けられている。しかし、そのプロセスにおいては、実は、かなり具体的な相手に向かって書いているところがあるのだ。

実際に書き進める際には、私の場合、その原稿を読む最初の読者、すなわち担当編集者を念頭に置きながら書いている。ある意味で、その人に向けて書いている部分もかなりあるのだ。編集者がつまらない反応をしそうだと、こちらのやる気も落ちてくるというようなことが実際にはある。逆に言うと、編集者とはそれくらい重要な仕事だと私は思う。

ものを考えるということは、一見、モノローグのように見えるが、実は対話である。無意識のうちに相手の反応に触発されている部分が大きいのである。

大学で教えていたときにこんなことがあった。よく質問してくる学生がいて、それがいつもたいへんおもしろい質問なのだ。だんだん「この学生はなかなか可能性がある」と思うようになって、その学生が期末にどんなレポートを書いてくるか楽しみにしていたら、レポートがすごくつまらなかったのである。なぜか。おそらくはこうだ。その学生は、質問しているときには具体的な他者、すなわち私に向かってしゃべっている。そのときの方が思考が刺激されておもしろい論点に自分で気がつくのだが、いざレポートを書く際には一般論みたいに書かなければいけないという構えになり、そうなったとたんに、急に頭が固くなってしまったのだろう。

本や論文は、最終的には誰に向かって語っているかわからないようなスタイルで書かれることが普通だけれども、そこには対話がないといけない。要するに、人に話したくなるようなことじゃないと書いても意味がないと思うのだ。「どうしても聞いてほしいんだよ、このことは」というものがないと。その意味では、この段階になると、思考している場所はもう一つ、自分と他者のあいだと言えるかもしれない。

4 いかに思考するか

その説明で納得できるのか

本質的なこと、特に重要なことに関しては、普通に言われていること、一般に与えられている説明はたいてい間違っていると思った方がよい。

たとえばオウム事件が起きる。私も含めて、みんなが衝撃を受けている。それに対して多くの人がなんとか説明を加えようとする。テレビで、ワイドショーのコメンテーターのような人が、何か説明する。「アニメの見過ぎじゃないですか」とか。

こういう条件反射のように出てくる答えは、たいていことがらの本質を捉えてはいない。私たちは、皆、ショックを受けている。そのショックの大きさや激しさに対して、与えられる説明は、あまりに凡庸だと思わないか。こんなにも衝撃を受けているのに、こんな雑談のような結論で納得できるだろうか。自分がこれだけショックを受けるということは、自分たちが今まで依拠してきたような、思考の枠組みには収まらないことが起きている、ということだろう。

しかし、人は、早く安心したいので、どうしても、何かその場に合う、紋切型の説明をつけて納得しようとする。

しかし、「それで納得ができるなら、君はほんとうに驚いていたのか？」と問うてみることだ。われわれが受けている衝撃と普通過ぎる説明とのあいだに明らかなギャップがある。

驚きには不安が後続する。だからそれを早く解消したいという気持ちは誰にでもある。そのときに不安の方を大事にできるかどうか。それが、真に思考できるかどうかの、決定的な分かれ道である。

読者を「宙吊り」にする

私がものを書くときに重視するのは、結局答えはこうなるということよりも、読者に疑問の感覚を強くもたせることである。答えよりも問いがはるかに重要である。もちろん、問いに対してある答えを出して納得してもらえればもっとよいのだが、まずそこに問うべきことがあるということ、疑問があるんだということを納得させねばならない。

いってみれば、読者にいったん「宙吊り感」を味わってもらうのだ。

結論は出ていると思っていたのに、大澤の本を読んでいるうちに疑問になってしまう、そういうふうに、私の論文や本は書かれている。

多くの人が普通の説明で納得してしまっている。しかし、私としてはまったく腑に落ちない。そのときに、「これ」が説明できるのか？　と、まずその疑問の大きさをはっきり示さなければいけない。どこに納得のいかないポイントがあるのかを、クリアに示さなくてはならない。ホームズやポアロのような感じである。「白銀号事件」という短篇で、こんなやりとりがある。ホームズが「昨夜は、変なことはなかったですか」と問うと、「犬も吠えなかったし、何も変わったことはない（疑問にすべき何ものもない）」という趣旨の答えが返ってくる。すると、ホームズは言う。「それこそが変なことではないですか！」と。

こうやって、疑問の核を正確に言い当てることができると、自然に、普通ではない思考の道筋が見えてくる。普通はこうだが、俺はこう、とあえて言っているというよりも、普通では自分は納得できないから、そうでないかたちで考えずにはおられない、という方がほんとうのところである。

補助線を入れる

ところで、私は思考の過程で、補助線を入れてみる、ということをよくやる。

補助線というものは、事前には、どこに入れるべきなのか、いかなる指示もない。幾何図形をいくら眺めても、補助線をここに入れましょうと書いてあるわけではない。にもかかわらず、巧みに補助線を入れると、今まで見えていなかったことが、突然に見えてくる。これとこれが同じ面積になっているとか、ここここことが相似形だとかが、一本の補助線によって、一挙に開示される。そこで、われわれは、知る。そここそが、補助線を入れるべき場所だったのだ、と。補助線というものは、ふしぎなもので、このように、自分の根拠を、事後になって挿入するのである。

「じゃあ、補助線はどうやって発見したらいいんでしょうか?」と聞かれると、そんな原理はない、と言うほかない。ただ、読者から見ると「そこに引くとは思いませんでした」となる、思い切ったところに補助線を引いてみせられるような、思考の跳び方をしないと、自分の抱いている疑問の大きさには見合わない。ましてやほんとうは普通では解けないその疑問に読者を惹きつけることはできない。

オリジナリティとは、関係のつけ方である

オリジナリティのある仕事のどこにオリジナリティがあるのか。

私の考えでは、それは、ものの関係のつけ方である。

AとB、それぞれの発見は別々にある。けれども、そのふたつがつながったときにはAそのものとBそのものが違ったものになるということがある。だから、「関係づける」という知の営みこそがオリジナルな思考のいちばん肝心な部分なのだ。AとBとの関係は、AそのものともBとも違う、第三の要素である。AとBとの間の、真空に見え

る場所に、第三の要素の存在を見出すことができれば、オリジナルな研究である。

この「関係づけ」の有力な手段の一つが、補助線を引くことである。思いがけないところから導入された補助線によって、まったく関係がなかったものが関係があるように見えてくるということ。

次章以降、三つの異なる分野の本をとりあげる。各章で、それぞれの分野の本をとりあげるにあたって、一つずつテーマがあるが、それらのテーマは、恣意的に設定されたものではない。それぞれの章は、まったく異なる分野だし、独立に読んでもらえるように書いたのだが、同時に、すべての章を通読したとき、それらまったく異なる分野の問題の間に、ある共通の構造が通底していることが自然とわかる、というようなタイプのテーマを選んだつもりである。それによって、異なる分野を「関係づける」ということの具体的なイメージをもってもらえるだろう。

社会科学には社会科学の、文学には文学の、自然科学には自然科学の専門家と呼ばれる人がいる。そうした分野を横断しながら仕事をしていくということを私はしてきた。そのときに難しいけれどもなさねばならないことは、当然のことながら、それぞれの分野でどういうことが考えられているかということを基本的に理解し、押さえることである。だから、それぞれの分野の研究書や専門書を読む必要がある。しかし、それをいくら積み重ねていっても、それだけでは、新たな発見にはならない。

たとえば、ある人が「行為論」を研究しようとする。「行為」とタイトルについている論文や本を片っ端から読んだりする。それをやっていると、ある時期から、読売新聞を読んで朝日新聞を読んで毎日新聞を読んで……というのと同じことになっていく。少しずつ違うかもしれないが、どの新聞を読んでも昨日の巨人×阪神戦の結果は変わらない。新聞によって多少細かめなことが書いてあったり、読売新聞ではずいぶん詳しく書いてあるということはあるかもしれないけれど、それを確かめたからといって本質的な発見があるわけではない。ただ確かめるということとは違う線が入ってこなければいけないのだ。

たとえば、私は何回かキリスト教について論じてきた。キリスト教については、膨大な数の専門家がいる。一生かけても読めない量の専門書や研究者がある。私も、もちろん、そうした著作を読んで、多くのことを教わってきた。しかし、そうしたものを読み重ねるだけだったら、私としては、キリスト教の研究の蓄積に加えるべき、オリジナルなことは何も見出せない。

しかし、同時に、キリスト教の研究者はまったく読んでいないだろうというものを私は読んでいる。キリスト教の専門家の視野には入っていなかったことを知っていたり、考えたりしてきている。そうしたことが、思考の閉塞を超える補助線として活用できる。

そのときに重要なことは、その補助線を入れたときにやっぱり何か発見があるとはっきり思わせることである。たとえば、私は、ある本の中で、レーニンの革命論と量子力学の話とキュビズムについて並列して論じている。それらは、もちろん、直接には何らの影響関係もないし、それぞれについて、研究している専門家がいる。しかし、それらを並行して論じていくと、それらを独立に見ていたら決して可視化しない精神の形、二十世紀初頭の西洋の精神の構造が浮上してくる。

疑問を長くキープする

繰り返しになるが、疑問を鮮明にもつことが圧倒的に重要である。答えを見出すことよりも問いを見出すことの方に思考の難所がある。

世の中はわかりやすい説明に満ちている。もちろんすぐれた研究に基づく説明も多いし、そのすべてが間違いというわけではない。しかし、わかりやすさに安住したら、もうその先に発見はない。ほんとうにおもしろいことは発見できない。だから、疑問をできるだけ長くキープすることがきわめて重要だ。

私は、こんなイメージをもっている。スキーのジャンプを想像してほしい。ジャンプして飛ぶ。飛距離を延ばすためには、着地への誘惑に抗して、できるだけがまんしなくてはならない。早く地面に着きたくなるのを堪えに堪えてできるだけ遠くまで行こうとする。思考もこれに似ている。答えへの誘惑に抗して、疑問をできるだけ長くキープする必要がある。

飛躍感と着実感

疑問をできるだけ長くキープする。そのために、私の思考はよくまわり道をする。まっすぐ行きたいという気持ちはある。けれど、急いで答えを出すことがほんとうの目的ではない。ほんとうの答えを探すためには一見まわり道に見えるような長い道のりになることもある。

そうすると、逆説も多くなる。「逆説を駆使してやれ」と思うわけではもちろんない。けれども、いろいろなことを突き詰めて考えていくと、論理がひっくり返る瞬間にたどり着くのである。その逆説こそは、論理的な必然でもある。

そのうえ、「みんなはこう思っているかもしれないけれど、それでは納得いかない。ほんとうはまったく逆のところに答えがあるんだ」という理路をとるので、一般的な視点からすると逆説に見えてくるということもあるだろう。

よくできている論文というのは、飛躍感と着実感の両方があることが必要だ。AならばBであるということには納得してしまう。けれども、AからBへと、何かすごく意外なところに飛んだという印象が欲しい。確実に一歩でしかないのに飛躍した気分になる、そういう両面が与えられたときに非常に成功した論文になる。たった一歩が飛躍であった、というような感覚である。

着実な歩みしかなければこぢんまりした論文になるし、飛躍しかなければ散乱した文章になってしまう。その両方を備えるにはどうするか。

おそらく、自分の中にまずちょっとした飛躍感がある。それが驚きとして感じられている。驚きには、必ず何か理由があるはずだ。そういうふうに強く前提して考えなくてはならない。その理由は、はじめは自分でもわからないわけだが、その理由に明晰な言葉を与えることができれば、それは飛躍した着実性という結果を生む。

感情は論理的である

このこととの関係で一言、付け加えておこう。「感情は論理的じゃなくて……」と言う人がいる。けれども、それは違う。人間が驚いたり悲しんだり、喜んだり失望したりするその感情は、そのときに理由がわからなくても、実は非常に論理的である。なぜ自分はそれに衝撃を受けているのか、そこには気がついてみると非常にはっきりした論理がある。感情の方が、中途半端に意識化されている理屈よりも、はるかに論理的である。

普通に言葉になるようなことは、しばしば、衝撃をごまかすために作られた理屈だったりするので、ほんとうの意味での論理性はない。むしろ、自分が最初に抱いた感情を大事にする必要がある。その感情に見合った論理になっているかどうかが重要である。感情に論理がじゅうぶん拮抗できているかどうか。そういうふうに吟味しつつ、思考を進めなければならない。

5 なぜ思考するか

思考は自分の内側から湧いてくる、わけではない

これまで述べてきたことと重なるが、思考というものは自分の内側から湧いてくるものと思ったら大間違いだ。自分ひとりで考えた方が高尚だと思うかもしれない。しかし、具体性をもった他者に話して納得させるということが、たとえば本になって不特定多数の読者を納得させるためにも非常に重要なプロセスである。

自分なりに考えた。自分なりに納得した。その納得した内容を他の人に対して説明できるかどうか。それらは、それぞれ分離したプロセスというよりも、人を説得するということが考えるということと一体化していると思った方がよい。

論争せよ

大学生や院生である場合には研究会や読書会を大切にした方がよいだろう。

私の場合、大学院生の頃に、橋爪大三郎さんや内田隆三さん、宮台真司さんたちがいた、ある研究会に参加していて、それが、特に学問的な成長にとっては大きな意味があ

った。この研究会は、隔週の金曜日、午後一時から七時にかけて、みっちりと行われた。そこで議論するということが思考を鍛える訓練になったし、現在の学者としての自分の土台になっている感じがするのだ。

振り返ってみると、私は、二重に異端であった。まず、その研究会自体が、当時の社会学の中心的な理論的傾向からすると、かなり異端的であり、前衛的であった。その上で、私は、自分が、その研究会の主流から外れた異端であると感じていた。

私が何かを発言したり、研究報告をしたりすると、たとえば、私とほぼ同じ年齢の宮台さんが反論した。宮台さんが何か言うと私も反論する。お互いに、非常に率直だった。私も宮台さんも、「相手の言っていることは理解できるが、しかし納得はできない」というような気持ちだったと思う。毎回、激しい論争になるが、もちろん、どちらかが相手に屈服するなどということはない。

こうした論争で最も重要なことは、相手を説得しきることではない。知的な成長にとって、特に重要なことは、私の言っていることの中のどこに相手が納得していないのかが、鮮明になる、ということである。論争をしていると、「ああ、人はここで躓くんだなあ」ということがわかってくる。これがきわめて重要なことである。

若いうちは、相手がどこで納得してくれないかということの勘が働きにくい。議論の経験を積んでいくと、だんだんと、どうもこの部分で納得しないらしい、この部分を緻密に説明しなければならない、ということが摑めてくるのである。考えどころを発見できるようになるのだ。

ある程度年齢がいくと、自分の中での仮想的な他者であっても本物の他者にかなり近づいてくるのだが、二十代ぐらいのうちは相手が何者であるかが摑めていない。「なかなか相手にわかってもらえない」という気持ちにもなるが、そこで開き直ってしまうと、探究にとってはやっぱりだめである。わかってもらえないという想いはおそらくは一生消えない。しかし、そこに耐え、それを何とか乗り越えようとする努力を繰り返さないと、思考が深まらなくなってしまう。

最近は、「人を傷つけるのが嫌だ」ということで、疑問があったりおかしいと思っても言わないでおく人が多いように感じる。もし思考することを仕事とするのであれば、そうした態度は、お互いにとってよくない。知的な探究のためにはそんなことは二の次にしなければならない。特に年齢が同じぐらいだったらなんの権力関係もないではないか。それで嫌われるんだったらその人とは縁がなかったと思った方がいい。そこまでして考えたいことがあるかどうか、だが。

他者との遭遇こそ思考のチャンス

人間というのは、特に考える動物ではない、はっきり言うと。むしろある程度以上は考えようとしない動物である。ある程度以上を考えるといっても、「よし、これからがんばるぞ」と言って考えるものではない。

では、どうしたら考えるか。

他者から与えられるインパクトなのだ。そういう衝撃がないと人は考えるようにはならない。

考えるということは不安なものである。不安だからこそ考えていると言ってもよい。その不安はどこから来るか。やはり、広い意味での他者との遭遇なのだ。それに対してどれぐらい敏感であるかによって思考の深度は決まるところがある。

何も考えないのは、閉じられた世界の中で安心しているからである。驚いたり感動したりするのは、自分の中で作られている世界に収まらないものを感じるときである。

そのときに思考が始まるわけだが、そこでしっかり考えないと人は元の世界に戻ってしまう。考えるということの最終的な産物は言葉であるから、それを言葉にしないと自分が感じた感情はその瞬間にただ消えていく。

生きていくうちにはさまざまな体験をする。ポジであろうがネガであろうが。その体験が意味をもち、長く人生に影響を与えるためには、考えて言葉にする作業が必要になる。何かにすごく感動して、「これで俺の人生は少し変わるかもしれない」と思うことがあっても、「結局、変わらないじゃん」ということがよくある。その感動が少しは何か意味をもつようになるためには、やはり考えて言葉にする必要があったのだ。言語は、感動を与えた「それ」を永続化する作用をもつのだ。

言葉や、その他の表現になった感動は、自分だけのものではなくなる。われわれが本

それなのになぜ読んで感動するのはなぜか。書いてあることは自分のことではない。それは書いた人が考え抜いて言葉にしたから同じ体験をしたかのように感動できるのか。それは書いた人が考え抜いて言葉にしたからである。

自分は何かにインパクトを受けた。それは人生の中でずっと持続させたい。あるいは、他人にも伝わってほしい。そのためには、じゅうぶん考え抜いて言葉にするしかない。言葉になるくらいにまで考え抜いておけば、それは一個の意味のある体験になる。

未来の他者へ向けて考える

ムハンマド（マホメット）は、メッカで神から啓示を受けてそのことを周囲の人に話した。メッカで迫害を受けてメディナに移るまでの十二年ほどで獲得した信者の数はたった七十人余であったという。今ではイスラム教徒は世界で十数億人。たった七十人の人にまず言葉を届けたことが今やこういう結果になっている。

言葉にすれば、それは残る。少なくともその可能性がある。本にするならばなおさらだ。自分が会ったこともない人が読む。会ったことがないどころか、まだこの世界に生まれていない誰かが読むかもしれない。そういう読者もまた思考の中に含むことができる。

私たちがほんとうによいと思う本は、もう何百年も前のものだったりする。そうやって生き延びている本はごくごく一握りだけれども、それを目指したいものである。

あの三月十一日の事故以降、私たちは倫理的な課題として未来の他者と向き合うことになった。私もそのことを正面から考えるようになった。そうして考えたものがいまだ生まれていない未来の他者が読むに値するものであってほしい。それが思考の究極の目的である。

補論　思想の不法侵入者

人間は、必ずしも、徹底した探究を好まない。人間には、考える欲望やどこまでも知ろうとする好奇心が生来備わっているかのように言われることがあるが、それは誤りである。私が見るところ、人間は一定の水準を超えて考え、知ろうとはしない。むしろ、人間はときに、思考を積極的に拒否しさえする。思考・思想への渇望は、人間の本来的な欲望の中には含まれていないのだ。この事実は、ジャック・ラカンやジル・ドゥルーズがすでに指摘してきたことである。ドゥルーズは、人間をあえて考えさせるには、外部からのショックが必要だと述べ、そのショックを「不法侵入」に喩えている。

こうした洞察は、思想（史）の研究者であれば誰もが直観しているある事実、見ようによってはスキャンダラスとも言えなくはない事実、少なくとも啓蒙主義以降の理念からするとかなり不都合な事実を、説明してくれる。かつて、学問とはほとんど、正典とされた権威あるテクストの解釈であった。真理は、権威あるテクストに書かれていると見なされていたのである。だが、啓蒙主義は、真理を、こうした権威あるテクストの桎梏から解き放った。真理をめざす思考の自由と無条件の権威とは両立しない。これが啓蒙主義の信じるところであった。ところが、啓蒙の時代の後でも、「権威は思考の自由を妨げる」という命題は、必ずしも妥当しないのだ。たとえば、マルクス以降の経済学や社会科学、フロイト以降の心理学や精神医学、あるいはソシュール以降の言語学や言語思想を思い起こしてみればよい。マルクス、フロイト、ソシュール等のテクストは、ときに、批判を超越した権威と見なされている。マルクスの『資本論』や『経済学・哲学草稿』を読むことを通じて、資本主義や人間の社会的なあり方についての真実が探究されてきた。フロイトの『夢解釈』や『モーセという男と一神教』の解釈を媒介にして、人間の心理の真相が考察されてきた。あるいは、ソシュールの『一般言語学講義』の解釈は、そのまま言語や人間精神のあり方を探究するものであると見なされてきた。こうした研究において、マルクスやフロイトやソシュールのテクストに対する態度はまことに権威主義的であり、それらは真理の基準そのものを与えているかのように扱われている。たとえば精神分析において、フロイトのテクストは、他の者たちの論文や著作、つまり弟子やフォロワーたちのテクストと同格に扱うわけにはいかない。後者に関しては、事実に反することや辻褄のあわないことが書かれていれば、「誤りだ」と批判すればよい。しかし、フロイトのテクストの中に、筋の通らないことや事実誤認らしきものが見つかったとしても、ただ反駁して、斥けるわけにはいかない。そういうときには、フロイト自身に批判させるしかないのだ。たとえば、後の「死の欲動」の発見に伴う認識論的な断絶によって、その部分は乗り越えられた、等と。マルクスやフロイトやソシュールのテクストは、まさにかつての宗教的な正典に類する権威を帯びているのである。

こうしたことは、啓蒙主義の観点からするとたいへんよろしくない状況である。マルクスのテクストに縛られずに、自由に資本主義のメカニズムを分析すべきである。フロイトのテクストから自由に、人間の心理の様態を実証的に研究すべきである。ソシュールの講義に執着せずに、虚心に言語の実相を調べるべきである。これが啓蒙主義の推奨することであるし、実際に、そのような研究もたくさんなされてきた。ところが、である。問題はこの先だ。啓蒙主義からするとまったく誤算と言わざるをえないことに、こうした自由な探究は、必ずしも、深く実り豊かな結果をもたらさないのだ。むしろ、逆に、しばしば、自由なはずの研究は、権威に拘束された探究よりもはるかに浅薄な命題しか導きだせない。たとえば、フロイトのテクストを反証可能な仮説の一つとしか見なさないような、実証主義的な心理学は、フロイトに教条主義的に拘泥する研究よりもはるかに貧困なことしか主張していない。この点を納得するには、フロイトのテクストに執着したジャック・ラカンが、人間についていかに深い発見をしてきたかを思い起こすだけで十分だ（ついでに述べておけば、今ではラカンのテクストがフロイトに並ぶ権威になっている。パウロの書簡がキリストの福音に匹敵する権威をもったのと同じ関係がここにはある)。

どうしてこんなことになるのか。マルクスやフロイトやソシュールのテクストが、研究者にとって、不法侵入する他者としてたち現れているからではないか。不法侵入がないとき、思考は、いわば中折れし、途中で萎えてしまう。だが、不法侵入があるときには違う。不法侵入してきた他者（マルクス、フロイト、ソシュール）は、研究者にとっては、真理を知っているはずの超越的な他者として現れている。研究者は、その「真理」をわが物にしないうちには、その他者の侵入にともなう居心地の悪さ、違和感、衝撃を克服することができない。探究は、他者の内にあるところの「真理」に到達したと実感されるまでは、絶対に終わらない。権威から自由な思考、したがって不法侵入にさらされていない思考が、権威に拘束された思考に比べて、ときにはるかに浅いのは、こうした理由によるのではないか。

＊

さて、そうだとすると、思考をさらに深める方法、思考の歩みをまださらに引き延ばす方法がある。重要なのは、他者の現前、不法侵入と感じられてしまう他者の現れである。しかし、他者が所有している真理に到達したと直観した地点で、思考の歩みは停止する。このとき、思考を触発し続けていた不法侵入者は、無害な客人に転換しているのである。こうなると、思考は、もう深化しない。こうした思考の停止を無効にし、さらに思考を継続させることはできないか。できるのである。私の考えでは、それこそ、ソクラテスのやり方、ソクラテスの問答法だった。

ソクラテスは、アテナイの広場に出かけていき、そこで出会った市民をはしから挑発的な問答に引き込んだ。ソクラテスは、自分自身を、市民一人一人について回る虻に喩えている。まさしく不法侵入者である。ただし、ソクラテスの問答は、非常に変わったものだった。彼は、自分の見解、真理についての自分自身の見解を説いたりはしなかった。ソクラテスが行ったこと、それは、まず相手の命題を全面的に肯定した上で、その相手とのやりとりを通じて相手に考えさせ、結果として、相手をして、もともと彼が提示した命題を否定する反対命題を引き出させることだった。こうした問答を通じて、ソクラテスの対話の相手は、自分が最初に真理であると見なしていた命題が真理ではなかったことを納得する。

しかし、ソクラテスは、なぜ、いきなり真理を説かずに、こんな方法を用いたのか。ソクラテス自身も、何が真理かを知らなかったからである。彼が、他の人より優っていたのは、ただ、自分も真理を知らないということを知っていたということに尽きる。この方法は、対話相手の思考を簡単には終わらせない。ソクラテスがもし真理を知っているのならば、相手は、その真理に到達した時点で、思考を終結させることができるが、ソクラテス自身も真理を知らないとなると、ソクラテスの域に達しても、探究は終わらない。ソクラテスは、相手の思考の触媒であることに徹している。だから彼は、自分の問答法を産婆術に喩えた。結局、対話相手は自分で自分の誤りの自覚に達しているのだから、放置しておけば彼が自然と同じ結論に達したかといえば、そんなことは絶対にないはずだ。ソクラテスという不法侵入者＝産婆が不可欠だったのである。

とはいえ、ソクラテスの問答法においては――ソクラテスもその相手同様に真理を予めは知っていないが――なお、真理が存在していることは前提である。そこで、この問答法は、実は最初から潜在してはいたが、忘れられていた真理の「想起」という形式を取ることになる。想起が完了したときには、やはり思考は安住し、探究は終わりを迎える。

すると、ソクラテスよりもさらに徹底した不法侵入者、純粋な不法侵入者は、イエス・キリストだということになるのではあるまいか。イエス・キリストは、いつまでたっても安全な客人へと転換しない不法侵入者ではないだろうか。どのような意味において？　キリスト教、つまり「キリストの信仰」という語の両義性に注目すればよい。キリストの信仰とは、一方では、神であるところのキリストを（信者が）信仰することだが、他方では、人としてのキリストが（神を）信仰することでもある。後者のように解した場合、つまり「の」を主格と見なした場合には、キリストは、人々にとって、信仰のロール・モデルである。人は、キリストが神を信仰するように、神を信仰しようとするのだ。キリストは、純粋な信仰において、神＝真理を知る者であり、人はその信仰に漸近しようとする。

だが、しかし、究極の地点で、驚くべき逆説が待っている。十字架の上で、死の直前の断末魔の叫びとして、キリストは、父なる神への不信を表明するのである！理想的な信仰を体現しているはずのキリスト自身が、信じていないのだ。つまり、あの瞬間、神自身が神を信じていないのだ。最初、キリストは、神を信じ、真理を知るものとして人々の前に現れる。人間は、キリストを媒介にして信仰し、思索し、そして真理を得ようとする。が、最後にキリストが示すものは、神＝真理の存在への懐疑である。人は、キリストが所有しているはずの真理を目指していたのに、そこは〈無〉かもしれないのだ。そうだとすると、思考は、永遠にゴールに到達することができず、いつまでも懐疑をめぐって循環し続けるしかない。だから、キリストは、人間の思考にとって、ソクラテス以上にやっかいな不法侵入者、歓迎できる客人にはなりきらない不法侵入者である。

＊

私には、西洋の思想・思考は、キリストの決して消えないこの懐疑を（無意識のうちに）継承しているように思えてならない。たとえば、中世の神学者・哲学者たちが執着した「神の存在証明」。神の存在証明は、あの普遍論争とも深く関連した主題であり、認識論、存在論、言語論といった後の哲学のほとんど全領域を覆うような議論の原型になっている。だが、神の存在が真に自明であるならば、どうして、その存在を証明する必要などあるのだろうか。無論、存在証明を試みた神学者たち、アンセルムスにせよ、トマス・アクィナスにせよ、神の存在を疑っていたつもりはあるまい。彼らは、神の不在を結論しているわけではなく、神の存在を当然のように導き出している。しかし、それでも、神の存在を、いったんカッコに入れた上で、わざわざ証明してみるという行為そのものが、彼らの意識的な自己認定に反して、神の存在に対する密かな懐疑を意味している、と言わざるをえない。

キリストの懐疑は、思想の内容だけではなく、社会的制度にも反映している。たとえば、大学である。中世の後半（十二世紀頃）に、ヨーロッパの主要都市に大学が発生する。最古の大学は、一〇八八年に設立されたボローニャ大学だと言われている。私は、昔から、ヨーロッパにとって、大学という制度がどうしてあれほど重要なのか、という疑問をもっていた。大学は、たとえば国民国家などよりもはるかに古くからあり、しかも今日まで続いているのである。思想や教育が行われていた場という観点で中世史を見れば、それは、キリスト教会が優位を占めている段階から大学が優位になる段階への移行として描くことができる。

大学は、あくまで世俗の制度である。大学で、キリスト教を否定するようなことが教えられていたわけではない。まったく逆で、大学でこそ、キリスト教を支持する神学等の学説が教えられていた。しかし、それならば、なぜ、教会からはまったく独立した大学という場で、教育がなされなければならないのか。どうして、人々は、教会とは無関係に自説を説く大学教授の話を聞こうと集まってきたのか。実は、キリスト教会もまた、大学には警戒心をもっていた。今述べたように、中世の大学で反キリスト的なことが教えられることなど絶対にありえなかったのだが、しかし、教会の観点からすると、教授たちによって、異端的な説や信仰を危うくするような見解が教えられているのではないか、という恐れがあった。教会は、大学の教授内容を調査する専門の委員会まで作って、ときに望ましくない異端説の教育を禁止する命令まで発している。私の考えでは、教会と大学の関係は、神と（神の）存在証明の関係に等しい。大学は、ヨーロッパの思考が無意識のうちに引き継いだ、キリストの懐疑の制度的な表現ではないか。

（初出：『思想』二〇一二年第二号）

第1章

読んで考えるということ

社会科学篇

テーマは、時間

真木悠介の『気流の鳴る音』（筑摩書房、一九七七年。現在はちくま学芸文庫）の、事実上の結論にあたる章、つまり「心のある道」と題された第Ⅳ章の冒頭で、アメリカのある老人の話が紹介されている。『気流の鳴る音』は、人類学者カスタネダが、ヤキ族（メキシコ北部に住むネイティヴ・アメリカン）の長老ドン・ファンが生きる世界を紹介した四冊の本を、真木悠介が独自に読み解き、そこから合理的で現代的な含意を引き出した著作である。読むことを通じて、自分自身のアクチュアルな問題を考えることの、最高の実例とも見なしうる本だ。

さて、問題は、その老人の話だ。それは、カスタネダの方が出してきたエピソードである。老人は、大変な富豪で、保守的な弁護士であり、強い信念の持ち主だったという。彼は、一九三〇年代初頭、ニューディール政策の出現とともに生じた政治的変化が、国にとって有害であるという絶対的な確信をもち、自分の生き方への愛着と自分の正しさへの信念から、彼が政治的な「悪」と見なすものとの戦いを誓った。しかし、第二次世界大戦に入ってしまい、彼の努力はすべて水泡に帰した。その挫折は、彼に強い苦痛をもたらした。彼は、二十五年間、自ら放浪者となった。カスタネダが彼に会ったときには、彼はすでに八十四歳になっていたという。老人は、後悔の内に晩年を過ごした。カスタネダが最後に会ったとき、老人は、会話を次のような言葉で締めくくった。「きっとわたしは生涯の何年かをありもしないものを追うのにむだ使いしたのだろう。後になってわたしは何か茶番めいたことを信じこんでいたと思うようになった。それは少しも価値がなかったのだ。今ではそのことがわかっているつもりだ。だが失った四十年は埋めあわせができない。」

人は、自らが意味ありと認める目的を設定し、そのために生きている。しかし、その目的が実現しなかったとする。このとき、生は無意味だ。カスタネダに告白している老弁護士は、こう言っている。彼が、「ありもしないもの」を追うのに人生をむだ使いしたというのは、（結果的に）実現しない目的のために人生の時間の多くを使った、ということである。この男が言っていることは、まことに論理的である。そのように聞こえる。

だが、もしこの老人が言っていることが正しく、反駁しようのない必然性があるのならば、彼の人生に限らず、誰の人生もすべて虚しい、ということになる。たまたま、この弁護士は、政治闘争に負けたから虚しい人生を送ったわけではないのだ。すべての人生が虚しいのだ。誰もが、生きた年数と同じだけ、むだに生きることになる。なぜならば、すべての人はいずれ死ぬからだ。つまり人生は有限だからだ。

もう少し理路をはっきりさせておこう。生きることの意味は、それが結果としてもたらす目的によって決まるとする。では、その目的自体の意味は、何によって決まるのか。同じ前提を維持するならば、つまり意味は結果＝目的によって決まるという前提のもとでは、目的の意味もまた、それを手段として組み込んでいるような、より包括的・普遍的な目的の実現にどの程度、貢献したかによって決まる、と考えざるをえなくなる。目的それ自体も、将来のより大きな目的との関係では、一つの手段なのだ。どの目的も、より後の目的の実現に対して、手段として貢献したかどうかで意味があったかなかったかが決まる。だが、どの人生も死によって終わる。つまり、どこかの段階で必ず、実現されなかった目的を残したまま、人生は終わるのである。この事実を考慮に入れれば、すべての人生は失敗だ。目的を実現しなかったときには、虚しいもののためにむだに過ごしたことになる、という前提から出発すれば、すべての人生は無意味だというニヒリズムは、不可避の結論である。

しかし、ここで立ち止まって考えてみよう。ニヒリズムを導き出したこの推論は、〈時間〉についての特定の概念・態度を前提にしている。だが、そのような概念・態度が必然なのか。それを問う必要がある。

＊

そこで、本章では、時間という概念や意識の多様性や可能性について考察している、社会学、およびその周辺緒分野の文献を読み解いてみよう。〈時間〉についての考察は、ここに示唆してきたように、生きることの意味といった実存的で切実な問いと結びついている。

しかし、社会学や社会科学において、時間が主題になることは、そう多くはない。社会（科）学において、時間は、たいてい、与件であって考察の対象ではないのだ。とはいえ、時間を論じた社会学的な研究も、もちろんあった。たとえば、エミール・デュルケームは、『宗教生活の原初形態』（一九一二年。邦訳は岩波文庫）で、空間や時間といった認識の基本的なカテゴリーが、社会的な構築物であることを証明しようとした。似たような問題意識は、ソロキンにもあった。あるいは、ギュルヴィッチは、社会生活にはさまざまな層があり、経済の層、政治の層……等々のそれぞれに異なるパタンの時間が存在している、といったヴィジョンを提示している。また、アルベルト・エリアスは、時間意識が、数多の世代の知識や実践的必要の蓄積の中から生まれたことを示そうとした。

時間をめぐるいくつかの社会学的な研究の中で、理論的に最も深く原理的なレベルにまで遡行しているのは、ニクラス・ルーマンの社会システム論であろう。ルーマンは、行為選択という〈出来事 Ereignis〉が〈時間〉を生成する所以について、説こうとしている。ルーマンのこうした理論は、おそらく、後期ハイデガーの時間論を念頭においている（第2章文学篇参照）。さらに、社会生活の時間意識のレベルに、物理的な時間、生物学的な時間等を加えて、時間の総合理論を目指したのが、バーバラ・アダムの『時間と社会理論』（一九九〇年。邦訳は法政大学出版局、一九九七年）である。

だが、ルーマンの理論は、一般性への志向が強く、あまりにも抽象的なので、具体的な体験に即した〈時間〉の多様性を捉えてみようという、ここでの主題には適合的ではない。(1) またバーバラ・アダムの研究は、さまざまな時間の層を並置してみせてはいるが、それらを統合するような理論には至っていない。

以下では、これらとは異なる文献を、五つとりあげる。それらの中には、直接的に時間を主題として論じた書物もあれば、時間が間接的な主題となっている書物もある。言い換えれば、全篇を〈時間〉の考察に充てた書物もとりあげるが、〈時間〉という主題を別の主題の部分に組み込んでいる書物もとりあげる。後者のタイプの書物においては、〈時間〉が副次的で重要度が低いというわけではない。逆である。別の主題の探究の中で、〈時間〉が枢要な主題として浮かび上がったのだとすれば、そのことは、〈時間〉がどれだけの拡がりをもった問題系なのかを知る上で、いっそう興味深い。

1 真木悠介『時間の比較社会学』を読む

時間のニヒリズム

最初に、『気流の鳴る音』の著者でもある、真木悠介の『時間の比較社会学』をとりあげよう。これは、人生は虚しいとする、あの老弁護士に対する、またその弁護士に共感している人類学者カスタネダに対する、学問的・社会学的応答と解釈することができるからである。『時間の比較社会学』は、一九八一年に岩波書店から刊行された（現在は岩波現代文庫）。

序章の冒頭で、死の恐怖について語ったパスカルの警句に続けて、ボーヴォワールの次の言葉が引用されている。

人類は消滅するであろうなどとわれわれが断言するのを、何ものといえども許しません。人おのおのは死にますが、人類は死ぬべきものでないことをわれわれは知っています。

もちろん、ボーヴォワールが要請していること、つまり「人類は死なない」という命題には、いかなる実証的な根拠もない。むしろ、「人おのおの」だけではなく「人類」もまたいずれは死ぬ、と予想した方が、経験科学的には妥当だろう。にもかかわらず、ボーヴォワールは、どうしてこのように主張したのだろうか。その理由は、この章の冒頭で展開した論理、ニヒリズムの不可避性を導いた論理から明らかになる。

「人おのおのは死にますが」という留保が示唆しているのは、ボーヴォワールは、ほんとうは「人おのおの」についてさえも、できることならば「死ぬべきではない」と主張したかった、ということである。個人の死を不可避の前提として認めたとたんに、先に述べたように、人生は虚しく、意味はない、という結論が一直線に導かれるからだ。とはいえ、「人おのおのは死ぬべきではない」ということを前提にするわけにもいかない。たとえば、クリスチャンであれば、神の国での永遠の生を信ずることができるかもしれないが、特定の信仰から解放された知識人としてのボーヴォワールは、そうした前提を無条件に採用するわけにはいかない。

そこで、ボーヴォワールは次のように考える。個々人の生の営みは、人類全体の協働の作業の一部と考えたらどうだろうか、と。特定の個人は、その目的を果たすことなく、言わば無念のうちに死ぬだろう。しかし、後続の世代が、同じ目的を継承し、その実現に向けての作業を継続してくれるのだとすれば、どうだろうか。その場合には、目的実現のための協働に参加した各個人の生にも意味があった、ということになるだろう。このように、目的の実現へと向けて活動する主体を、個人から人類へと転換すれば、個人は必ず死ぬという宿命からくるニヒリズムが克服できる。

だが、こうした論理構成が成り立つためには、一つの条件が満たされなくてはならない。主体を個人から人類へと置き換えたことで困難を回避するためには、今度は、人類そのものが不死でなくてはならない。人類もまた死ぬことが必然ならば、ニヒリズムは、人類のレベルで再現されるからだ。こうして、ボーヴォワールの要請が導かれる。われわれの現在の生の営為のあらゆる意味が虚無のうちに没しさるのを防ぐためには、（少なくとも）人類が不滅でなくてはならない。

繰り返せば、ボーヴォワールの主張の背景には、できることならば、個人もまた死んではならない、という感覚がある。つまり、彼女の主張は、〈私〉の死を基本的な恐怖とする精神を前提にしている。その恐怖を克服――あるいは少なくとも緩和――するために、〈私〉の死を越えて生きる〈人類〉が召還されているのだ。しかし、ほんとうは、〈人類〉も死滅の可能性がある以上、これは、ほんとうの解決ではない。(2)

＊

しかし、個人にせよ、あるいは人類にせよ、いずれは死滅するがゆえに、生や歴史は虚しいという実感は、理性にとって不可避な真理であろうか。言い換えれば、こうしたニヒリズムを回避するためには、理性によっては証明できない仮定（「霊魂の不死」とか「人類の不滅」等）を独断的に信じるしかないのか。このように問うことから、真木悠介の『時間の比較社会学』における探究は始まる。

真木によれば、このような実感を支える命題はすべて、次の二つの基礎的な感覚を前提とすることから帰結する。第一に、未来を具体的に完結するものとしてではなく、抽象的に無限化されたものとして関心の対象とする感覚。時間を、空間と同じように、未来と過去に向かって無限に延びている第四の次元としてイメージする感覚である。第二に、時間を帰無していく不可逆性とみなす了解。時間が不可逆であるというだけではなく、「消滅していく」「飛び去っていく」という形式で不可逆なものとして時間が了解されているのだ。第一の感覚が、時間の空間化であるとすれば、第二の感覚は、時間の反空間化である。

死滅するがゆえに生や歴史は虚しいという感覚を、〈時間のニヒリズム〉と呼ぶことにしよう。〈時間のニヒリズム〉は、以上の二つの感覚を前提にした限りでの結論である。生の目的が、どこまでも未来へと先送りされていくのは、時間が数直線のように抽象的に無限だからである。あるいは、最終結果にのみ意味があるとされるのは、次々と過去になっていく「現在」は消滅していくものと観念されていて、それが残した結果だけに価値が認められているからである。

〈時間のニヒリズム〉の根拠となっている、二つの時間の感覚は、しかし、決して、絶対的な真理ではない。つまり、有限な時間とか、帰無していかない時間といったものも十分にありうるのだ。

しかし、他方で、このような時間感覚にいかなる必然的根拠もないと説得したところで、人は〈時間のニヒリズム〉から解放されるわけではない。時間感覚は、これを行為事実的に帰結する特定の関係構造に内在する限りは、やはり逃れようのないものとして、つまり一個の必然として感受されてしまうからである。つまり、それぞれの感覚に関して、人をして「これこそが真実だ」と思わせる、社会的な関係構造があり、そうした構造の中で生きている者にとっては、この感覚は必然として、つまり他に選びようのないものとして受け取られてしまうのである。

では、それぞれの時間感覚をもたらしている関係構造は何なのか。それを解明することが、『時間の比較社会学』の課題である。

死への先駆

『時間の比較社会学』の内容を追う前に、やや応用的な問題を処理しておこう。ここで、考察してみたいのは、ハイデガーが『存在と時間』(一九二七年。邦訳は岩波文庫他)で論じていることである。

ハイデガーによれば、現存在(人間主体)は、その本来的なあり方においては、「死への先駆」という形態をとる。死への先駆とは、死が自分自身の確実な可能性であるということを直視する、ということである。現存在は、いずれ到来する死が確実であるとの覚悟のもとで、未来を先取りしつつ、決意し行動するのである。

さて、ここで疑問である。ボーヴォワールは死の可能性を否認しようとしていた。個人の死の可能性はさすがに無視できないが、それすら、消極的な容認である。それに対して、ハイデガーは、死の確実性を積極的に自覚することを求める。両者は対照的である。ハイデガーの哲学のうちに、〈時間のニヒリズム〉を乗り越える契機が含まれているのだろうか。これが、とりあえず問うてみたいことである。

ハイデガーがどのような理路を通って、死への先駆を必要と見なしたのか、それをたどってみよう。まず、現存在に対して、良心が「呼び声」として示される。良心の声に応ずることによってこそ、現存在は、匿名的な衆愚（das Man）から身を引き離し、本来的なものになることができる。良心が、現存在に対して示すこと、現存在に自覚させること、それは、ハイデガーによると、現存在が「非 Nicht」によって特徴づけられる性質を担っているということ、つまりは現存在自身の根本的な「非力さ」である。現存在は、あるべき姿に、規範的に求められている姿に、到達していないということ、その意味で欠如しているということ、このことが良心によって告げ知らされるのである。

現存在が、「良心をもとう」と決意することは、それゆえ、欠如を克服するために己を超えていこうとする意志、つまり超越への意志と結びつくことになる。現存在は、自らの規範的な欠如を克服しようと、未来の時点を先取りしつつ――つまり目的を措定しつつ――そこへと向けて自分を投げ入れていく。しかし、現存在の規範的な欠如――現存在が理想的な状態には未だ到達していないということ――は、本質的なものであって、いつまでたっても返上されることはない。繰り返し、より後の未来の時点に目的が設定され、それへと向けて自分を超えていく無限のプロセスが出現する。このようにして、規範的な理想性を追求する現存在の運動は、時間の無限の長さを必然的に要請することになるだろう。

このような時間の無限性への要請は、反作用として、現在の自分を絶えず乗り越えていこうとするプロセスが未完のうちに終結してしまう事実上の可能性を、現存在に自覚させ、そうした可能性を避け難い宿命として引き受けることを現存在に強いることになる。自分を超えていこうとする運動が、あるとき「死」によって終結し、挫折する。このことを現存在は自覚せざるをえないし、また自覚しなくてはならない。自らの欠如を自覚し、それをいつまでも克服しようとするからこそ、かえって、「死」による挫折の可能性が、鬼気迫るものとして自覚されるのだ。これこそが、ハイデガーのいう「死への先駆」である。

ハイデガーは、それゆえ、「死」を「最極限の未完了」と呼ぶ。彼が用いる「果実の比喩」が、ことがらの実態をよく示しており、興味深い。現存在のあり方を果実に喩えたあと、ハイデガーは、両者の一致は「終わり」にまでは及んでいない、と言う。果実は成熟とともに未熟を返上し、己を完成させる。それに対して、現存在は、死において も、決して己を完成させない。現存在に開示される根源的な時間は有限である、とハイデガーは述べる。しかし、ここまでの論述から明らかなように、時間の有限性がことさらに自覚されるのは、「時間は無限である（べきだ）」という暗黙の要請が、さらなる前提にあるからである。

ハイデガーの『存在と時間』は、〈時間のニヒリズム〉を克服しているだろうか。ここでのごく簡単な検討が含意している回答は、「否」である。ハイデガーの論は、〈時間のニヒリズム〉を克服するものではない。むしろ逆である。それは、〈時間のニヒリズム〉を自覚的に肯定しているのだ。ボーヴォワールが、「人類の不死性」を仮定することで、「そこ」から逃げようとしていたことに、ハイデガーは正面から立ち向かおうとしている。その意味では、ハイデガーには欺瞞がない。しかし、ハイデガーは、〈時間のニヒリズム〉を乗り越えたわけではない。避け難い運命として受け入れたのだ。

先に挙げた、時間をめぐる二つの基礎的な感覚を前提にしている、ということは、ハイデガーの「時間」にも妥当する。第一に、ハイデガーが現存在の時間を有限だと見なしているのは、ここに述べてきたとおり、その背後で、具体的に完結することのない、どこまでも無限化する時間が前提にされているからである。ハイデガーにとっては、死でさえ、「未完了」であり、単純な終わりではない（つまり、「より後」の時間の存在が暗示されている）。第二に、現存在の「絶えず自分を乗り越えていく」という構造、つまり脱自の構造は、過去を捨て去っていく不可逆の流れとして時間が捉えられていることを示している。

これら二つの時間の感覚（無限性、帰無する不可逆性）は、先にも述べたように、自明の真理ではない。それらは運命として引き受けざるをえないような必然性をもつものではないのだ。それぞれの感覚を条件づけている、社会的な関係構造を抽出すること、それが『時間の比較社会学』の探究のねらいとなる。

原始共同体の時間――現在する過去

時間についての二つの感覚が必然的なものではないこと――つまり偶有的なものであったということ、このことは、まずは、最も単純な社会、すなわち原始共同体の時間意識を基準にすえてみることで、自ずと明らかになる。

『時間の比較社会学』で、真木悠介がベンジャミン・ウォーフの言語体系についての調査に基づいて主張するところによると、北米先住民のホピ族にとって、過去は帰無することなく現在しつづける。たとえば、英語で「十日間」がten daysと複数形になるのは、昨日と今日と明日が、彼と私とあなたと同様に別々のものだからである。ホピ族は、しかし、英語と同じように複数形の表現をもっていて、「十人」は複数と見なすが、「十日間」は複数とはされない。昨日と今日と明日は「同じ日」の繰り返しだからである。近代人にとって、昨日あって今日ないことは「ないこと」の範疇に属するが、ホピ族にとっては、以前の日にあったことは同じ日の再現としての今日の内に蓄積されているのだ。

また、エドマンド・リーチは、最も原始的な時間についての表象は「振動する反復」であると言う。振動の両端をなす対立項は、〈聖なる時間〉と〈俗なる時間〉である。しかし、この対立する項の間の振動という表象は、「円環」という表象とは区別されなくてはならない、と真木はリーチとともに注意を促す。円環は、全体を貫く抽象的な同一性の次元を想定しているが、振動においては、そのような同一性は仮定されていないからである。だから、対立する項の間の移行は、決定的な越境として、つまり一種の危機として感受されざるをえない。

ところで重要なのは、振動の両極の非対称性である。〈聖なる時間〉は、恒常的な構造の如きものであり、〈時間なき時間〉であることを本質とする。周期ごとに反復される〈聖なる時間〉は、同一の時の再訪であり、神話的な時間の現在化と見なされる。レヴィ＝ストロースが分析したトーテムとはこのような恒常性の次元なのであり、彼はこれを原系列と呼び、〈俗なる時間〉に対応する派生系列と対照させている。このような時間意識には、人生を虚無であるとする感受性は存在しない。というのも、〈聖なる時間〉が、恒常性の次元として通常の時間の流れに平行して臨在することによって、出来事に意味を与えるような働きをもつからだ。つまり虚無は、この平行する時間によって最初から克服されているのである。

真木は、このような時間意識は、原始共同体の自然に対する関係の内に根をもつと、推測している。人類学者ストレーロウのオーストラリア原住民についての次のような証言が引用されている。

山や小川や泉や沼は、原住民にとっては単なる美しい景色や興味ある景観にとどまるものではない……。それらはいずれも彼の先祖の誰かが作り出したものなのである。自分を取り巻く景観の中に、彼は敬愛する不滅の存在〔祖先〕の功業を読みとる。

自然は、物的に現在化した神話時代であり、原系列を時間へとつなぐ紐帯にほかならない。真木によれば、時間の内に虚無を感受しない心性は、自然（存在）と人間を対立せしむる原的な区別を知らない世界において、見出されるのである。

原始共同体の時間――具象の時間

真木が紹介するムビティによれば、アフリカ人の意識の内に事実上、未来は存在しない。ムビティは、ケニアのカムバ族の農村に生まれ育ち、米英に留学して博士号をとった後、キリスト教の牧師になった人物である。ウォーフも、アメリカ原住民に関して、同じことを言っている。

だが、そうだとすると、彼らはどうやって明日のことを話すのか。どうやって、明日のことを約束したりするのか。実は、このことは、彼らが、明日や明後日の実在を信じないということではない。彼らもまた、「われわれ」の観点からみれば、未来についての観念ももっているし、未来について考えたり、語ったりすることもできる。そのための語彙も文法もある。彼らの〈未来〉は、現在の延長上の未来、現在の活動と具体的につながっている未来であり、彼らの観点からすると、それは現在の一部なのだ。彼らがもたないのは、現在から遠く隔たり、現在とは無関係な抽象的な意味での未来である。同じことは、未来についてだけではなく、時間一般に関しても妥当する。ウォーフによれば、ホピ族は「同時性」の観念をもたない。さらに、エヴァンズ＝プリチャードとリーチによると、ヌアー族やカチン族は「時間《タイム》」に相当する語をもたない。だからといって、彼らは、協働作業において同時的な行動の調整に困難を示すということでもない。ただ、彼らは抽象的に観念化された同時性、たとえば自分の村の出来事と遠く離れた村の出来事が同時だというような趣旨の同時性の観念をもたないのだ。また、昨日と明日のことも、祖先のことも語ることができるのだから、時についての単純な観念をもたないということでもない。

以上の事実は、原始共同体では、「時間」が人々の具体的な活動から抽象された上で、実体化された物象のようには感覚されていない、ということを示している。したがって、時間は、浪費したり節約したりする対象としての相貌をもたない。あるいはまた、彼らは、さしあたっての日常的な実践における直接の展望を越えた、抽象的に無限化された未来の観念をもたない。あるいは、彼らは、通常の共同作業の必要を越えた、観念的な同時性を問題にしない。

＊

真木は、とりわけ、ヌアー族の牛時計による時刻表示に注目している。ヌアー族の人々は、彼らが営む牧畜の作業過程に言及することで時刻を表示するのである。たとえば、牛舎から家畜囲いに牛をつれ出す時間、搾乳の時間等々と。では、もう少し長い射程をもった時間について語らねばならないときにはどうするのか。その場合、時間は、社会構造内の位置を照準点として、表示される。たとえば、ある「年齢組」の成人式等々の時や系譜上の距離に言及することによって、時間が表示される。どちらの場合も、時間は具象的な照応によってのみ表示され、有限の射程しか原理的にもてず、無限の彼方の未来をもつことはない。

このような具象的な時間は、内包的に一定の同質性を保ち、外延的に一定の有界性を保っている、単一の共同体においてのみ存在しうる。具象の時間は、一個の集団の〈生きられる共時性〉の直接の表現だからである。このことから、逆に、真木は、抽象的な時間は、異なった共同時間性をもった集団と出会ったときに、つまり複数の時間性を高次の一般性のもとに包摂しなくてはならなくなったときに、発生すると推定している。

このように、原始共同体においては、〈時間のニヒリズム〉を結果する二つの時間感覚は、ともに存在しない。抽象的に無限化された時間はないし、過去は帰無することがない。この不在を支えるのは、真木がさまざまな論者の議論を資料にしつつ証拠だてるところによれば、このような共同体で維持されている、自然にたいする人間の関係と人間同士の関係である。逆に、この二つの関係における変容とともに、近代人が自明なものとして受容する時間感覚のあるタイプが出現する。このような変容は、西欧文明の二つの源流、すなわちヘレニズムとヘブライズムにおいて、典型的なかたちで生ずる。

ヘレニズムの時間──抽象的な無限化

ヘレニズムにおいては、抽象的な円環する時間の表象が支配的である。もっとも、ギリシア思想においても、最初から「時間」の観念が抽象的であったわけではない（ホメロスの叙事詩やヘシオドスの『仕事と日々』におけるそれ）。円環する時間のイメージが最初にあらわれたのは、ミレトス学派のアナクシマンドロスにおいてであり、それを完成させたのはピュタゴラス学派のエムペドクレスである。

真木は、この思想史的事実を、社会構造に関わる次のような諸々の事実との関係で理解するように留意を求める。ミレトスは、地域間貿易に関わる商業の中心地であり、ミレトス学派の哲学者の多くも商業民の出身であったこと（またピュタゴラスが過ごしたサモスやクロトンも商業都市である）。同時代のアテネは民主革命（ソロンの改革など）の時期にあり、市民社会的秩序の初期形態が発生しつつあったこと（さらにミレトスを含むイオニア諸都市は、より早くから民主革命が推進されていた）。そして、ミレトス学派を生んだイオニアこそが、歴史における鋳貨流通の発祥の地であったこと。

真木の理説によれば、貨幣は、複数の共同態・間の集合態的な関係を一個のシステムとして存立せしめる普遍的媒体として、また諸個人の間の集列的な関係を媒介する普遍性として、析出される。貨幣は、万物に抽象的で等質な量的規定性を与える〈普遍化する力〉として現象することになる。貨幣のこのような本性は、ミレトス学派の哲学的探求がもっていた志向性と合致している。ミレトス学派の探求は、宇宙の多様性をそこへと還元しうるような共通性の追求に始まる。アナクシマンドロスは、そのような共通性を、間・質料的な形相的一般性としての時間に求めた。ここで時間の諸物にたいする関係は、貨幣の諸商品にたいする関係に相当しよう。さらにアナクシメネスは、世界の多様性を、共通の元素たる「空気」の濃淡によって、つまり抽象的な量によって、解釈しようとした。

真木が示唆することは、結局、抽象的な時間は、貨幣と同型的な機制によって存立しているということである。共同態・間の集合態的な連関は、また風化して集合態化した（元）共同態・内の個人や集団の、相互依存関係は、それぞれ独自に生きられた世界を構成するさまざまな活動を外的に調整する媒体として、一般化され抽象化された尺度としての「時間」〈生きられた共時性〉に対するところの〈知られる同時性〉を析出せざるをえないだろうから。

ヘブライズムの時間――帰無する不可逆性

ヘブライズムの不可逆的な直進する時間についての意識は、終末論を起源としている。しかしすべての終末論が時間を直線として表象するわけではなく、実際、ヘブライズムさえも、初期においては、回帰する時間の表象を基本に据えていた。ブルトマンに基づいて真木は、不可逆性としての時間の観念は、黙示文学においてはじめて完成された、と指摘している。あるいは真木によれば、不可逆的な時間の観念に基づく終末論の萌芽は、『イザヤ書』や『エレミヤ書』のような「後預言者」の書において見出される。

これら不可逆的な時間の観念を産み出した書物は、すべて、苦難の多かったユダヤ民族の歴史の中でもとりわけ受難と絶望の時期であったことが注目される。たとえば、エレミヤの活動期は、バビロン南王国ユダが滅亡しバビロン捕囚のあった時代（前六世紀）である。黙示文学のひとつ『ダニエル書』は、シリア王アンティオコス・エピファネスによるユダヤ教の弾圧期（前二世紀）に書かれたと推定できる。

この事実を基礎に、真木は、不可逆性としての終末論の形成を促す内的な機制を、次のように推定する。不幸の内にあっては、ただ希望だけが、つまり眼前にないものへの信仰だけが、人に人生に耐える力を与えよう。希望は、最初は過去の幸福な時代の再来というように具体的なイメージを結ぶかもしれないが、絶望が十分に深い場合、これに対抗する希望は、より純化されたユートピアへの志向として研ぎ澄まされることになるだろう。ユートピアは純化されるほど、現実に存在していたものに具体的なイメージを仮託することが困難になるから、やがて、未だ存在しないものとして、つまり回帰を否定した未来に属するものとして、構築されるよりほかあるまい。かくして、反復することを積極的に否定するような時間の形態が、すなわち直進する不可逆的時間が、要請されることになる。

さらに、真木は、ユダヤ民族が産み出した反・自然主義的文化が、現実の存在を否定性として感受することを通じて未来へと志向する意識と不可逆的な時間についての観念を、育て上げる母胎となった、と指摘している。リーチによれば、不可逆性についての体験は、自然の循環性とは区別されたものとしての人生の一回性である。後期ユダヤ教は、生の領域を自然とは異なる独自の領域として発見するとともに、さらにすすんで人間の運命そのものを世界の運命と等置したのである。

近代社会の時間

ヘレニズムとヘブライズムが交差するところに近代社会が生まれる。ここで近代社会とは、宗教改革以来の社会を指している。近代社会の時間意識の具体的な姿について、『時間の比較社会学』は、文学、宗教、哲学等をも説明対象にしながらていねいに論じている。しかし、近代社会の時間の実態は、本章でこれから扱う他の著書でも扱われることになるので、ここでは、結論だけを紹介しておこう。

真木によれば、結局、近代人を襲い続けた虚無感は、二重の疎外の上に成立している。第一に、世界の地の部分は悪であるとする反自然主義によって空疎化した生の現在が、生の「意味《ミーニング》」を過去あるいは未来に求め、時間性によってはじめて生が〈意味《センス》〉をもつような、そのような文明が基礎にはある。その「意味」の源泉は、最初は、理想化された「過去」だが、やがて、「未来」が優位になる。ベースには現在への愛の欠如があるのだが、現在（現実）の否定のための要素としては、「過去」よりも「未来」の方が好都合だからである。第二に、救済のリアリティを支える共同世界がゲゼルシャフト化によって崩壊するときの恐怖が、時間の解体の危機感として現れる。この危機感、この崩壊感覚に対抗するために、神への信仰（プロテスタント）、思惟（デカルト）、自然・他者への共感（ロマン主義）、記憶（ヒューム、プルースト）等が方法として活用されてきた。前者の疎外が〈時間への疎外〉、後者の疎外が〈時間からの疎外〉と名付けられる。

時間、近代的な時間は、——真木によれば——生の虚無の淵源である。次節で、マルクスの『資本論』を読解しつつもう一度確認するように、貨幣と時間は表裏一体の関係にある。一般的な等価形態としての貨幣への欲望である限り、人間の欲望は、完結して充足しうる構造を喪失し無限化される。同様に、〈生きられる時〉の具象性・固有性から解放された「時間」という観念は、人間の関心を無限の彼方へと伸長する。ところで、共同態や自然から解放された近代人は、ただ個我のみを絶対化しそれに執着せざるをえないだろう。であるとすれば、ここには深刻な矛盾が、つまり無限なる時間への関心と有限な死すべき存在（自我）の絶対化の矛盾がある。死の恐怖と生の虚無は、この矛盾の表現である。

二種類の不在の〈他者〉

以上に、『時間の比較社会学』の論理の骨格を追ってきた。後の考察のために、ここから次のような教訓を引き出しておこう。

時間は、何らかの意味で「不在」の様相をもつ他者との関係である。存在の最も確実な相が現前（現在）だとして、「すでに（いない）」「いまだ（いない）」という様相をもっている他者たちを、それ自体、存在として受け取ったとき、時間は現れる。ここで、過去や未来を「他者」と見なしているのは、厳密に言えば、〈私〉は、「現在」「今」に限定されるからである。過去の私も未来の私も、今の〈私〉にとっては、すでに他者である。一般に、現在の〈私〉が、最も確実に存在していると見なされ、また実感される。『時間の比較社会学』に論じられているように、近代の主要な思想家が、時間の解体の危機を感じたとき、さまざまな様態の「現在の〈私〉」に依拠してこの危機に対応しようとしたのは、このためである。その代表が、「われ思う」（デカルト）だが、真木が述べているように、「われ信ず」（プロテスタント）、「われ感ず」（ロマンティシズム）等は、すべて現在の〈私〉のヴァリエーションだと解釈することができる。このように、現在の〈私〉が、過去や未来といった様相をもつ他者たちと関係をきり結んだときに、時間が現れるのである。

『時間の比較社会学』は、次のことを示したと言えるだろう。現在のわれわれは、「過去」という様相をもつ他者たちとの間には、強い共感をともなう、深い連帯の関係を築くことが可能である。つまり、過去の他者たちは、〈生きられた共時性〉に参入することができる。原始共同体における、「聖なる時間」や「原系列」（レヴィ＝ストロース）は、現在との間で、共存と連帯の関係に入った過去である。ムビティによると、アフリカのカムバ族は、そのような過去を、――「ササ」（広義の現在）に対するところの――「ザマニ」と呼ぶらしい。

だが、未来、遠い未来との間に、そのような連帯の関係を築くことは難しい。未来の他者（まだいない他者）は、過去の他者（もういない＝かつていた他者）のようには容易に存在化しない。彼らは、端的に不在である。近代の時間意識の例が示すように、遠い未来の他者を強引に存在化し、現在のわれわれが彼らと関係しようとしたときに現れるのは、「共感」ではなく、「疎外」の感覚である。彼らは、われわれの現在の生の充実を奪う、疎遠な他者としてたち現れる（これが〈時間への疎外〉である）。未来は、〈生きられた共時性〉の中に組み込まれることはないのだ。未来は、なまなましく実感されるのではなく、抽象的に知られるのみだからである。

2 カール・マルクス『資本論』を読む

抽象的人間労働

続いて、カール・マルクスの『資本論』を、「時間の社会科学」の古典のひとつとして読んでみよう。『資本論』は、言うまでもなく、マルクスの主著で、全三部から成る大著である（岩波文庫では九分冊にもなる）。第一部は、一八六七年に刊行され、第二部、第三部は、それぞれ一八八五年、一八九四年に刊行された。マルクスの生前に刊行されたのは、第一部のみで、第二部と第三部は、マルクスの遺稿をもとに、親友フリードリヒ・エンゲルスが編集し、刊行にこぎつけた。『資本論』をとりあげるのは、ここに、近代社会における時間の、最も重要な側面が描かれているからである。鍵となる概念は、「抽象的人間労働時間」である。

『資本論』は、商品が使用価値であると同時に交換価値である、という二重性をもつことの指摘から始まっている（厳密には、マルクスは、「交換価値」として表現されることになる基質を「価値」であるとして、つまり「価値／交換価値」を区別しているが、ここでは煩を避けるために、「交換価値」に一本化して説明する）。この商品の二重性は、労働の二重性に対応している。商品は、使用価値としては、特定の具体的有用労働の生産物であり、交換価値としては、抽象的人間労働の客体化（外化）である。

具体的有用労働とは、もちろん、建築労働、紡績労働、編集労働、販売労働といった具体的な形態における有用労働である。だが、商品の交換価値は、使用価値とは異なりすべての商品に共通しているので、このような商品ごとに異なる具体的有用労働によってもたらされていると解釈することはできない。商品の交換価値に対応しているのは、具体的には何であれ、ともかく人間労働がその生産のために支出されたという事実である。労働のそのような側面を、抽象的人間労働と呼ぶ。商品の価値は、抽象的人間労働で測られた時間の長さに対応している。

商品の二つの次元に対応した、労働の二重性、とりわけ抽象的人間労働こそが、後期マルクス解釈の鍵であり、かつ資本主義的社会システム（近代社会）の構造と動態を説明する論理の起点となる。モイシェ・ポストンの『時間・労働・支配――マルクス理論の新地平』（一九九三年。邦訳は白井聡・野尻英一監訳、筑摩書房、二〇一二年）は、このような着想に基づいて書かれている。それゆえ、われわれは、ポストンの議論を媒介にして、つまりポストンの著書の批判的な読解を通じて、ことがらの本質に迫ることができる。

それにしても、抽象的人間労働とは何であろうか。まず、誰もが抱く嫌疑は、分類の便宜のために立てられた概念で、実在とは無関係ではないか、ということである。ウマもイヌもヒトもみな「哺乳類」であるというのと同様に、さまざまな労働を一括して捉える抽象概念として「抽象的人間労働」があるのだとすれば、この概念は名目的なものだということになる。だが、抽象的人間労働は、このような意味での抽象概念ではない。抽象的人間労働における「抽象」は、外部の観察者による理論的抽象ではなく、生産者たちの日々の現実においてなされている抽象、当事者たちの労働に即した抽象である。この点を理解するための最初の一歩として、資本主義社会においては、労働は、抽象的人間労働という資格において、社会的媒介となっている、というポストンの主張を理解することから始めよう。商品生産とはどういうことか、その本性を考えてみよ。商品が生産物の一般的形態であるということ、つまりほとんどの生産物が商品であるということ（交換価値をもつことを目指しているということ）は、人は、自らが生産したものを消費しないということである。人は、他者たちが消費する物を専ら生産し、他者が生産した物を獲得するために生産している。したがって、彼らの労働は、個々の具体的な有用性に関して意味があるのではなく、その労働の産物が他の任意の労働生産物と交換しうるという抽象性をもつ限りで意味をもつ、ということになる。抽象化が日々の活動においてなされているというのは、このように、商品として物が生産されているということに対応しているのである。

抽象的人間労働を測る時間は、『時間の比較社会学』で摘出された、近代的な時間意識を構成する二つの契機の両方をもっている。第一に、それは、もちろん、個々の具体的な労働の多様性を捨象した抽象的な時間であり、無限に延長可能である。第二に、それは、帰無する不可逆性をもその特徴としている。後者の点については、労働における時間の支出が「価値」として承認されるのはどうしてなのか、を考えてみると理解できるだろう。支出された時間は、目的（生産物）のために犠牲にされたと見なされているのだ。支出された時間は、もはや取り返せないかたちで使用されてしまった、つまり帰無したのである。

孤独な労働か？　それとも……

他者たちの消費のために労働することが、労働に、「抽象的人間労働」としての性格を与える、と述べた。しかし、このような意味での社会的な指向性は、資本主義の下での労働の特徴ではないように思える。任意の社会で、働くことには、社会的な指向性があるのではないか。もちろん、その通りである。非資本主義社会においても、労働は社会的指向性がある。人は、他者のために、他者の需要を満たすために働いてきた。それならば、抽象的人間労働という規定は、どんな社会のどんな労働にも当てはまるということなのだろうか。言い換えれば、資本主義社会の労働には、何ら特別な性質はないのか。

否。指向されている社会性に、非資本主義社会と資本主義社会とでは、決定的な差異があるのだ。その違いのために、資本主義社会の労働だけが、すぐれて「抽象的」な性格をもつことになる。非資本主義社会では、労働が社会的であるのは、その労働が、人格を備えた具体的な他者に差し向けられている場合である。非資本主義社会においては、労働する主体にとって親密な他者に向けられている労働が「社会的」である。ポストンは、この状態を、指向されている社会関係が「overt」（あからさま、よく見えている）と表現している。そのかわり、その労働が指向しうる社会関係の範囲は、特殊に限定されざるをえない。家族や親族の範囲とか、あるいは村落などの小さな共同体の範囲に、である。

資本主義社会においては、この関係が逆になる。生産者は、自分がどの具体的な他者のために労働しているとの意識ももたない。彼は、自分の労働の利他的な性格を意識していないのだ。彼は、生産者の主観的な意識においては、彼の労働は、端的に純粋に利己的であるのみだ。彼は、自分のため、自分の利益のためにのみ労働している。その意味で、資本主義の下での生産者は孤独である。しかし、客観的な視点からとらえれば、資本主義社会における労働の生産物は、それ以前のどの社会よりも広く他者に開かれていて（open）、それが指向している社会関係の範囲は、原理的には無制限である。つまり、商品として客体化された生産物に対しては、誰もがアクセスすることができ、正当な対価さえ支払えば、手に入れることができるのである。

整理すると、次のようなねじれの関係がある。非資本主義社会においては、労働は、あからさまな社会関係に向かっているのに、その関係の範囲は限定的である。資本主義社会においては、抽象的労働は、主観的には利己的な行為として遂行されているのに、客観的には無制限に開かれた社会的媒介の作用をもっている。こうしたねじれをもたらす要素は何か。それが次項での考察の主題となる。

その前に、前節で扱った『時間の比較社会学』と関係づけて次のことを確認しておこう。真木悠介は、無限化した抽象的時間は、集合態的（ゲゼルシャフト的）関係の中で生まれる、とするテーゼを提起していた。抽象的労働は、主観的には孤独で利己的な作業として遂行されているということで指摘した構成は、このテーゼとよく適合している。

労働の「抽象性」の生成機序

抽象的労働の能力が、人間に生得的に備わっているわけではない。マルクスは、ときに「生理的エネルギーの支出」などという誤解を呼びやすい表現を使っているが、抽象的人間労働は社会的構築物である。それでは、資本主義社会における何が、労働に、「抽象的」性格を与えるのか？　このように問いを進めることで、われわれは、モイシェ・ポストンの論述から離れることができる。ポストンも、もちろん、抽象的人間労働が社会的な産物であると見なしてはいるが、しかし、資本主義社会の論理的な説明にとっては、それが第一の公理的な前提であって、それが生み出される機制を問うことはないからである。

ポストンとは袂を分かつが、単純に『資本論』の論述に戻れば、この問いに対する回答の最も重要な手がかりが与えられる。次の文章は、繰り返し引用されてきた。

人々が、彼らの労働生産物をたがいに価値として関係させるのは、これらのものが彼らにとって一様な人間労働の単なる物象的な外皮と認められているからではない。逆である。彼らは自分たちの異種のさまざまな生産物を、たがいに交換において価値として等値することによって、彼らの種々に異なった労働を、たがいに人間

労働〔抽象的人間労働〕として等置するのである。（向坂逸郎訳等をもとに一部手直し）

抽象的人間労働の量が等しいから交換されるのではなく、逆に、交換的な等置という行為があって、その結果として、労働としての等しさが派生するという順序になっているのだ。普通の労働価値説とは順序が逆である。このマルクスの論述が、すでに最も重要なことを語っている。

抽象的労働は、交換価値である限りの商品として客体化される、と最初に述べた。このように語ると、抽象的労働がまずあって、それが生産物に投入されるように思われるが、順序は逆だというのがマルクスの真意である。商品が交換価値としての性格をもつのは、それが市場で買われうるからである。言い換えれば、商品は、貨幣との交換可能性をもつがゆえに、使用価値であることを越えて交換価値でもあるのだ。貨幣とは何か。マルクスの考えでは、貨幣もまた一種の商品だが、特権的な商品である。貨幣は、市場において、任意の商品と交換可能な商品であり、市場における交換の一般的な媒体なのだ。貨幣で他のどんな商品でも買うことができるが、商品で貨幣を買うことはできない。貨幣は、（どの特定の商品＝使用価値への欲望として実現しうるという意味で）欲望の抽象的な一般性を代表している。

抽象的労働という観点で捉えたとき、人々は自らの生産物を消費せず、他者が生産した商品を獲得するために生産する、と述べたが、これは、直接的には、貨幣を得るために生産している、ということである。貨幣と交換されうる物（商品）を生産したとき、人は、他者に対していかなる具体的なイメージももたず、またいかなる人格的な関係ももっていなくても、結果的に、他者たちの需要を満たすために労働したことになる。つまり、ここで、主観的な利己性と、客観的な社会的媒介の作用が結びついている。

ここから、次のようなテーゼを導き出すことができるのではないか。抽象的労働とは、その労働と貨幣との関係、労働生産物と貨幣との交換可能性を労働に内部化したときに導かれる契機である、と。その労働によって客体化された事物が、貨幣との交換可能性を有するとき、その労働は「抽象的人間労働」と見なされるのだ。抽象的労働によって構成されたシステムが、一つの社会的な領域において全体性をもつのは、貨幣が代表する欲望に、その社会的領域の全体に通用する一般性があるからだ。抽象的労働が出現するのは、貨幣が一般的に浸透した社会、労働力すらも商品となるほどまでに、富の一般的形態が貨幣との交換可能性に規定されている社会においてである。ここで、貨幣と抽象的な時間との並行性という、『時間の比較社会学』の指摘がもう一度確認されてもいる。

価値形態論

以上の展開から、『資本論』における、「価値形態論」の重要性が、あらためて浮上する。価値形態論は、『資本論』でも最も有名な箇所であり、ここに紹介したような商品の二重性、労働の二重性を論じたすぐ後に置かれている。マルクスは四つの価値形態を順に論じていく。それは、等式のかたちで表現されている。

1. 単純な価値形態
a量の商品A＝b量の商品B

2. 拡大された価値形態
a量の商品A　＝b量の商品B
　　　　　　または
　　　　　　＝c量の商品C
　　　　　　または
　　　　　　＝d量の商品D
　　　　　　または……

3. 一般的価値形態
b量の商品B＝
かつ
c量の商品C＝　a量の商品A
かつ

d量の商品D＝

かつ……

4. 貨幣形態（上記と等式の「a量の商品A」の代わりに「x量の金」が入る）

この4ステップは、単純に散発的な物々交換から始まって、やがてそれが拡大し、そしてついに貨幣に相当する特別な商品が析出されるまでの歴史的なステップを追っているように見える。しかし、そうではない。この第三形態から第四形態への転換を別にすると、つまり第一形態から第三形態までの関係は、すでに多くの論者が指摘してきたように、とりわけ日本では宇野弘蔵学派が強調してきたように、論理的なものである。どのような意味で論理的なのか。

私の解釈では、第一形態から第三形態までのステップは、より深い論理的な前提へと遡行する過程である。最初のステップ、単純な価値形態は、対等な物々交換としては記述されていない。単純な価値形態には、非対称性が孕まれているのだ。等式の中の二つの項のうち、左辺Aは、相対的価値形態、右辺Bは、等価形態と呼ばれている。この等式（交換）は、相対的価値形態Aの立場から記述されている。相対的価値形態Aは、もう一つの商品、等価形態と見なされる商品Bに表現されて、自らの価値を実現することができる。つまり、一つの商品（相対的価値形態）は、他者（等価形態）に承認されなくては、価値として実現されえないという意味で、他者の優位に服しているのだ。

この優位の論理的根拠は何なのか。それを探るべく遡ると、第三ステップ（一般的価値形態）における一般的等価形態が、つまり事実上の貨幣形態が見出される。したがって、次のように結論することができる。抽象的労働を、その論理的起原にまで遡ると、相対的価値形態と等価形態の交換に類する非対称的関係に至りつくのではないか。この関係を、相対的価値形態の方に内部化したとき、相対的価値形態に対応する商品の生産者の労働が、抽象的労働として意味づけられることになる。このように、価値形態論は、価値を生み出す労働としての抽象的労働の秘密を解き明かす論理であると解釈することができるのではないだろうか。

ところで、「価格」と「（交換）価値」とはどのような関係にあるのだろうか。両者をどう関係づけるかという問題は、マルクス主義経済学では、伝統的に「転形問題」と呼ばれ、多くの論争を引き起こしてきたが、ここでその細部に立ち入るつもりはない。「価格」と「（交換）価値」との関係は、現象と本質の関係であると考えておけばよい。貨幣との交換が直接に表現しているのは、無論、価格の方である。とすれば、貨幣を現象とするような本質が規定されなくてはならない。それを、（マルクスはそんな表現を使ってはいないが）ここでは〈抽象的他者〉、一般的な欲望を代表する――どの特定の具体的な他者でもない――〈抽象的他者〉と記しておこう。貨幣は、その〈抽象的他者〉の現象形態である。資本主義社会において、生産の目的は、この〈抽象的他者〉に承認される対象をもたらすことにある。承認された生産物が「商品」（交換価値としての商品）

である。〈抽象的他者〉の「抽象性」が、労働に投射されたとき、その労働は、「抽象的」労働として性格づけられる、と解釈することができる。

西欧における抽象的時間の誕生

抽象的人間労働の時間の上での長さが商品の交換価値の大きさと対応するとされる。このような観念が成り立つためには、活動や出来事から独立して均質に進行する抽象的時間の概念が必要になる。ここで、マルクスの論述から少し離れて、抽象的時間の成立に関係した社会史的な研究をかんたんに見ておこう。

G・J・ウィットロウの『時間　その性質』（一九七二年。邦訳は法政大学出版局、一九九三年［再刊］）等によれば、時計や暦によって測ることができる直進する時間が、ヨーロッパで一般的に定着するのは、十七〜十八世紀である。第3章で、科学関連の書物を扱うときに再びこの点を論ずることにするが、これは、科学史の研究者が「科学革命」と呼んでいる時期、近代的な科学の成立の時期に対応している。

科学史の泰斗、とりわけ中国科学史の権威であるジョゼフ・ニーダムによると、時間が独立変数で現象が従属変数となる関数というアイディアは、近代の西欧以外では独自には生まれなかった。たとえば、何らかの加速度をもった物体のt秒後の速度vに関して、v＝f（t）という関数で計算できるということになるわけだが、このように、現象を規定する独立変数（の一つ）としての時間という概念は、近代西欧以外の地域や文化では発明されなかったのだ。

ルイス・マンフォードは、時計は、時間を人間的事象から分離した、と述べている。マンフォードの考えでは、時間の抽象化は、時計と相関している。ここで念頭におかれている「時計」は、日時計とか水時計のような自然現象をそのまま利用した時計ではなく、機械仕掛けの時計である。西欧で、機械仕掛けの時計が造られ始めたのは、十三世紀末、または十四世紀初頭だという。機械仕掛けの時計の画期となるのが、十七世紀にクリスチャン・ホイヘンスによって発明された振り子時計である。

このような機械仕掛けの時計を発明したのも、西欧のみだった。ニーダムによれば、あらゆる技術において、中世ヨーロッパよりもはるかに優れていた、同時期の中国においても、均等に時間を刻み、かつ社会生活を規制することを第一義的な目的とする、機械仕掛けの時計は、開発されなかった。中国では、早くも紀元前二世紀に、「二時間」を単位とする等分の時間の体系をもっていた。それにもかかわらず、機械仕掛けの時計が造られなかったのは、驚きだ。知識や技術があれば、何かが発明されたり、活用されたりするわけではない、ということがここからわかる。宋代にあたる、十一世紀末に、水力を活用した、精緻な時計塔が設計された（おそらく天体の動きを観測するためだろう）。しかし、これが人々の生活に影響を与えた痕跡はまったくない。社会生活の方が、それを求めていないときには、機械仕掛けの時計は発明もされなければ、普及することもない。

われわれは、時間というものは、現象や人間の活動とは独立に、一定に進行すると考えている。眠っていようが、仕事をしていようが、時間は一定に進む、と。しかし、先にヌアー族の「牛時計」について述べたが、そのような時計によって測られている時間は、人間と牛との間の相互作用や季節・天候などによって、進み方が可変的である。かつては、このような可変的な時間の方が、主流であった。

それでは、ヨーロッパで、可変的な時間から一定の時間への移行がはたされたのは、いつのことだろうか。ル・ゴフ等の中世史研究が、この点で参考になる。中世の修道院では、生活が時間的に厳格に管理されていた。しかし、その時間は可変的な時間であった。つまり、祈り、食事、睡眠、そしてさまざまな作業は、状況や季節などによって可変的な時間によって組織されていたのだ。一定に進行する時間が最初に採用されたのは、中世後期の自治都市の中心部においてだった、という。西ヨーロッパの自治都市は、先立つ数世紀を通じて経済的に拡大し、大きくなっていた。そこでは、諸活動を調整するために、時刻を告げる鐘が用いられ始める。市場の始まりと終わりとか、労働の始まりと終わりとか、集会の開始とか、夜間外出の禁止とか、それ以降は酒の販売を禁止する時刻とかが、鐘を鳴らすことで知らされたのだ。そのときの時間は、一定に進行する時間だった。一定に進行する真に抽象的な時間が、修道院ではなく、都市で発生したという事実は、資本主義論にとっては興味深い。

とりわけ、十四世紀の布を生産する都市で導入され、普及していった「労働の鐘」は影響が大きかったようだ。布商人は、生産者を労働者として雇っていた。これは、ごく初期の資本―賃労働関係である。賃金は、日ごとに支払われていたため、労働日の長さを厳密に定義することが求められたのだ。最初に、それを求めたのは労働者の方だったが、雇い主である商人の方も、その方が都合がよいことを直ちに理解した。以前は、日の出と日の入りによって、労働時間が規定されていたので、労働時間は季節によって異なっていた。そのような「自然」の時間とは切り離された、一定の時間が、労働時間を測るために用いられるようになったのだ。これこそ、労働と結びついた抽象的時間の誕生と呼ぶべきものだろう。

現在われわれが使っている暦では、新しい一日は、真夜中に始まる。ほとんどの人が眠っている時刻に、新しい一日への移行がなされるという事実は、時間が、人間的な事象から独立した抽象的なものとして定着していることをよく示している。暦は、地域や文化によって非常に多様だが、一日の始まりは、日の出か日の入りであったりするようなケースの方が主流であった。真夜中に一日の始まりを設定するようなやり方は、いつ定着したのだろうか。それは、場所によってまちまちで一般的なことは言えない。とりあえず、ここでは、パリのパレ・ロワイヤルに、二十四時間の機械仕掛けの時計が設置されたのは、一三七〇年だったということだけを述べておこう。十四世紀の西欧の都市での変化は、非常に重要だった。

こうした歴史的事実は、抽象的人間労働についてのマルクスの理論を補強するものだと言えるだろう。この後、近代的な時間の成立をめぐる、歴史社会学的な著作を、検討してみよう。

3 ベネディクト・アンダーソン『想像の共同体』を読む

小説の時空

ベネディクト・アンダーソンの『想像の共同体――ナショナリズムの起源と流行』は、ネーション（国民）という、想像された政治共同体が、どのようにして形成され、また普及したかについて考察した名著である。一九八三年に出版された後、一九九一年、二〇〇六年に、増補版が出版された（白石隆と白石さやによる邦訳が、リブロポート、NTT出版、書籍工房早山から、それぞれ、一九八七年、一九九七年、二〇〇七年に刊行されている。それぞれ原著の一九八三年版、一九九一年増補版、二〇〇六年増補版に対応している）。

ここで、この著書の根幹部分となるナショナリズム論を検討するつもりはない。この本の中で、アンダーソンは、小説という文学様式の誕生について論じている。この部分は、「時間論」の観点から、たいへん興味深い。

小説を物語の一般と同一視してはならない。小説を小説たらしめているのは、ある種の「リアリズム（ほんとうらしさ）」である。そうしたリアリズムを備えた、小説としての小説は、西ヨーロッパに生まれた。それは、十七世紀末から十八世紀の前半にかけての時期である。フランス最初の小説とされている、ラファイエット夫人の『クレーヴの奥方』が（匿名で）発表されたのは、一六七八年で、やや突出して早い。イギリスの最も初期の小説家たち、つまりリチャードソン（『パミラ』『クラリッサ』）、デフォー（『ロビンソン＝クルーソー』）、フィールディング（『トム＝ジョーンズ』）が活躍した時代は、十八世紀初頭である。

小説的なリアリズムを可能にしているのは、ある種の文体である。その文体を支える中核的な要素は、アンダーソンによれば、「この間 meanwhile」という語である。小説は、「『この間』という言葉についての複雑な注釈」であるとまで、アンダーソンは断言している。たとえば、女Aは夫Bがいて、Cと不倫していたとして、そのCは、別の女Dを愛していたとしよう。小説では、「AとBが口論をしていた。この間、CとDは情事をしていた」とか、「AはCに電話をかけた。この間、Bは部屋で手紙を書いていた。この間、Dは買物をしていた」等と書かれる。このように「この間」を縦横無尽に使うことができるスタイル、これが小説である。[3]

「この間」のどこが革新的だったのか。「この間」は、抽象的な同時性を表現している。たとえば、「AとBが口論している」とき、彼らのすぐ近くで、彼らの目にはいるようなところで、「CとDは情事をしている」わけではない。「AとB」の組と「CとD」の組は、遠く隔たっていて、互いに自分たちが口論したり情事をしたりしているときに、相手が何をしているのかを知らない。にもかかわらず、二つの出来事（口論と情事）は、同時であり、関連しあっている。そのような同時性を表すのに、「この間」が用いられる。この同時性は、登場人物たちには知覚されたり、意識されたりしてはいないという意味で、抽象的である。『時間の比較社会学』について考察した中で、アフリカ人には「同時性」の観念がないとする、アフリカ出身の学者ムビティの議論に言及した。このときの「同時性」は、「この間」によって表現されるような抽象的な同時性である。「この間」という語は、さまざまな局所的な空間を部分として組み込んでいる、均質で抽象的な、そしてきわめて大きな——理念的には無限の——空間を前提にしている。たとえば、「AとBの口論がなされた部屋」と「CとDの情事がなされた部屋」は遠く離れているが、抽象的な均質空間に属している、という意味で、まずは互いに関係しあっている。したがって、「この間」のような語を自然に、そして自在に使いこなすためには、作者や語り手の視点が、それゆえ読者の視点が、その抽象的な均質空間を一挙に捉えることができる、超越的な場所——均質空間の外部の場所——に設定されていなくてはならない。こうした超越的な視点に実在性を感じることができるような、社会的コンテクストの中で初めて、小説は成立するのである。

国民の共同性

ネーションやナショナリズムの誕生を扱った書物で、「小説」という文学の様式の誕生について論じられているのはどうしてなのか。まず、確認すべきは、国民（ネーション）と小説は、ほぼ同時に現れた、という端的な事実である。初期の小説が登場したのは、西欧に初期のネーションの意識が生まれ始めた時期とほぼ重なっている。また、世界中どこでも、ネーションという社会的実体やナショナリズムという意識が成立するのとほぼ同時に、小説という文学の様式が導入され、まさに国民的と形容されるような偉大な小説家が登場する。このようなネーションと小説の間の同時性は、偶然の産物ではない。これには明確な理由がある。それがアンダーソンの仮説である。

しかし、これは、国民意識を鼓舞する小説がたくさん書かれた、という意味ではない。もちろん、そうした小説もあるだろう。しかし、国民意識やナショナリズムは、小説の唯一の主題ではない。小説とネーションとの間のつながりは、小説の内容から来るわけではないのだ。そうではなく、小説を可能にしたスタイルが、ネーションを支持する態度のそれと同じ形式的な構造を共有しているのである。

国民（ネーション）は、それ以前の共同体とどう違うのだろうか。国民を学問的に定義することは、非常に難しい。いずれにせよ、国民には、それ以前の共同体にはなかった、顕著な特徴がある。どんなに小さな国民でも、それを構成する大半の個々人は互いに直接に会ったこともなく、生涯を通じても間接的に知ることとすらない。これは、国民以前の共同体、少なくともメンバーの生活と意識をトータルに規定するような共同体にはなかったことだ。

国民以前の、結束力の固い共同体は、メンバーの間の直接的な関係のネットワークによって成り立ってきた。そのような共同体においては、メンバーは互いによく知り、親密であるがゆえに、互いを同朋と見なし、その仲間や共同体のためにときに献身的にふるまうのだ。そのような共同体においては、メンバーは、互いに直接的な友人や親戚であるか、十分に意識できる程度に近い間接的な友人や親戚（友人の友人、親戚の親戚、親戚の友人等）である。

だが、国民（ネーション）の連帯は、このような関係、直接に認知しあう関係に基づいているわけではない。ならば、それはどのようにして維持されているのか。ネーションにおいて、メンバーが、互いを同朋と意識し、また同一の共同体に属していると認識しあうとき、その感覚は、小説に「その間」という語法をもたらした構えと同じタイプの態度によって裏打ちされている。小説において、たとえば「口論しあうAとB」と「情事をしているCとD」は、互いを直接には認知しておらず、もしかすると、AとDは、小説の全篇を通じて会うことも、互いに相手の存在を知ることもないかもしれないが、同一の均質空間に属するがゆえに、「その間」によって関連づけることができるのだ。これと同じように、国民共同体において、個々人は互いに相手のことをよく知らず、直接に交流することもないが、同一の均質空間に属しているかのような感覚を共有しているのだ。(4)

「この間」という語を使用するためには、読者と作者の視点を、登場人物が所属する空間の外部にある超越的な場所に設定しなくてはならなかった。ネーションが社会的実体として結節するためには、これと類似の超越的視点を必要とする。言い換えれば、ネーションのような共同体が定着し、ときに人がそのために命を捧げてもよいと思うほどの忠誠心を引き出すことができたということ、この事実が、こうした超越的視点が社会的に実在し、機能していることの証拠にもなるのだ。ここで、マルクスの言う「抽象的人間労働」と相関している〈抽象的他者〉のことを思い起こしてもよいだろう。

歴史意識の誕生

ネーションを可能なものとする条件の一つは、このように、抽象的な同時性の観念を許容する抽象的時間である。これは、『時間の比較社会学』において、近代的時間の構成契機として挙げられていた二つの感覚のうちの一つに対応している。もう一つの契機、不可逆的に直進する時間という要素もまた、ネーションと深く関係している。しかも、それは、前者（抽象的同時性）とは逆に、共同体としてのネーションの具象性に関与している。

ネーションは、自身の歴史的深度に関して、逆説的な感覚をもっている。「（客観的には）新しいのに（主観的には）古い」という感覚である。歴史家や社会科学者の客観的な目で見るならば、ネーションやナショナリズムは、近代の産物である。二百年の歴史があれば、ネーションとしては、かなり古い方に属している。中世や古代の共同体や集団の中に、今日的な意味でのネーション（国民・民族）と見なしうるものは、一つもない。中世の王国や古代の帝国や、あるいは日本の幕藩体制等々は、ネーションではない。ネーションに対応するラテン語は古代よりあるが、その指示対象も意味も、われわれが言うネーションとはまったく異なる。ナショナリズムという語が生まれたのは、十九世紀後半である。要するに、ネーションは、客観的に見れば、間違いなく近代になって生まれたものである。

ところが、ネーションのメンバーやナショナリストは、ネーションの起源を、実際よりもはるかに古いところに求めたがる。彼らは、できることならば、ネーションの起源を古代に見ようとするのだ。たとえば、「日本」の起源を、邪馬台国とか縄文時代とかに見るのだ。このように、ネーションには古さへの愛着、自分自身の歴史的深さへの強い執着がある。それは、ネーションの客観的な現実をはるかに超えている。

歴史学や考古学のような学問の権威の、突然の高まりは、おそらく、ネーションの成立と関係している。ヨーロッパの学問、ヨーロッパの大学において、もともと、「歴史」は重要な位置を占めてはいなかった（自由七科に「歴史」は含まれていないし、「歴史」を教える専門学部もなかった）。ところが、近代（十九世紀）になって、急に、歴史学は、中核的な学問分野の一つに格上げされる。主要な大学に、歴史学の講座が設けられ、学会が形成されたり、専門誌が発行されたりするのだ。そして、もちろん、ランケやミシュレのような偉大な歴史学者が、十九世紀の半ばに続々と登場した。西欧において歴史学の地位が急上昇していた時期は、フランス革命以降の時期にあたり、各国でナショナリズムの嵐が吹き荒れていた時代と、ほぼ重なっている。歴史学は、ネーションの古代への愛着を学問的に洗練させて継承したと解釈してよいのではないか。

＊

だが、どうして、ネーションは、自分自身の客観的な実態をはるかに超えた古さに愛着を示すのだろうか。その理由を説明するのは、そう簡単ではなく、アンダーソンも、この点に関して、どのような仮説をも提供してはいない。ここでは、最終的な回答ではないが、探究のための手がかりとなる、次のメカニズムだけは指摘しておこう。それは、概念的な理解にとっての、具体的な「イメージ」の役割ということである。

たとえば、「鳥」という概念を理解するという例で考えてみる。「鳥」は、「鳥」の集合を必要かつ十分に定義する条件の束によって定義できる。「くちばしをもつ卵生の脊椎動物で、一般には体表が羽毛で覆われた恒温動物で、前肢が翼になっており……」と。しかし、こうした条件を頭に叩き込んでも、「鳥」が何であるかをよくわかった、という気分にはなれまい。「鳥」を理解するためには、典型的な鳥についての具体的なイメージが必要だ。どんなイメージをもつかは、人によってさまざまだが、ハトやワシに似たような鳥の、空を飛ぶ姿や枝に留まっている姿であるケースが多いだろう。「鳥」の絵を一つ描いてください、と言われて、ペンギンやダチョウを描く人は少ない。ともかく、「鳥」という概念を理解するためには、典型的な鳥についてのイメージをもつことが不可欠である。しかし、そのイメージは、同時に、「鳥」の概念を歪めて表現するものである。原理的にはどの鳥の種も平等に「鳥」概念に下属しているはずなのに、典型的な鳥のイメージを中心においた場合には、そのイメージに類似していて、「鳥」の代表のように見なされる種もあれば、典型から遠く、周辺的であると見なされる種も出てくる。さらには、ときには、概念の上では鳥類の一種であるはずなのに、鳥というカテゴリーの外へとはじき出されてしまう鳥さえ出てくる（「ペンギンは空を飛ばないから鳥じゃない」等と）。しかし、それでも、「鳥」いう概念を真に納得するためには、人は「鳥」の典型のイメージを必要とする。

さて、これと類比的なメカニズムが、ネーションという共同性が結晶するときには必要になる。ネーションは、今しがた述べたように、互いのことをよく知ることのない市民たちの抽象的な集合である。しかし、その集合が、内的な結束力をもつためには、概念にとっての典型的なイメージに対応する働きを担う要素が必要だ。つまり、人々が、「それ」に自分たちを投影することを通じて、互いの間の、ときには世代を超えた有機的なつながりを実感できるような、典型的なイメージによって補完されなくては、市民の集合は、運命共同体としてのネーション（国民）へと転換することはない。そのイメージのことを、ナショナリズムの研究家は、「エトニ（民族）」と呼んでいる。「血」や

「土地」によって運命的に結びついた共同性としてのエトニである。

歴史の必要性は、ここから出てくる。エトニにとって重要なことは、自分たちを他者たちから分かつ具体的特徴である。その特徴は、他者たちと自分たちをより明確に分けることができればできるものであるほど、望ましい。そうした具体性を確信するための手がかりとなるのが、歴史、自分たちの来歴を表現する物語である。歴史は、こうして、ネーションにとって不可欠の意匠となるのだ。ネーションは、こうして抽象的な時間と並んで、具体的な物語によって充実した直進する時間を必要とする。

4　エルンスト・カントーロヴィチ『王の二つの身体』を読む

法人としての王

カントーロヴィチの『王の二つの身体』は、西欧中世の政治神学についての大著で、一九五七年に発表された（邦訳は小林公訳、ちくま学芸文庫）。西欧の王権は、王の内に二つの身体が統合されている、とするアイディアを形成した。二つの身体とは、自然的身体と政治的身体である。「二つの身体」論が最終的に完成したのは、絶対王政期である。しかし、それは、一夜にして一挙に造られたわけではない。西欧の王権は、「二つの身体」論の形成に、中世のほぼ全期間をかけた。その形成のための苦闘をたんねんに追ったのが、本書である。ここでは、この大著の全体を扱うつもりはない。本書には、「時間意識の歴史学」として、きわめて興味深い論点が含まれている。その論点だけを、ここでは検討してみよう。

王が、誰もがもつ自然的身体の他に、政治的身体をもつということは、王自身が、単独法人になった、ということを含意している。「二つの身体」論は、王と王国が「法人」としての位格をもったときに完成する。ところで、これらは、最も初期の法人（の中の二つ）でもある。したがって、カントーロヴィチのこの著作は、法人概念の生成プロセスを扱った歴史書として解釈することもできる。

私の考えでは、法人としての王国は、ネーションの先駆形態である。それは、まだネーションではない。ネーションの卵、ネーション以前のネーションである。この意味では、本書は、『想像の共同体』に接続する仕事でもある。(5)

ともあれ、ここで重要なことは、「時間」である。「二つの身体」という主題と、「時間」というテーマはどのように関係しているのか。「法人」が成立するためには、時間の概念の大きな転換が必要だったのだ。時間を通じての「連続性」ということが認められなくては、「法人」はありえない。ある組織が法人だった場合、その法人としての同一性は、メンバーが入れ替わったり、死んだりしても変わらず持続しなくてはならないからである。王の政治的身体も法人なので、自然的身体が死んでも持続し、王国の同一性を裏打ちしてきた。

しかし、この「連続性」という観念は、容易には認められなかった。この事情を、カントーロヴィチは、ていねいに紹介している。何が決め手となって、「連続性」の観念が確立したのか。

天使の時間

ヨーロッパの中世キリスト教世界においては、時間 tempus は、基本的にははかなさの代名詞である。地上における、最も長く継続する物でも、その存続の期間は、神による創造の日から最後の審判のときまでの時間幅を越えることはない。中世の人々の観点からすれば、創造は、それほど深い過去のことではない。まして、審判の日は、差し迫ったものと感じられていたに違いない。すべての物は、創造から審判までの時間よりも短い期間の間に、生成し消滅しなくてはならなかった。

しかし、アリストテレス哲学の影響を受けたアヴェロエス主義者たちは、こうした「時間 tempus」の教説に反する観念を提起した。アヴェロエス主義者は、世界は創造されたものではなく無限に連続している、とする説を提起したのだ。これは、キリスト教信仰の基本的な設定を否定する説なので、教会当局は、これに対抗して「断罪された謬説」のリストを作成している。教会は、次のような主張は誤謬であると宣言した。「運動には始まりも終わりもない、天体は創造されたものではない、人類最初の個人は存在しない、人類最後の個人は存在しないだろう……」。この長大なリストを読んでいると、教会が、はかなさの象徴としての「時間」にいかに徹底してこだわっていたかが、よくわかる。

もともと、中世の初期から――アウグスティヌス以来――「永遠 aeternitas」の観念はあった。しかし、これは、無時間的な永遠、神の存在に対応した永遠である。「神の国では永遠の生を得る」というときの「永遠」は、これに対応していて、「静止せる現在」という言葉が「永遠」の表現にはふさわしい。このような無時間的な永遠は、当然ながら、「法人」の基礎にはなりえない。

ここで、少しばかり、カントーロヴィチの記述を離れ、但し書き的なことを述べておこう。中世においては、今述べたように、時間内のあらゆる存在者ははかなく、やがて消滅すると見なされたが、この章の冒頭に紹介したような、ボーヴォワール的な意味でのニヒリズムに人々が苦しむことは絶対になかった。神と神の国の「永遠」が最後に用意されていて、生を意味づけてくれたからである。ボーヴォワールの困難は、このような「永遠」を失ったとき、その喪失をいかにして補償するのか、という問題だったと言うことができるだろう。

カントーロヴィチの論述に、つまり西欧の中世にもどろう。述べてきたように、中世のキリスト教世界は、「時間／永遠」の二項対立をコスモロジーの基本軸としており、前者「時間」は無常性やはかなさを代表していた。だが、中世の後半――十二世紀以降

――に入ると、スコラ哲学者や神学者の中に、「時間／永遠」の二項対立を再検討する者が出てきた。そうした思索の中から、やがて、「永続 aevum」という第三のカテゴリーが重要な観念として浮上してきた。永続こそ、時間を通じた持続性、無限の時間を含意する観念である。しかも、永続は、アヴェロエス主義者の主張した無限の時間、創造と終末とを否定する永遠の循環を意味する概念ではなく、キリスト教信仰と両立する観念として受け入れられた。

ここで、カントーロヴィチは、すこぶる興味深いことを付け加える。永続という第三のカテゴリーを、単純に導入することはできない。無時間的な永遠は、神に対して現れる。つまり、それは神に帰属している。それに対して、有限のはかなき時間は、人間のような被造物に帰属している。神と人間の対照しかなければ、永遠でも時間でもどちらでもない時間的な観念は生まれるはずがない。永続という観念が生まれるためには、それの帰属先となる、神でも人間でもない何かが必要だ。カントーロヴィチによると、その役割を担ったのは、天使だった。天使もまた、被造物だが、人間とはずいぶん違う。天使は肉体をもたない不可視の存在であり、最後の審判を越えて生き延びることになっている。永続は、天使に帰属する時間、天使に対して現れる時間の様相である。

整理しよう。まず、神の立場に帰属する永遠と、人間の立場に帰属する有限の時間の対立があった。さらに、神と人間の中間に位置する天使に積極的な役割を与えたことで、時間に内在しながら無限に持続する実体に、明示的な身分が与えられたのだ。これが、

「法人」という概念の可能条件の一つであることは、容易に理解できるだろう。

時間に内在しつつ、持続的に同一性を保つ存在という主題は、もちろん、中世哲学最大の争点と直結している。「普遍」や「類」は、実在するのか、それとも名目的なものに過ぎないのか。それがその争点だ。「普遍」や「類」も、個体の生滅を越えて、持続的に実在する。実際、トマス・アクイナスが、個々の天使は、それぞれ、一つの「類」を表現している、という説を唱えていた。「類」や「普遍」は、天使の視点に相関してたち現れているのだ。ここから、さらに次のように考えることはできないだろうか。前節で、『想像の共同体』に従いながら、ネーションは、小説の読者＝作者の視点と類比的な超越的なポジションに対応している、と論じた。この小説の読者＝作者の視点は、中世における天使の立場の世俗化された末裔ではないか。

イスラムではなぜ？

しかし、以上のような理論的・哲学的な変化だけでは、「永続」の概念が一般に普及するには至らないし、さらに「法人」のような制度が成立することもない。永続、つまり時間に内在する無限の持続性ということが普及するためには、その概念を要請する社会的原因、人々の実践に即した要因が必要である。この点についても、カントーロヴィチは、きわめて興味深いことを論じているのだが、ここでは、紹介を省略して、先に進まざるをえない。

ただ、カントーロヴィチを離れて、ひとつの疑問を提起しておきたい。イスラムとの対比に関係した疑問である。どうして、イスラム世界では、資本主義が独自に誕生しなかったのか。どうして、イスラム世界は、現在でも、資本主義が十分に発達しないのか。これはしばしば提起されてきた問いである。この問いに対する、きわめて有力な回答の一つとして、イスラム教の下では、法人なる制度が許容され、定着することがなかったからだ、という説明がある。イスラム法は、人間以外のものに、個人の集合に、擬制的な主体性を与えることが、どうしても許せなかったのである。その法人という主体は、死ぬことがない。礼拝等の宗教的な義務を果たすことができないとすれば、その法人の宗教的な身分をどう解釈するかも問題だ。法人は、イスラム教にとっては、たいへん都合の悪いアイディアであった。

だが、キリスト教世界では、法人という制度が発明され、今日見るように、大いに普及したではないか。どうして、同じ一神教なのに、こうした違いが出たのだろうか。『王の二つの身体』は、キリスト教世界でも、法人はそう簡単には生まれなかった、たいへんな難産だった、ということを語っている。が、いずれにせよ、生まれた。その際、重大な決め手になったのは、「天使」だった、とカントーロヴィチは示唆している。

しかし、そうだとすると、疑問がさらに深まる。イスラム教にも、天使がいるからだ。というより、「天使」に関しては、キリスト教よりもイスラム教の方がはるかに明解な身分を与えている。キリスト教の聖書に天使が登場するので、神の被造物の中に天使がいたことは確かなようだが、いつ、どの段階で神が天使を創造したのか、はっきりしない。キリスト教では、神と天使との関係もはっきりと規定されていない。しかし、イスラム教では、違う。最も重要な六つの信仰対象の中に、アッラーや使徒（ムハンマド）等と並んで、天使が最初から含まれているからだ。被造物としての天使は、イスラム教では、きわめてはっきりとしたポジションをもっていた。

ならば、どうして、イスラム教の下では、法人が生まれなかったのか。ここで、一つの仮説を提起しておこう。キリスト教においては、天使の背後で、何か別の要因が働いていたのだ、と。それは、イスラム教にはないものであり、その要因によって、もともと宗教的にはあいまいな地位しかもたなかった天使が、中世において絶大な力を発揮したのではないか。その要因とは、何であろうか。天使が、神と人間を媒介する中間的な存在であることを思えば、その要因に自然に導かれるだろう。そうである。その要因とは、神であり、人間でもあるキリストだ。法人をもたらした究極の原因は、キリストだったのではないか。

こうして、われわれは、資本主義という主題に回帰した。キリスト教という主題をもともなって、である。そこで次に読むのは、社会学の古典中の古典の一つ、マックス・ヴェーバーの『プロテスタンティズムの倫理と資本主義の精神』である。

5　マックス・ヴェーバー『プロテスタンティズムの倫理と資本主義の精神』を読む

カルヴァンとカンダタ

『プロテスタンティズムの倫理と資本主義の精神』（以下『プロ倫』）は最初、一九〇四―〇五年にかけて、雑誌発表された。大塚久雄によるすぐれた邦訳がある（岩波文庫）。本書は、近代社会の本質的な構成要素である「資本主義の精神」の起源に、プロテスタンティズムに由来する生活態度（エートス）、とりわけカルヴァン派の教説に規定された倫理的生活態度がある、ということを証明した、古典的な名著である。この著作は、「世界宗教の経済倫理」と題された、超大型の比較社会学的な研究プログラムの一部と位置づけられている。この書物『プロ倫』を、時間をめぐる社会学として読むことができる。資本主義の精神の形成にとって、最も重要な意義を担った、カルヴァン派の予定説は、時間についてのきわめて特異な態度を前提にしているからである。

この点を論ずる前に、真木悠介の『時間の比較社会学』に少しばかり回帰してみよう。近代社会の時間意識の分析の中で、カルヴァンの次の言葉に、その後の近代のさまざまな思想家や文学者の感受性を位置づけるための原点のような意義が与えられている。

私は自分が絶えず連続的に流れて行くのを見る。自分がいまにものみこまれようとするのを見ないような瞬間がすぎて行くことは一刻もない。しかし神はその選ばれた人たちを、彼らが決して水に沈まないようにささえているのだから、私はかたく信じる、数限りなくやってくる嵐にも拘らず私が依然として残るであろうことを。

まず、ここには、離人症に似た自我と時間の崩壊感覚がまずある。しかし、その崩壊感覚は、神の存在の仮定によって、神の存在への確信によって克服されている。この離人症的な感覚は、他者に対する個人の非依存性・自立性を称揚する集合態（市民社会）の社会構造に原因がある、とするのが、真木悠介の分析である。

ここでカルヴァンが描写しているイメージを、芥川龍之介の「蜘蛛の糸」のカンダタと比較してみるとよい。両者が描いている状況は似ている。神が、地獄に沈まないように、「私」を支えたり、吊るしたりしてくれているのだ。しかし、その後に違いがある。「蜘蛛の糸」は、自分だけ助かろうとしたカンダタの浅ましさを非難している。それとは対照的に、カルヴァンは、自分だけが助かるだろうという強い確信をもっており、そのことにいささかの痛痒も覚えていない。

しかし、ここでは、『プロ倫』を活用して、これとは異なった側面を、カルヴァン派の論理と倫理から引き出してみよう。

資本主義の精神

「資本主義の精神」という語は、肥大化させた欲望を充足させ、快楽を追求する人間類型を連想させる。しかし、ヴェーバーの「資本主義の精神」とは、そのような態度を指しているわけではない。資本主義の精神とは、「資本」の増加を義務として引き受ける生活態度である。営利は、物質的な欲望を満たすための手段ではなく、それ自体、生きることの目的である。人は、あらゆる幸福や快楽を放棄して、貨幣の獲得と増殖に勤しまなくてはならない。資本主義の精神は、それゆえ、通念とは逆に、徹底した禁欲を、いわゆる「世俗内禁欲」を要求する。つまり、「祈りかつ働け」という、修道院での禁欲的生活（世俗外禁欲）を、日常のまっただ中で実践することを要求するのだ。これが、資本主義の精神の「原型」である。やがて、それは、堕落し、変質することにはなるが、まずは、「資本主義の精神」がこうした状態を指していることを理解しておかなくてはならない。

ヴェーバーによれば、世俗内禁欲を中核においた資本主義の精神は、プロテスタントの生活態度から出てくる。プロテスタントの教説の中でも、ヴェーバーがとりわけ重要だと見なしたのは、カルヴァン派の予定説である。予定説とは、全知の神は、誰を救い、誰を呪うかということをあらかじめ決定しており、人間の行為によって、これを変更することはできない、とする教説である。しかも、人間の方では、この神の予定の内容を、つまり救われているのが誰で、呪われているのは誰なのかということを知ることができない。「救われる」とは、最後の審判において「合格」の判決を受け、神の国に入り、永遠の生を享受する、ということであり、「呪われる」とは、最後の審判で「不合格」になり、永遠の業火に苦しむこと(あるいは永遠の死滅)である。個々の信者の立場から見ると、自分が救われるか呪われているかどちらであるかはすでに決まっているのだが、どちらに決まっているかは分からず、そして、どちらであったにせよ、何をしても、その決定を変えることはできない、ということになる。

だが、予定説は、いかにして資本主義の精神につながるのか。予定説から世俗内禁欲がもたらされたのだとすると、これはとてつもない逆説ではないか。たとえば、教師が、その学期の授業の前に、生徒たちに対して、こう宣言したとしよう。「君たちの合否の判定はすでに決めてある。君たちが何をしようが――つまり勉強しようが怠けようが――その結果を変えることはできない」。生徒たちは、この宣言にどう反応するだろうか。彼らは熱心に勉強するだろうか。絶対にそんなことはない。ほとんどの生徒たちは、怠けるに違いない。だが、予定説によって世俗内禁欲がもたらされたとすれば、それは、神がこの教師と同じようなことを宣言しているのに、生徒たちが熱心に勉強している、というケースにあたる。これはまことに奇妙なことである。

生徒に勉強をさせたかったら、教師は、反・予定説的なことを生徒に伝えなくてはならない。つまり、彼は生徒に、よく勉強すれば合格する――あるいは少なくとも合格の確率が高まる――と言わなくてはならない。実際、ほとんどの場合、この反・予定説的な通告は功を奏し、生徒たちは（ある程度）努力し、勉強するようになる。

しかし、予定説が世俗内禁欲をもたらしたということは、これに真っ向から反する状態を指している。つまり、どんなに努力しようが、それが報われることは決してない、と先生が宣言しているのに、なぜか生徒が刻苦勉励している、という状態を、である。この逆説は理解し難い。実際、『プロ倫』には、一九〇五年の発表以来今日に至るまで、とてつもない量の批判が浴びせられてきたが、その大半は、この逆説がまったく理解できない、という点に由来している。

さらに疑問を付け加えておこう。あなたが何をしようと、たとえば道徳的にふるまおうと、熱心に聖書を読もうと、あなたの救済にはいささかも影響しないとする、無慈悲な神を、人々はどうして信じたのだろうか。実際、イギリスの詩人ミルトンは、地獄に堕されようと、そのような神をとうてい尊敬できない、と明言している。クリスチャンにとっても、予定説の神を受け入れるのには、かなりの抵抗があったのだ。それでも、かなりの数の人々が、この予定説の神を信仰した。ヴェーバーによれば、近代社会への最も重要な一歩を踏み出し、結果的に、グローバルな社会全体を変えたのは、予定説を信じたプロテスタントだった。そのくらいのインパクトを与えるほどの人々が、予定説を受け入れた、ということになる。ふしぎなことではないか。

予定説がどのような論理で世俗内禁欲へと結びつくのか。以下では、このことを、ヴエーバーの論述を離れて、彼とはいささか異なった方法で説明してみよう。

ニューカムのパラドクス

予定説と世俗内禁欲との関係は、ウィリアム・ニューカムという謎の量子力学者が見出したパラドクスと同じ構造をもっている。(6) このことに気づいたのは、政治哲学者のジャン＝ピエール・デュピュイである（『経済の未来』［二〇一二年。邦訳は森元庸介訳、以文社、二〇一三年］参照）。

ニューカムのパラドクスは、独特のゲーム状況から導かれるものである。今、目の前に二つの箱が置かれている、とする。透明で中が見える箱と不透明なブラックボックスである。透明な箱Aの中には、1000万円の札束が入っているのが外から確認できる。不透明な箱Bは、空っぽであるか、もしくは10億円が入っているかのいずれかであるとされている。

A　透明な箱　　　1000万円
B　不透明な箱　　0円　または　10億円

ここで行為者に選択肢が与えられる。「AかBのいずれかをとりなさい」という選択であれば、このゲームは、たいした含みのないつまらないものになる。この場合には、

Aを選ぶ者もいれば、Bを選ぶ者もいるだろう。違いは、行為者の性格による。慎重な人はAをとるし、大胆な人はBをとる。ただ、それだけのことである。

ニューカムが考案したゲームでは、行為者に示される選択肢は、「AかBか」ではなく、次の二つである。Bのみをとるか、もしくは、AとBの両方をとるか。

H_1 不透明な箱B
H_2 透明な箱A+不透明な箱B

行為者は、H_1かH_2のいずれかを選ばなくてはならない。このゲームは「AかBか」というゲームよりもさらにいっそうつまらないように思われるだろう。この場合、行為者がとるべき選択肢は、H_2に決まっているからである。どちらにせよ、不透明な箱Bをとることはできる。箱Bが空の場合も、また10億円入りの場合もどちらであっても、H_2の方が得である。H_2をとっておけば、最悪でも、1000万円を得ることができる。合理的な行為者であれば、一〇〇%、H_2の方を選ぶだろう。だが、ニューカムは、このゲームに、もう一つのひねりを加えるのだ。

その工夫を説明する前に、このゲームが予定説や世俗内禁欲とどう対応しているのか、その点を明らかにしておこう。賭の要素は、もちろん、不透明な箱に何が入っているのか、という点にある。Bが空だった場合が、最後の審判で否定的な判決をもらい、呪われた状況に対応する（永遠の死）。Bの中に10億円が入っていた場合は、最後の審判に合格し、救済された状況に対応する（永遠の生）。では、H_1とH_2という二つの行為選択肢の意味は何か。H_1が、世俗内禁欲の原理に基づき、勤勉に働くことに対応している。H_2は、勤勉には働かないこと（怠惰に過ごすこと）に対応している。H_1とH_2の違いは、目の前に見えている1000万円をとるかとらないか、である。Aの箱をとらないH_1は、直近の快楽を断念していることを意味しており、H_2は、断念せずに、その快楽にすぐ飛びついていることを意味している。そう考えると、H_1が世俗内禁欲に似ていることがわかるだろう。整理すると、次のようになる。

不透明な箱Bに　0円：永遠の死　10億円：永遠の生（救済）

H_1：世俗内禁欲　H_2：禁欲せず

さて、このままの状態であれば、このゲームでは、百人中百人が、H_2を選ぶ。合理的な行為者がわざわざH_1をとる理由は、一つもない。

だが、ニューカムは、このゲームに一つの条件を付ける。「予見者」を導入するのである。この予見者こそ、不透明な箱Bに何を入れるかを決める権限をもつ。予見者が、Bを空っぽにしておくか、それともその中に10億円を入れておくかを決めるのである。

彼は、どうやって0円か10億円かを決めるのだろうか。予見者は、「行為主体がH_1を選択するだろう」と予想した場合に限って、Bに10億円を入れておくのだ。予見者は、行為主体の選択の前に、行為主体がH_1をとるかH_2をとるかを予想する。H_1が選ばれると彼が予想した場合には、Bに10億円が入れられ、H_2が選ばれるだろうと予想した場合には、Bに何も入れない。ただし、行為主体には、もちろん、予見者が何を予想したかは教えられない。ただし、「予見者がH_1を予想したときにのみ、Bには10億円が入っている」ということは、行為主体に教えられている（そして、選択を終えて、箱を開けたとき初めて、彼は、予見者が何を予想したかを知る）。すぐにわかるように、この予見者こそが、神に対応している。

さて、このような設定のゲームにおいて、行為主体は、どちらを選択するだろうか。H_1とH_2のうちのどちらの選択肢が、行為主体にとって合理的な選択肢であろうか。一瞬、行為主体はH_1を選択するはずだ、と言いたくなるが、よく考えてみれば、この場合でも、予見者がいないときと同じように、H_2の方が合理的である。ゲーム理論の専門家ならば、全員、H_2の方を支持するはずだ。H_2の方が、ゲーム理論で言うところの「支配戦略」である。支配戦略とは、相手（この場合には予見者）の出方を考慮に入れたときの最適の戦略（選択肢）のことである。H_2が支配戦略であることは、次のように考えれば、確かめられる。自分自身が行為主体であると想定して推論してみよ。まず、「私」の選択に関する予見者の予想は、H_1かH_2のいずれかである。

（1）予見者の予想がH_1であったとき。
箱Bには10億円が入っている。

私（行為主体）がH_1（Bのみ）を選択した場合には、私は「10億円」を得る。

私がH_2（AとB）を選択した場合には、私は、「10億円＋1000万円」を得る。

したがって、私にとってH_2の方が有利である。
（2）予見者の予想がH_2であったとき。
箱Bには何も入っていない。

私がH_1（B）を選択した場合には、私は1円も得られない。

私がH_2（AとB）を選択した場合には、私は「1000万円」を得る。

したがって、私にとってH_2の方が有利である。


このように、予見者がいてもいなくても、行為者の合理的な選択はH_2になる。ところが、予見者がいるゲームでは、愚かではないのに、H_1の方を選択する者がいるのだ！これがニューカムのパラドクスである。このH_1（世俗内禁欲）を選択する者こそ、予定説を信奉するカルヴァン派の信者である。ヴェーバーが『プロ倫』に記したテーゼの逆説の本質を、ゲーム理論的に形式化すると、以上のようになる。

どうして、一部の行為者は、不合理でもないのに、H_1を選択するのか。その理由がわかれば、ヴェーバーのテーゼを理解することができる。これから、今、定式化したゲームに即して――つまりヴェーバーの論述をただ追いかけるというかたちではなく――、この理由を解明してみよう。このことを通じて、われわれは、やがて、予定説の思わぬ含意を、ヴェーバーのテーゼが意味していたことを超える含意を引き出すことになるだろう。つまり、予定説の内に示されている態度を徹底させていった場合には、実際のカルヴァン派の信者がやっていたことを超えることが、カルヴァン派の信者の現実の行動とは異なることが、引き出されるのである。もっとはっきりと言えば、予定説から予定説の否定が導き出されるのだ。

カルヴァン派の無意識的推論

H_1を選択する行為主体の無意識の推論を、その行為主体の立場で再現してみよう。その際に、絶対に忘れてはならないポイントは次のことだ。支配戦略であるH_2ではなくH_1の方をあえて選択するというパラドクスは、予見者がいる場合にしか生じない。単に結果を予想するだけの人物が、どうして、そんな効果を生むのか、どうして予想が現実に影響を与えるのか、このことの意味を徹底的に考え抜くことが肝心である。

行為主体である「私」は、無意識のうちに、次のように推論する。予見者＝神は、私が、何を選択することになるかを、最初から知っている……これが、行為主体＝私の大前提である。この前提は、言い換えれば、予見者があらかじめ（私の選択の前に）、事後の視点（私の選択の後に属する視点）をもっている、ということでもある。この前提によれば、予見者は、本来であれば私が選択してしまった後にわかるはずのことを、最初から知っていることになるからだ。行為主体である私は、事後の視点の存在を、予見者に帰属させるかたちで想定しているのである（逆に言えば、予見者が存在しなければ、事後の視点を想定することはできない）。この前提の下で、どのように推論は展開するのか。

私がH_1を選択したとしたらどうだろうか。それは、予見者である神が、過去において、私がとるだろう行為としてH_1を予想していたことを意味する。逆に、私がH_2を選択したらどうか。もちろん、このときには、予見者＝神が、過去において、H_2を予想していたことになる。私が、10億円を得る（救済される）のは、予見者＝神が、H_1（世俗内禁欲）を予想していたときだけである。それならば、私は、「予見者＝神が、私の将来の行為としてH_1を予想していた」ことになるように、実際に、H_1（世俗内禁欲）を選択しよう。……これが、行為者の無意識の推論である。

こうして、支配戦略H_2を裏切る、ニューカムのパラドクスが導かれる。あるいは、予定説の下で、信者の世俗内禁欲が生ずる。

〈突き抜けられた予定説〉

以上は、『プロ倫』でヴェーバーが言いたかったことの論理的な核を、ゲーム理論の形式へと書き換えたものである。われわれは、この定式を借りて、さらに前に進むことができる。

行為主体である私がH_1を選択するまでの無意識の推論をもう一度、振り返ってみよう。この推論の通りであるとすれば、ある意味で、「私」は、過去（の条件）を変化させる自由をもっている、ということになる。私が何を選択するかによって、（未来のすべてを予定＝予想する権能をもつ）予見者＝神が何を予定していたかが決まるからである。とするならば、その含意は、またしてもきわめて逆説的である。

予定説は、運命論的な決定論である。神が世界の運行をあらかじめ予定しており、すべては、まさにその通りに展開する。だが、今、確認したことは、予定説のポテンシャルを徹底して引き出した場合には、予定説そのものが根本から否定される、ということである。なぜならば、行為主体は、ある意味で、過去さえも書き換え、決定できる、ということになるからだ。

普通は、過去は既定的であり、未来には開かれたさまざまな可能性がある、と考えられている。その上で、予定説は、未来すらほんとうは開かれておらず、神が予定しているのだ、と教える。だが、その予定説を徹底させようとすると、未来だけではなく過去さえも、現在の選択によって、不断に書き換えられている、という結論を受け入れなくてはならなくなる。本来は、運命論だった予定説から、逆に、驚異的な自由が引き出されることになるのだ。このように、自己否定にまで導かれた予定説を、〈突き抜けられた予定説〉と呼ぶことにしよう。あるいは、通常の「予定説」と区別して〈予定説〉と表記することにしよう。

〈突き抜けられた予定説〉の意味を、さらに精査してみよう。それが含意している「自由」は、今述べてきたものよりさらに大きい。ここまでの「自由」は、まだ全知の予見者の予想を確認したり、書き換えたりする自由である。しかし、予見者が予想（予定）していた運命を否定する自由すらも、〈予定説〉から引き出すことができるのだ。論理を、さらに先まで追ってみよう。

事後の視点の二つの効果

もう一度、ニューカムのゲームに戻ってみる。支配戦略をとる行為者と、カルヴァン派の行為者とでは、どこに根本的な相違があって、異なった選択が導かれるのだろうか。前者は、予見者の予想は不確実であり、的中するかもしれないが、はずれることもありうる、と考えている。後者は違う。彼は、未来において、つまり事後において明らかになることを予見者は「すでに（最初から）知っている」と確信しているのだ。この予見者の視点の位置を、フランス語の文法用語を用いて正確に言えば、前未来形（未来完了形）ということになるだろう。未来において「すでに終わっている」という形式で現れることを、予見者はもう知っている、ということになるからだ。前未来形で記述される、未来の他者の存在をリアルに実感できるときに、「予定説」は〈予定説〉へと転回することがらの帰趨をもう少し眺めてみよう。

ここで、われわれは「事後の視点」、つまり決定的な出来事が起きてしまった後の視点の独特の性格に注目しなくてはならない。事後から振り返ったとき、われわれは、その決定的な出来事までの過程が、まさに必然であった、なるべくしてこうなったのだ、ということを確認することになる。事前においては、そんな出来事は起きそうもない、起きるはずがない、と思っていた。しかし、事後から見ると、むしろ、その出来事は必然のようにして起きたのであり、それは運命だったかのように感じられてくる。

たとえば、現代の日本人は、３・11の原発事故を基準にして、事後を生きている。原発事故の前には、ほとんどの日本人は、大規模な事故など起きるはずがない、起きそうもない、と感じていた。ひとつの論理的な可能性として、原発事故もありうることを人は知ってはいたが、しかし、それは机上の計算から導かれる空疎な可能性であって、事故が起きる現実的で、切迫した可能性を実感していたわけではない。しかし、事後から振り返ると、ことがらの様相がまったく異なって見えてくる。事故は、現実にはありそうもない空疎な可能性どころか、むしろ、起きるべくして起きたことであり、ほとんど必然の結果であったと感じられるようになるのだ。その事故が生起しないですむ、ということの方が、むしろとうていありそうもないことだった、と。原爆の被爆国でありながら、日本人が核兵器やそれにつながる技術を廃絶しようと本気にはとりくまなかったこと、地震の頻発地にわざわざ原発を次々と建設してきたこと、津波の可能性を十分に考慮しなかったこと、老朽化した原子炉を使い続けたこと、……これらのことが連続していれば、事故が起きない方がふしぎではないか。そのように見えてくるのだ。

このように、事後から振り返ると、その決定的な出来事までの過程が宿命であり、必然であった、と見えてくる。ここで、次のように考えればよい。この事後の視点に見えていることを、最初から知っていれば、それこそが、(「予定説」の)神なのだ、と。

だが、事後の視点には、もう一つの別の効果、別の側面もあるのだ。決定的な出来事までの過程は必然であったという印象とは逆に、いやむしろ、そのように見えるがゆえになおのこと、その出来事を避けることもできた、その出来事が起こらないようにすることも可能だった、とも見えてくるのだ。事後から回顧すると、決定的な出来事に至るまでの過程の、一つひとつのポイントで、その出来事を結果的に回避することになる、異なる選択肢や可能性が実はあった、ということがまざまざと見えてくる。それらの異なる選択肢や可能性は、実際には、現実化することに失敗した。しかし、事後からは、それらは「十分にありえた異なる道」としてたち現れることになる。だが、渦中にあったときには、つまり事前においては、それらの、異なる選択肢や可能性は、たとえば一部の人の念頭をかすめることはあったが、結局、本気には採用されなかったりとか、ごく一部の人によって実現がめざされたが、最終的には挫折して結果を残さなかったり等と、真に現実性のある道であるとは思われていなかった。それが、十分に現実的なものとしてたち現れるのは、事後においてである。

また、3・11の原発事故を例にとって説明しよう。事故の後から見ているわれわれは、こんなふうに感じているはずだ。たとえば、非常に古い原子炉を廃炉にする決断ができていれば、こんなことは起こらなかったはずだ。そのような決断は、今から見れば、不可能なことではなかった。あるいは、列島が地震頻発地域であることの意味を、もっと深刻に受け止め、ここに多数の原子炉を建てることが適切だったかをよく議論すべきだった。実際に、そのような問題提起もあったのに。さらには、被爆国としての日本人の切なる願いに、もっと忠実に従って行動すべきだった。等々。これらのうち、どれか一つでも、もう少し徹底して追求されていれば、これほどの惨事にはいたらなかっただろう。

このように、事後の視点から捉えるとき、出来事までの過程は、必然（運命）であると見えると同時に、まさにその必然を回避する自由が、過程のあらゆる時点に孕まれていたことが明らかになるのだ。さらに、こう感じるはずだ。その後者の、実現されなかった自由が、過去において行使されていれば、現在の自分はいなかった、と。

未来と現在の間の〈生きられた共時性〉

さて、こうした認識を携えて、予定説に立ち戻ってみよう。「予定説」においては、現在の「われわれ」を回顧的に見返す、前未来形の事後の視点（予見者＝神の視点）が想定されていた。その前未来形の視点からは、現在の「われわれ」は過去に属している。その前未来形の視点が、抽象的で論理的な可能性としてではなく、現に実在する他者として感受されているとき、予定説が実効性をもって、人々の行動を規定する。

ところで、今しがた述べたように、事後の視点は、過去に、運命（必然的な過程）を破り得た他なる可能性を見る。同じことは、現在の「われわれ」を過去として見返す、前未来の視点に関しても、成り立つはずだ。つまり、その前未来の視点は、その視点にとっては過去にあたる「われわれ」に関して、「われわれ」自身の即自的な観点にはまったく非現実的なものと見えてしまうような、他なる可能性や選択肢を、十分にアクチュアルな道として見ることになるだろう。このとき、「予定説」は自分自身を否定し、〈予定説〉へと転回している。なぜか？　それは、もはや、その「事後」に至るまでの過程の、運命的な既定性を確認する教説ではなく、逆に、その運命を変更できるということ、その運命とは異なる選択をする自由があることを自覚させる態度へと、変質してしまっているからだ。

先に紹介した、ニューカムのゲームに即して言えば、次のようになる。通常のゲーム理論的な合理性に従う行為者にとっては、支配戦略（H_2）だけしか実質的には選択肢がないに等しい。次いで、普通の「予定説」のもとでは、行為者は、H_1のみを事実上の取りうる唯一の選択肢と見なすだろう。どちらの行為者にとっても、ほんとうの自由はない（どちらにとっても、実質的には、選択肢は一つなのだから）。しかし、〈突き抜けられた予定説〉において、初めて、行為者は、自分がH_1でも、H_2でもどちらでも選択しうるということを自覚する。真実の自由はここにしかない。

＊

さらに、次のように論を進めることができる。「予定説」は、当然のことながら、われわれの外部にいる、超越的な神の存在を前提にしている。神は、未来にいて、つまり最後の審判（決定的な出来事）の後にいて、われわれを待っているのだ。「予定説」では、神が先回りして、歴史の終わりの地点で、われわれを待っているのである。

これに対して、〈予定説〉は、このような超越的な神を否定する。既定されている運命を変える、他なる選択肢をとることは、われわれの運命を予定し、「最後の審判」の事後においてわれわれを待っている「神」を拒否し、その存在そのものを否定することだからである。先ほど、事後の立場から過去を振り返ったとき、「われわれ」自身が、「過去の内に見出した（実際には現実化しなかった）他なる選択肢がとられていたら、『われわれ』は存在していなかっただろう」と感じると述べた。同じことを、〈予定説〉の「神」も感じるだろう。現在の「われわれ」によって拒否され、その存在を否定されうる、と。

〈予定説〉のもとでは、われわれは、神の存在を肯定することも否定することもできる。ということは、前未来形で現在のわれわれを遡及的に見返すその神は、われわれの外部に自存する超越的な他者ではない、ということを意味している。未来においてわれわれを待っているその「神」が何であるかは、結局、全面的に、現在のわれわれの選択に依存しているのであり、その意味では、「神」は、われわれ自身の投影以外の何ものでもない。

ここに至って、われわれの探究は、未来（の他者）との共存の可能性という問いに、一つの回答を提起したことになる。われわれは、真木悠介の『時間の比較社会学』に基づいて、〈過去の現在〉という、原始共同体において認められる感受性を摘出するところから始めた。現在（のわれわれ）は、過去を〈生きられた共時性〉の関係の中で体験することができる。つまり、現在は、過去の他者を、現存の同朋と同じような親密な他者として感受し、過去の他者との共存を実感できるのだ。それに対して、現在と未来との間には、そのような生々しい〈共時性〉の関係を築くことは難しい、と述べておいた。

しかし、おのれを否定するまでに転回された予定説、つまり〈突き抜けられた予定説〉の下では、未来においてわれわれを待ち受けている他者は、（われわれから）外的に独立した他者ではなく、現在のわれわれのもうひとつの姿として現れる。このことは、過去の他者だけではなく、未来の他者もまた、現在と〈生きられた共時性〉の関係に入っていることを意味している。とするならば、結論は、『時間の比較社会学』でも何度も言及されている北米先住民ホピ族の古い諺がふさわしい。「われわれは、われわれ自身をずっと待っている」。未来においてわれわれを待っている者とわれわれ自身との間の同一性（共時性）が、この諺の含意である。

註

(1)ルーマンの時間論に対する私の考えについては、以下を参照。『増補新版　行為の代数学』(青土社)。

(2)「人類」の代わりに、「生命」とか「(利己的)遺伝子」とかに訴える論理が、すぐに思いつく。優生学は、実際、そのような主張だと見なすことができる。「生命一般」や「遺伝子」を主体にして考えても、それが「人間」としての生の意味を救出することにはならないことは明らかなので、ここでは、検討はしない。

(3)やがて、現代小説の中には、「この間」的な語法を禁ずるタイプの作品も出てくる。しかし、その種の小説も、「この間」という語り方が可能であり、かつ標準であることを意識した上で、あえてこれを拒否しているのであって、やはり「『この間』という言葉についての複雑な注釈」の一つであることには変わりがない。

(4)アンダーソンのこの著書の意義に関しては、以下の著作で、より詳しく論じている。大澤真幸『ナショナリズムの由来』講談社、二〇〇七年。

(5)大澤『ナショナリズムの由来』参照。

(6)ウィリアム・ニューカムが何者かはわからない。そもそも、このような名前の人物は実在していなかったかもしれない。というより、「ウィリアム・ニューカム」は、実は、政治哲学者のロバート・ノージックの仮名のようなものである可能性が高い。というのも、ニューカムのパラドクスを最初に記したのは、ノージックで、彼は、その際、「出典」として虚構の文献を挙げているのだ。ノージックは、最初、有名な科学哲学者、カール・グスタフ・ヘンペルに師事していて、量子論哲学を研究していた。量子力学については、本書、第3章を参照。

第２章

読んで考える
ということ

文学篇

テーマは、罪

文学作品は、しばしば、学術的な論文や著書よりも強く、激しく人を思考へと導く。なぜか？　補論で、思考は「不法侵入」の衝撃によって始まる、と述べた。個々の文学作品の具体性や特異性が、しばしば、作品を強烈な不法侵入者とする。優れた文学作品に震撼するところがない者は、そもそも、思考を開始することもあるまい。文学作品は、思考の最も豊かな源泉である。

この章では、いくつかの文学作品（小説）を通じて、倫理的行為とは何かについて考察する。倫理的行為は、罪の感覚と表裏一体の関係にある。罪を犯している、あるいは犯しうるという意識なしに、倫理的行為への動機は発生しない。罪を超えることが倫理的行為である。人間にとって罪とは何か。倫理的行為とは何か。人の罪は贖われるのか。

1　夏目漱石『こころ』を読む

「先生」はなぜあのときに？

夏目漱石の『こころ』を読むことから始めよう。この作品を起点にするのは、ここに、われわれが「罪」という感覚をもつケースの原型があるように思えるからである。この作品は最初、一九一四（大正三）年四月から八月にかけて、朝日新聞紙上で発表された。この新聞連載の後、同年中に、岩波書店から一冊の書物として刊行された。この本こそ、岩波書店が刊行した最初の一冊であるとされている[1]。

この小説は日本人には非常によく知られているので、あらすじをていねいに紹介する必要はないだろう。ここでの考察に必要なポイントだけを、ごく簡単に確認しておく。小説は三部構成だが、中心は、「下」、つまり第三部にある。第二部の最後に、父の病気のために帰省していた「私」のもとに、「私」が尊敬し、「先生」と呼んでいた人物から長い手紙が届く。その手紙は、「先生」の遺書であった。その遺書が第三部「先生と遺書」の内容である。

遺書は、先生のこれまでの人生を振り返る告白であった。その中には、両親の死後、信頼していた叔父に遺産を騙しとられ、人間不信に陥った経緯などが書かれていた。だが、遺書の最も重要な主題は、先生と、先生の畏友K、そして下宿の「御嬢さん」の三角関係だった。この「御嬢さん」が、現在の先生の妻である。三角関係が生じたのは、十五年近く前のことだが、これこそが、自殺の理由であった。

Kは、先生の同郷の友人であり、二人とも、勉学のため、故郷を離れ東京に来ていた。先生は、求道者風のKに深い敬意を抱いていたことがわかる。先生は、両親に勘当され困窮していたKを、自分と同じ下宿に入れた。下宿は、日清戦争で戦死したとおぼしき兵士の未亡人が営んでおり、彼女に、年頃の娘がいた。「御嬢さん」である。

ある日、先生は、Kから、御嬢さんへの切ない恋心を打ち明けられ、衝撃を受ける。先生も御嬢さんが好きだったからである。しかし、先生はそのとき直ぐに、自分も御嬢さんに恋しているのだ、と打ち明けることはできなかった。何日か後に、先生は、Kを出し抜いて、下宿の奥さんに、御嬢さんを妻として欲しいと申し出て、その許可を得てしまう。Kは、奥さんの口を通じて、御嬢さんと先生とが結婚する運びとなったことを知った二日後に、下宿で自殺した。Kの遺書には、御嬢さんのことは一言も書かれていなかった。

先生は、Kとのこうしたいきさつを、御嬢さんにも奥さんにも打ち明けなかった。先生の自殺は、親友を裏切った罪の意識に由来することは間違いあるまい。しかし、疑問は残る。先生は、どうして、この時期に自殺を決意したのか。どうして、先生は、結婚して何年も経た後に、自殺を決意したのか。

先生の遺書の最後に、突然のように、明治天皇が崩御したということが記されている。また、先生は、日露戦争の英雄、乃木大将が殉死したことに衝撃を受けてもいる。先生が自殺を決意したのは、乃木将軍の殉死の数日後である。ここから、先生の自殺は、明治天皇の死とも関係があることがわかる。遺書の中で、先生は、明治天皇崩御のニュースに接したときの思いをこう記している。「最も強く明治の影響を受けた私どもが、その後に生き残っているのは畢竟時勢遅れだという感じが烈しく私の胸を打ちました」と。さらに、妻に対して言った「自分が殉死するならば、明治の精神に殉死する積もりだ」という言葉も、遺書には書かれていた。

同じ形式の関係

『こころ』という小説を読解する上での最大の鍵、最大の謎は、一人の女性をめぐる三角関係に由来する罪の意識と、明治の精神とがどのように関係しているのか、ということであろう。友人への裏切りの罪を贖うために自殺することが、どうして、時勢遅れになろうとしている明治の精神への殉死としても意味づけられるのか。この点を説明するためには、『こころ』という作品の内部に、もう少し深く入り込む必要がある。すぐに気づくことは、この作品では、同じ形式の社会関係が何度も反復されている、ということである。原型として、先生とKとの関係を置いてみよう。先にも述べたように、先生とKは同郷者で、幼い頃より互いを知る間柄だった。先生は、真宗の寺の次男として生まれ、医者の家で養子として育てられた、この同年齢の友人に、畏敬の念を抱いていた。人間としての覚悟の点でも、また学力を含む知的な能力の点でも、さらに付け加えれば、容姿の点でも、Kは先生よりも優れている、と先生自身は思っていたのだ。

ただし、そのことで、Kに陰湿な嫉妬心を抱くほど、先生は小人物ではない。ただ、先生は、幼馴染みで、同じ大学に通うようになった親友に、はっきりと一目置いていたのである。

先生がKに対して抱いていたのと同じような敬意を、この小説の語り手である「私」が先生に対してもっている。「先生」と呼ばれている人物は、「私」にとって、学校の教師ではない。「私」は、尊敬の情から、彼を「先生」と呼んでいるのだ。小説の第一部にあたる「上　先生と私」では、「私」が「先生」に出会い、惹かれ、先生の自宅に足繁く通うようになった経緯が書かれている。先生はいわゆる高等遊民で、著作を発表するでもなく、世間的にはまったく無名だが、「私」は先生の見識の深さに感じ入っている。その証拠に、彼は、大学の卒業論文の主題について、教授にではなく、「先生」に相談したりしている。

また、「私」は、先生と自分の父親とを比較している。先生は、「私」にとって、父の代理、やや物足りない父に代わるべき実物である。「私」は、父に求めているものを、先生に見出している。父や両親について書いているのが、小説の中間部「中　両親と私」である。「上」と「中」のタイトルだけでも、「先生」と「両親（父）」との代替関係を読み取ることができる。

最後に、先生は、自分とKとの関係と類比しうる関係を、乃木大将と明治天皇の間に認めていたことは間違いあるまい。それゆえ、全体として、次のような、一連なりの比例式が成り立つことになる。

私：父　＝　私：先生　＝　先生：K　＝　乃木大将：明治天皇

「心」の構造

この等式が表現していることは、この小説のタイトルにふさわしいこと、「心」の構造、「心」の社会的構造である。「心」には、本源的に社会性が刻印されている。この比例式は、このことを含意している。

その点の詳細を理解するためには、最も重要な関係である「先生とK」のセットに注目する必要がある。悲劇は、先生とKとが同じ女性を愛したことから生じている。だが、これは偶然なのか。たまたま、運悪く、二人は同じ女性を好きになったのか。そうではない……と社会学者の作田啓一は示唆している（『個人主義の運命』岩波新書、一九八一年）。先生の遺書には、先生は、Kが同じ下宿に入ってくる前から、つまりKと御嬢さんが知り合う前から、御嬢さんを好いていたかのように書かれているが、先生が御嬢さんに強い恋愛感情をもつようになったのは、Kが御嬢さんを愛したから、そして先生がそのことを知ったからではないか、と。この解釈に従えば、「ずっと前から愛していた」というのは、遠近法的錯覚、先生自身の遠近法的錯覚である。人を愛してしまうと、われわれは、その人をいつから愛していたのか、わからなくなってしまう。ずっと前から好きだった、という気分になってくるのだ。

ここで、もちろん、先生がKの御嬢さんへの好意を「知る」というときの「知」は、半ば無意識の直観を含んでいる。つまり、先生がKの好意を「知った」のは、Kが御嬢さんへの恋を打ち明けたときではなく、それよりずっと前である。先生は、Kが御嬢さんと仲良くしている雰囲気を察知して、強い嫉妬心を抱いている。

だが、先生の御嬢さんへの愛が、Kの御嬢さんへの愛によって全面的に規定されていると解するのは、行き過ぎかもしれない。そこまで断定する根拠は、テクスト自体の中にはない。しかし、少なくとも、先生は、御嬢さんを愛するにあたって、そして彼女との結婚を申し出るにあたって、あたかも、Kの承認を求めているかのようにふるまっている。御嬢さんが自分の愛の対象としてふさわしいかどうかということに関して、先生は、Kの承認を待っているかのように見えるのだ。

先生がKを自分の下宿に住まわせるまでの不可解な経緯のことを思うとよい。先生は、どうして、Kを同じ下宿に誘ったのか。一応の理由は書かれているが、説得的ではない。下宿の奥さんは、最初、Kが入ることに反対していたのを、先生は強引に説き伏せて、奥さんにKの入居を同意させたのである。先生は、尊敬するKに、自分が好意を寄せている女性を見てもらいたかったのではないだろうか。Kに、真の愛の対象に値するかどうか、確認してほしかったのではないか。そのために、Kを同じ下宿に引き入れたのではないか。もちろん、先生のこの欲求は、無意識のものであろう。

果たして、御嬢さんはKのテストに合格した。それは、しかし、とりもなおさず、K自身が御嬢さんを愛することである。Kが愛するほどの人でなくては、先生にとって御嬢さんは結婚を決意させるほどの価値はない。Kの御嬢さんへの愛を直観して、先生の御嬢さんへの愛も高まり、決然たるものになっていく。こうして、三角関係は不可避なものとなった。

先の比例式が含意している、「心」の構造とは、次のことである。各比例関係で、後項は前項にとって、たとえば先生は「私」にとって、あるいはKは先生にとって、超越論的なステータスをもった他者、つまり――私の用語で表現すれば――第三者の審級の立場にある。「超越論的（先験的）transzendental, transcendental」とは、カントの哲学用語で、「経験の可能性の条件を与える」という意味である。『こころ』で示されているのは、人間の欲望は、第三者の審級に媒介されて形成される、ということだ。第三者の審級がなければ、人間は、何を欲望すべきか、欲望する価値がある対象は何かを決定することができない。第三者の審級は、そのような対象を指定する、超越論的な他者である。端的に言えば、欲望とは、他者の――第三者の審級に対応する他者の――欲望だ。

欲望の、このように社会的に媒介された構造は、すでに何人かの哲学者や思想家によって指摘されてきた。たとえば、先にその名を挙げた作田啓一が依拠している、ルネ・ジラールは、欲望は、三角形の構造をもっている、と論じている。欲望は、主体と対象との二項関係ではなく、その間に、他者（第三者の審級）が介在するからである。実質的に同じことを、（初期の）ジャック・ラカンが、あるいはヘーゲルが主張してきた。

「明治の精神」

ところで、疑問は、「明治の精神」であった。先生は、Kへの罪を償うように自殺する。このことは、同時に、すでに時代遅れとなっていた明治の精神への殉死でもある。どうして、そのように意味づけることができるのか。先生にとって、そしておそらく漱石にとって、第三者の審級が、単一の共同体（国民）の同一性の根拠となるような第三者の審級が、ある特別な様相をもっていたことを理解することが、疑問を解くための手がかりとなる。先生の遺書の中に、次のような件がある。

私はその人〔御嬢さん〕に対して、殆《ほと》んど信仰に近い愛を有《も》っていたのです。私が宗教だけに用いるこの言葉を、若い女に応用するのを見て、貴方は変に思うかも知れませんが、私は今でも固く信じているのです。本当の愛は宗教心とそう違ったものでないという事を固く信じているのです。わたしは御嬢さんの顔を見るたびに、自分が美しくなるような心持ちがしました。御嬢さんの事を考えると、気高い気分がすぐ自分に乗り移って来るように思いました。

神は第三者の審級の一種である。ここで、神への信仰は、個人的な恋愛の延長上で捉えられている。この点を前提にすると、考察の見通しが開けてくる。

まず、この小説においては、倫理は、個人的に強い関係をもっている他者との関係の中で規定されている。倫理は、第一義的には、個人的な関係にある他者との約束を果たすこと、あるいはそのような他者の期待や信頼に応えることである。逆に言えば、罪とは、そのような約束を破り、信頼を裏切ることである。先生の罪は、親友であるKの信頼を裏切り、彼を出し抜いたところにある。

第三者の審級（先生にとってのK）もまた、個人的な関係の中で実感されている。この小説では、恋愛や友情のような個人的な関係の一種として、第三者の審級への信頼や信仰もあるのだ。先生は、両親の死後、「父代わり」と信頼していた叔父に騙され、財産を失ったとき、深い人間不信に陥った。しかし、自分が親友のKを裏切ったとき、自分もまた叔父と同類の人間になってしまったと感じる。叔父と同じように、個人的な信頼を裏切ったからである。『こころ』に提起されている倫理は、カントの定言命令とは、ずいぶん異なっている。定言命令は、状況や個人的な関係とは独立の、抽象的な命令である。

「明治の精神」は、こうしたコンテクストで理解すべきことである。乃木大将は、明治天皇が死んだときに殉死し、先生は（そして「私」の父も）、強い衝撃を受ける。このような殉死が成り立つのは、乃木大将が、明治天皇に対して、個人的な忠義心をもっていたからである。「明治の精神」とここで言われるときの「明治」とは、天皇や、あるいは国家の政治的な指導者との関係もまた、個人的な忠義や信頼の一環として思い描くことができる時代、ということではないだろうか。国家に対して君臨する第三者の審級に対してもまた、恋愛や友情に近い感覚で関係できたのが、明治である。そのような意味での「明治」は、実際に明治天皇が亡くなる頃、つまり年号としての明治の終末期には、すでに「時勢遅れ」となっていた。いつまで、明治の精神はあったのか。乃木将軍は殉死するにあたって悔いていること、明治天皇への裏切りだったと考えていることは、西南戦争で敵軍（西郷軍）に旗を奪われたことである。乃木大将は、日清戦争でも、日露戦争でも従軍しているが、遺書で最も重視したのは、明治十年の西南戦争だ。また、先生が、御嬢さんの下宿に入ったのは、日清戦争（明治二十七〜二十八年）の十二年後である。こうした事実から推測して、「明治の精神」の「明治」は、漱石の目から見ると、明治時代の半ばには終わっていたと考えられる。

「明治」とは、国家の元首である天皇に対して、臣下が個人的な親愛の情で関係することができた時代である。そのような意味で、先生がKに対して抱いていた信頼や尊敬と、乃木大将が明治天皇に対してもっていた忠誠心とは、同質のものである。だが、国家の元首、国家のような共同体に根拠を与える第三者の審級を、個人的な関係の直接の延長上に見出すことができる時代は、もうとっくに終わっている。先生は、つまり漱石は、そのように感じているのだ。ということは、今や、そうした個人的な友情や愛情に根をもつ倫理だけではたりない、ということでもある。

Kとの個人的な関係に由来する裏切りへの償いとして自殺することが、明治の精神への殉死でもある、という解釈は、以上のようなことを背景にすると納得できる。先生がKのために自害するときの心情と、乃木大将が明治天皇のために殉死したときの心持ちは、同じものである。国家の元首である天皇に対しても、そのような関係がありえた時代に対して、漱石は、強い哀惜の感情をもっていたのだ。

人は遅れる

ところで、『こころ』では、罪は常に、「遅れ」と関係している。なされるべきそのタイミングに対して遅れてしまうこと、それが罪である、と。

先生は、Kから「御嬢さんが好きだ」と告白されたとき、すぐに、自分も好きだ、と言えばよかったのに、言いそびれてしまった。先生はせめて、御嬢さんとの結婚の約束が成り立ったときにすぐに、そのことをKに告げればよかったのに、それすら間に合わず、結局、Kは、御嬢さんの母親である下宿の奥さんから、先生と御嬢さんの結婚のことを知らされる。「私」は、先生の自殺に間に合わず、やはり遅れてしまっている。

明治の精神は、とうの昔に時勢遅れになっており、乃木将軍や先生は、もはや生きているべきではないとすら感じている。乃木大将は、西南戦争のときに旗を奪われたことで天皇に申し訳なく思っていたのだから、彼は、三十年以上も死のう、死のうと思いつつ、死ねずに生きていたことになる。つまり、乃木将軍の自殺もまた、遅れに遅れ、罪がますます重くなっていたのだ。

　Kの遺書には、先生への怨みも御嬢さんのことも、まったく書かれていなかったが、人間の「遅れ」については書かれてあった。先生の手紙によると、「もっと早く死ぬべきだのに何故今まで生きていたのだろうという意味の文句」が遺書の最後に書き添えられていたのだ。

　このように、『こころ』に記されたすべての罪は、「遅れ」から来ている。どうして、人は遅れるのか。遅れには、必然性が、「選択」ということの構造に基づく必然性がある。選択の意識は、選択そのものに対して必ず遅れてしまうのだ。どうして？

　選択を直接に規定しているのは欲望であり、その欲望は、ここまで述べてきたように、第三者の審級の承認に媒介されている。ということは、人が自分の「選択」を自覚するのは、第三者の審級の承認を意識するときである。いや、厳密にはこれは不正確な表現だ。ポジティヴに承認されているときには、それを人は意識しない。意識するのは、第三者の審級から承認を得られなかった、否認されたと自覚するときである。このとき初めて、自分は（誤った）選択をしていたと意識することになる。つまり、選択は「気づいたときには、すでに終わっているのだ。たとえば、恋愛における選択は、「すでに始まっている」「気づいたらいつの間にかに愛していた」という形式でしか、絶対に自覚されない。「これからこの御嬢さんを愛することにしよう」と決断してから、愛するわけにはいかないのだ。

このように選択の意識には、構造的に遅れがともなっている。罪は、この遅れと関係している。選択の意識は、選択の偶有性の自覚——他の選択もありえたということについての自覚——を経由して、罪の意識を生み出すのである。

2　ドストエフスキー『罪と罰』を読む

ラスコーリニコフ、ソーニャに会う

ドストエフスキーの、このあまりにも有名な小説が発表されたのは、一八六六年のことである（邦訳は岩波文庫他）。ロシアで農奴が解放されてから、まだ五年しか経っていない。

ここで、『罪と罰』を考察の俎上に載せるのは、「罪」がテーマであるとすれば、この小説を外すことはできない、ということだけが理由ではない。『こころ』では、倫理は、第一義的には、他者との個人的で深い関係に基づいていた。それに対して、『罪と罰』は、そうした関係とは独立した罪や倫理を主題としている。そうであるとすれば、『罪

と罰』は、『こころ』の欠落を埋めることができるかもしれない。『罪と罰』を参照するのは、このような期待からである。

『罪と罰』もよく読まれている小説なので、詳しくそのあらすじを紹介する必要はないだろう。主人公は、ラスコーリニコフという名の貧乏学生である。彼は、独特の思想をもっている。ナポレオンやニュートンのような天才は、人類のためになることであれば、あるいは己の野心の実現のためならば、法を破り、人を殺すことも許される、と。彼は、この思想に基づき、強欲な高利貸しの老婆アリョーナと、その義妹リザヴェータを殺してしまう。彼の思想によれば、この殺人は完全に正当化される。だが、にもかかわらず、彼は殺人後、たいへん動揺する。

ラスコーリニコフは、貧しい家族のために娼婦をしている若い娘ソーニャを知ることとなった。彼女は、敬虔なクリスチャンで、一切の私心もなく家族に献身している。ラスコーリニコフは、ソーニャのこの態度に強い衝撃を受け、彼女に惹かれる。ソーニャの方もラスコーリニコフに好意をもつ。

ラスコーリニコフは、ソーニャに自分の犯罪を、つまり老婆とその義妹を殺してしまったことを打ち明けた。ソーニャは彼に、人々の集まる十字路で、大声で犯罪を告白することを勧めた。

ラスコーリニコフは、懊悩の末、ついに自首した。裁判の結果、彼はシベリア送りになった。この刑は、予想より軽い刑、比較的軽い刑であった。ソーニャもラスコーリニコフとともに、シベリアに行くことにした。以上が、この小説の骨格である。

そこにほんとうの分裂はあるのか

主人公の名前「ラスコーリニコフRaskolinikow」が、この小説の要点を表現している。この名前に含まれている「ラスコルraskol」は、ロシア語で、「分裂」を意味する。つまり、「ラスコーリニコフ」とは、「分裂した者」である。とりわけ、「ラスコル」という語が固有名詞として使われる場合には、十七世紀中盤に生じた、ロシア正教会の内的な分裂を指すのが普通である。一六五二年に総主教ニーコンが、ロシア正教とギリシア正教の儀式の統一を目指して、宗教改革に着手したところ、これに反発して、伝統的な聖餐式を維持しようとするグループ（古儀式派）が、主流派から分離したのだ。

しかし、「ラスコーリニコフ」が含意している分裂は、正教会内部のこの分裂ではない。では、何と何の分裂なのか。それは、正教会とその外部の分裂である。すなわち、ラスコーリニコフが、小説内の「論文」で公言している、英雄的な強者の絶対の自由を支持する思想と、ソーニャによって代表される、ロシア正教的な隣人愛との間の分裂だ。

この小説の一般的な解釈は、後者の正教的な隣人愛が、前者の強者の思想に勝利する物語というものであろう。実際、筋はまさにそのように展開する。ラスコーリニコフは、当初から及び腰で、犯罪の直後から良心の呵責に悩んでいる。つまり、彼は、自らが掲げた強者の思想に確信をもてていない。そして、最終的には、彼はソーニャに説得される。読者は、この結論に安心するはずだ。

だが、こんなに簡単に、小説の結末に納得すべきではない。ラスコーリニコフに代表される強者の思想、ソーニャに代表される正教的な隣人愛、両者はほんとうに対立しているのか。私の考えでは、この小説の問題点は、見た目とは違って、この二つの思想が真には対立していないことにある。このことは、ソーニャの行為、ラスコーリニコフの行為のそれぞれが、何によって正当化されているのか、何に準拠して正義にかなっていると見なされているのか、この点に注目すると、明らかになる。

ソーニャは売春している。これは、通常は、善くないこと、道徳的に望ましくないことと見なされる行為だ。にもかかわらず、これが、崇高な倫理的行為と見なされるのは、彼女の売春が、家族のための、他人のための、ひいては「人類」の幸福のための、純粋な自己犠牲と見なすことができるからである。彼女の行為を正当化する、究極の根拠は、人類の幸福である。

ラスコーリニコフの殺人の場合はどうか。殺人は、普通は、最も悪い行為と見なされる。だが、彼は、強者には、優れた者には、ときに殺人も許される、とする。人類の幸福の増大につながることであれば、強者や優れた者は、人類にとって役に立たない弱者や人類に迷惑や苦労をかける劣った者を殺すことは許される、と。この場合、実は、強者の行為、強者の殺人は、人類（の幸福）のための自己犠牲である。つまり、強者＝ラスコーリニコフは、人類のための純粋な道具だ(2)。とするならば、ラスコーリニコフの殺人とソーニャの売春は、まったく同じ論拠によって正当化されうるのだ。ソーニャは、むろん、殺人に反対である。ラスコーリニコフがいかに有能で、老婆がいかに不道徳な人物であったとしても、なおラスコーリニコフによる老婆殺しは罰せられなくてはならない、とソーニャは考える。その根拠は、彼女の売春を許容する根拠とおなじである。他者の普遍的な幸福、つまり人類の幸福だ。

したがって、次のように結論せざるをえない。「人類」（の幸福）を、倫理的な行為が指向すべき究極の目的として設定した場合、（ある種の）殺人も、またその否定もともに正当化されてしまう。これは、『罪と罰』という小説の内在的な限界ではないか。

最後の審判

ある行為が人類に貢献しているかどうかは、ほんとうは、事後にならなければわからない。たとえば、原子力発電所の建設は、人類にとってよいことなのか、悪いことなのか。大規模な事故が起きた後の視点から判断すれば、それは、いくつもの共同体を「殺害」する悪であると評価されるだろう。しかし、もし事故が起きなければ、それは、人類に大いなる繁栄をもたらすよきことかもしれない。少なくとも、原発の開発や建設に命を賭けた人の中には、そのような献身の意識があったに違いない。結局、人類の幸福や繁栄という尺度で考えたときには、原子力発電所の建設や維持がよいことなのかどうかは、歴史が終わるまで判定することができない、ということになるだろう。

一九三八年三月、オーストリアをドイツに併合した後、ヒトラーは、ドイツ系住民が多数派を占めている、チェコスロバキアのズデーテン地方のドイツへの編入を要求した。このとき、ヒトラーは、要求がかなえられなければ、戦争をも辞さないという強い態度に出た。イギリス首相ネヴィル・チェンバレンは、ヒトラーと直接会見し、フランスのダラディエ首相等とも協調しつつ、ズデーテン地方のドイツへの割譲を容認することを代償にして、戦争を回避した。最終的には、一触即発の緊迫感の中、英仏独伊の首脳がミュンヘンに集まり、協定が締結された。[3]

当時、チェンバレンは、ヨーロッパを（第一次大戦が終わったばかりだというのに）再び戦火に陥れなかったとして、つまり、大量殺人を回避したとして、賞賛された。会談から帰国したチェンバレンを、大群衆が空港で、歓呼の声をもって迎えたのだ。ミュンヘン会談を批判したのは、ウィンストン・チャーチルなどごく少数だけだった。しかし、第二次世界大戦が終わった後の今日の評価は、ほぼ一八〇度、逆になっている。あのとき、チェンバレン等のヨーロッパの首脳が弱腰だったために、ヒトラーをつけあがらせた、というのである。結局、あの宥和的な外交がなければ、第二次大戦は勃発しなかったし、またユダヤ人は虐殺されなかっただろう……とまで言う者もいる。

この例が示すように、人類の平和や繁栄や幸福への貢献を、倫理的な行為の基準とすると、事後の視点が必要となる。こう言ってもよいだろう。「人類」を参照点とする倫理思想は、「最後の審判」を前提にしている、と。「人類」にとってよいことをしたかどうかは、最後の審判の日に確定するのだ。

賭けとしてのテロ

モーリス・メルロ＝ポンティの『ヒューマニズムとテロル』（一九四六年。邦訳はみすず書房他）は、ラスコーリニコフ的な思想の哲学的に厳密な正当化であると解釈することができる。メルロ＝ポンティは、この著書の中で、テロは未来への賭けとして許容される、とした。そのテロが、人類の幸福な未来のために必要なのかどうかは、結局、現時点では決定できない。それは、最後の審判のときを待たなければ、確定できないのだ。そうだとすれば、テロは、一種の賭けとして許容されるべきではないか、というのがメルロ＝ポンティの主張である。

これは、パスカルの賭けを連想させる。パスカルは、こう説く。神が存在するのかしないのかは不可知である。とするならば、われわれは、神が存在している方に賭けるべきだ、と。同じように、幸福な社会が待っているかどうかはわからない。とするならば、幸福な社会が到来する方に賭け、テロを敢行すべきときがある、とメルロ＝ポンティは説く。今日の暴力的な行動が、最終的に未来の幸福な共産主義社会に結びついたとしよう。このとき、遡及的に、今日の流血の行為は贖われ、まさに「あのとき」（と回顧的に指示される現在）に必要だったこととして、正当化されるだろう。メルロ＝ポンティに従って、あるいはラスコーリニコフに従って、このように考えてもよいのだろうか。

少なくとも、次のことには留意しなくてはならない。このような思想の延長上に、スターリニズムがある、と。スターリンの体制の下で、ソ連では、何百万人もの同朋が粛清された。スパイや裏切り者として。同朋を粛清した秘密警察や内務省の役人、党幹部は、もちろん、ある意味では、彼らの大半は無実であり、いかなる悪意ももっていないことを知っていた。しかし、にもかかわらず、彼らは、同時に、粛清が正当化されうる、とも思っていたのだ。どのような論理によってなのか。ここに見てきた「最後の審判」が鍵である。

最後の審判の日にならないと、行為の倫理的な価値が決定できないということは、行為者の主観的な心情や意図と、その行為の倫理的な価値とは関係がない、ということを意味する。本人が、よかれと思って行ったことも、最後の審判のときから振り返れば、まったくの誤りであった、罪深いことであったと判定されることもある。チェンバレンの善意の外交が、今日では、何千万人もの人々を犠牲にした過ちであったと見なされるように、である。そうであるとすれば、主観的にはまったく無垢なソ連の一市民の行為が、最後の審判のときから判断すれば、共産主義の大義にたいする裏切りである、ということもありうるはずだ。むしろ、その主観的には無垢な行為によって罰せられることこそが、その市民にとって、やがてやってくる完全なる共産主義への貢献だった、と判明するかもしれない。

スターリン体制の下では、「客観的な罪」とか、行為の「客観的な意味」という語彙が使われた。「客観的」とは、ここでのわれわれの議論と対応させるならば、「最後の審判」の観点から判断して、という意味である。ある行為の倫理的な価値が、行為者の主観的な意図や心情とはまったく独立しているので、「客観的」と形容されることになるのだ。

宗教的には、最後の審判のときの神の判断は、原理的に不可知である。しかし、スターリニズムの立場は、本来は不可知であるところの最後の審判の判断を、実際に知っている者がいる、というものである。誰が知っているのか。もちろん、「党」である。党は、ある人の行為が、客観的にはどのような意味があるのか、客観的に有罪なのか無罪なのかを、恣意的に決定することができる。党は、現在化された最後の審判なのだ。倫理の究極の参照点として、「人類」を想定する立場は、このようなアイディアにまっすぐにつながっている。

3　赤坂真理『東京プリズン』を読む

十五歳の自分自身から電話が

次に、赤坂真理の『東京プリズン』を論じてみよう。『東京プリズン』を解釈の素材とすることには、二つの理由がある。第一に、この小説の主題は、日本人にとっての国民的な罪、贖っても贖っても贖いきれないように感じられている罪、すでに贖っているのかまだ贖っていないのかよくわからなくなってしまった罪、贖うということがどういうことなのかさっぱりわからない罪、すでに贖っているはずなのになぜかいつまでも亡霊のようについてくる罪だからである。それは、第二次世界大戦の戦争責任だ。

第二に、この小説では、最後の審判の視点が独特の仕方で活用されている点が興味深い。最後の審判の日は、定義上、まだ来ていない。それは常に、未来にある。しかし、もし最後の審判がすでに終わっていたとしたらどうだろうか。最後の審判が過去のことだったとしたらどうだろうか。このような転換の効果を、この小説は巧みに活用している。

『東京プリズン』は、この章で論ずる五つの小説の中で最も新しい。『文藝』二〇一〇年春号から二〇一二年夏号にかけて連載した後、二〇一二年に、河出書房新社から単行本として出版された。

この小説は、私小説的なリアリズムと極端な幻想とを複雑に絡まり合わせており、筋の要約を許さない。また、この種の小説にとって、筋を要約することに意味があるとも思えない。ここでは、この小説が依拠する基本的な仕組みがわかる範囲で、筋を紹介しておこう。

小説は、二〇〇九年八月十五日から始まる。主人公の真理——つまり「私」——がいる部屋に、電話がかかってくる。電話をかけてきたのは、真理自身だ。ただし、それは、一九八〇年の真理、十五歳の真理である。二十九年前の自分が電話をかけてきたのだ。日本の中学を卒業したばかりの十五歳の真理は、アメリカの北東の果てのメイン州でホームステイをしながら、同地の高校に留学している。十五歳の真理は、日本にいる母親に電話をかけたところ、まさにその母親の年齢になっている、未来の自分につながってしまったのである。実際、一九八〇年の真理は、国際電話の向こう側にいる二〇〇九年の真理を、自分の母親だと勘違いする。しかし、二〇〇九年の真理は、相手が、過去の自分自身であることを知っている。

十五歳の真理は、アメリカの高校で、「天皇の戦争責任」について発表しなくてはならなくなる。それが進級の条件だと、スペンサー先生に告げられたのだ。真理は、このとき、驚き、当惑している。何に？　真理は、アメリカにとって日本が敵だったこと――言い換えればアメリカは日本にとって同盟国である前に「かつての敵」であること――、昭和天皇は戦争に責任があること等を、日本にいたときには（もちろん知ってはいたが）まともに考えたことはなかったし、またそうしたことを語る日本人に会ったこともなかった。ところが、スペンサー先生を初めとするアメリカ人は、それらをあたり前のことのように口にする。真理は、それを聞いて衝撃を受けたのだ。

十五歳の真理は、二〇〇九年の現在の真理にも支えられながら、「天皇の戦争責任」について勉強する。その過程で、彼女は、「A級戦犯」について、また帝国憲法についいて等、多くのことを初めて知る。日本のことを、アメリカの最果ての地で知る、という倒錯がここにはある。

小説は、二〇〇九年から始まる時間と一九八〇年から始まる時間とを交互に進行させるように展開する。前者、つまり二〇〇〇年代の筋の中で、一九八〇年から「現在」までの間に、真理とその家族にどのようなことがあったのかが次第に明らかになる。父の会社が倒産した後に父が亡くなっていること、そして何より母親との複雑な関係等が、明らかになるのだ。真理が、中学を卒業した後、日本の高校に進学せずに、アメリカに渡ったことについては、母親の願望・意向が関係しているらしい、ということが示唆される。二〇〇九年から始まる筋は、二〇一一年三月十一日で終わる。

小説のクライマックスは、最終章、十六歳になった真理の高校で行われたディベートである。ディベートは、日本人にはあまりなじみがないが、特定の提題に関して、肯定側と否定側のチームに分かれて、それぞれ立論し、相互に相手に尋問することで、どちらの主張が説得的であったかを、裁判のように競い合う討論ゲームである。自分が肯定側か否定側かは、その場で決められる。このアメリカ的なゲームを、小説の中の真理は、攻守を完全に入れ替えながら戦うベースボールに喩えている。

真理が参加したディベートの提題は、もちろん、「日本の天皇には第二次世界大戦の戦争責任がある」であった。真理は、肯定側になる。真理は、裁判長役のスペンサー先生が、このディベートで「東京裁判をやり直そうとしている」ことに気づく。このディベートは、真理が、役割を逸脱して、現人神としての天皇と神の子であるイエス・キリストとはどう違うのか、同じではないか、という問題を提起したところで、会場が騒然となり、中途で打ち切られた。

その後、短い幻想的なシーンが入り、再び、ディベートがやり直される。今度こそ、東京裁判のやり直しである。いや、東京裁判の反復、再現というべきかもしれない。ディベートに参加する、スペンサー先生や真理の級友には、全員、仮面が与えられる。その仮面は、実際の東京裁判に参加した人々の顔が描かれていた（スペンサー先生はウェッブ裁判長等と）。真理に与えられたのは、白い、顔のない面であった。真理の役割は、（実際の東京裁判では被告として喚ばれることがなかった）天皇ヒロヒトだったのだ。このディベート＝東京裁判の中で、真理は、まさに天皇としてふしぎな言葉を発する。"I AM THE PEOPLE." "I AM THE PEOPLE OF THE PEOPLE（私は人民のなかの人民である）." と。最後に、真理＝天皇は、私たちが負けたことはしかたがないが、どう負けるかを自分たちで定義しなかったことが、本当の負けだった、と語る。痛いほどの沈黙のあと、会場からまばらな拍手があがった。

終わらない「戦後」

以上が、『東京プリズン』のあらすじである。この小説は、独特の手法を通じて、第二次世界大戦における、日本人と天皇の戦争責任を主題化している。

現代の日本人は、第二次世界大戦の戦争犯罪や戦争責任に対して、両義的な感覚をもっている。一方で、戦後生まれの大半の日本人にとって、戦争責任は、無関係なものである。そんなことを言われても「うざい」というのが、現代の日本人の平均的な反応であろう。しかし、他方で、現在の日本人は、戦争責任や戦争の罪の問題にまったく無縁だと断じきることもできない、と感じているのではないだろうか。自分たちがいかなる意味でも責任がなく、まったく罪がないと片付けるのには後ろめたさが残るが、かといって、逆に、自分たちが、または自分たちの祖先が、全面的に有罪であると見なすことにもわりきれないものを感じる、といったこだわりを、現代の日本人はもっているのではないか。

日本人が、戦争責任の問題から自由になりきれてはいない、ということを示唆する事実は、日本における「戦後」という時代区分の残存である。日本人は、現在が、「戦後」に含まれている、という感覚を未だにもっている。しかし、日本近代史の専門家であるキャロル・グラックによれば、第二次世界大戦が終結してから六十年以上も経過しているのに、なお「戦後（ポスト・ウォー）」というカテゴリーが、現在を理解する時代区分として活用されているのは、日本だけである。たとえば、同じ敗戦国でも、ドイツやイタリアには、「戦後」という一つの時代が持続しているという感覚が、とっくに失われている。しかし、日本では、たとえば「戦後レジーム」という語が、現在の体制を指すのに使われる。日本では、昭和三十一年の経済白書が「もはや戦後ではない」と宣言して以降、何度も、戦後の終わりが宣言されながら、「戦後」という時代区分がゾンビのように生きながらえてきたのだ。どうして、日本では「戦後」は死なないのか。戦争が終わったとき、戦争に負けたとき、解決すべきだった精神的な問題が、未だに解決されていないからだ、と考えるほかあるまい。

結局、敗戦したとき、日本人は、その敗戦の事実、敗戦にともなう責任と罪を正しく受け止めるのに失敗したのだ。『東京裁判』という映画も撮っている映画監督の小林正樹は、敗戦後一年間、アメリカ軍に抑留され、沖縄で強制労働に従事した後、必死の思いで帰国した。つまり小林は、敗戦の後、一年間のブランクを空けて、日本を見た。そのとき、彼は、強い違和感を覚える。一方で、彼は、日本の激変に驚いた。だが、他方で、彼は、こうも言う。「日本は戦前とまったく変わっていないように見えた」と。要するに、日本が激変できたのは、かえって、変わるべきことに関して何も変わっていないからではないか、というのが小林の直観であった。「あの時、人々はこぞって軍部を支持したのだ。こうした日本人の意識の変化が必ずしも悪いといっているのではない。ただその変化はどのように起きたのかが問題なのだ」。

原点の「よごれ」と「けがれ」

日本人の敗戦の受けとめの失敗について、最初に深い思考を展開したのは、加藤典洋である。一九九五年に発表した「敗戦後論」で、加藤典洋が摘出したのは、戦後の原点にある「よごれ」と「ねじれ」である。「よごれ」とは、誤った戦争によって敗北したという事実である。「ねじれ」とは、そうした戦前の誤りへの批判を踏まえることなく、理想主義的な戦後体制（特に平和憲法）を、軍事力を背景にして強制的に与えられたということである（『敗戦後論』講談社、一九九七年）。

加藤は、ねじれを正し、よごれを受け止めることで、アジアに対して謝罪することができる「主体」を立ち上げることが可能だと主張した。では、どうしたら、ねじれを克服し、よごれを直視することができるのか。そのためには、アジアの死者に先立って、日本人の――とりわけ軍人の――死者を追悼しなくてはならない、とするのが加藤の論であった。

しかし、加藤のこの提案は、共感や賛同も得られたが、それ以上に強い反発も受けた。もちろん、加藤からすれば、ある程度の批判や反発は想定していただろう。だが、加藤にとって（おそらく）誤算だったのは、批判者の中心が、彼よりも若い世代の学者や批評家だったことではあるまいか。私の推測だが、加藤は、侵略戦争に直接には参加しなかった世代、したがって戦争に責任があったという実感をもつことがない世代を念頭におき、そうした世代のために、「アジアの死者より日本人の死者を先に」という論を展開したのではないだろうか。ところが、実際には、まさに「彼らのために」と思っていたその「彼ら」からこそ、攻撃を加えられたのだ。

加藤典洋は、いわゆる「団塊の世代」に属している。つまり、戦後の五年以内に生まれた世代である。おそらく、加藤の議論に強い説得力を感じるのは、自分自身は侵略戦争に直接には加担しなかったとしても、少なくとも、その親の世代が戦争に直接に参加したという意識をもっている世代である。それよりも若い世代には、つまりその親（の世代）でさえも「戦争当時、自分は若過ぎて——あるいは未だ生まれていなくて——侵略戦争に責任があるとは思えない」と感じているような世代には、彼の議論は十分な訴求力をもたない。加藤の論の展開に説得力を感じるためには、戦場に送り込まれて、死んでいった日本の軍人に対して、「裏切ってすまない」という謝罪の念や、あるいは「裏切られて哀れだ」という憐憫の情をもつ必要があるからだ。

赤坂真理は、一九六四年、つまり東京五輪の年に生まれた。団塊ジュニアとまではいかないが、団塊の世代よりはずっと後の世代に属している。『東京プリズン』は、死者の直接の追悼とは別の方法を提案している。それは、時間と歴史に対する独特の操作を活用する方法だ。それが、「最後の審判」と関係がある。

国破れて、女になった

その操作について説明する前に、片付けておかなくてはならない問題がある。もともと、赤坂真理は、戦争について罪の意識をみじんももっていなかっただろう。当然のことである。戦争が終わってから生まれてきたのだから。それほど遠くない将来、日本人の全員が、戦後の生まれになる。そうなれば、戦争責任とか、戦争の罪などということは、自然と問題として消滅するのではないか。そんなことにこだわる必要はなくなるのではないか。

ところが、そうはいかないのだ。この点を説明しておかねばならない。抽象的に結論を言えば、次のようになる。日本人の一人ひとりをとれば、必ずしも、戦争に関して、罪の意識やうしろめたさを感じていないだろう。ところが、個々の日本人ではなく、「日本社会」が、敗戦という事実に、加藤が言うところの「よごれ」や「ねじれ」に躓いているのである。

次のような比喩で考えるとよい。誰でも、直接の深い関係をもっていなかった他人の葬儀に参列することがあるだろう。そのとき、あなたは、内側から込み上げるような悲しみを感じはしない。それどころか、ほとんど何も感じないかもしれない。しかし、葬儀では、弔辞が読まれ、哀悼の意を示すさまざまな儀式的な行為がなされる。つまり、「あなた」は悲しんでいなくても、その葬儀を執り行う「集団」は悲しんでいるのだ。そして、この集団の一員であることを自ら主体的に引き受けている以上は、「あなた」も悲しんでいる（ことになる）のである。あなたが、どんな内面的な意識をもっていようとも。

同じことは、日本人と戦争との関係についても言える。個々の日本人は、もはや、戦争についてあれこれとこだわることはないかもしれない。しかし、「日本社会」にとっては、敗戦は未だに克服できていない、トラウマ的な出来事である。

このことを鋭く分析してみせたのが、白井聡の『永続敗戦論』（太田出版、二〇一三年）である。先に、われわれは、どうして日本でだけ「戦後」という時代がいつまでも終わらないのか、という疑問を提起しておいた。この疑問に対して、白井は、こう答える。「戦後」であろうが、「敗戦後」であろうが、そもそも始まってさえいないからだ、と。始まらない以上は、終わるはずがない。

白井によれば、まず、敗戦という事実が、日本人によって、集合的に否認されている。日本社会では、敗戦という事実を認識において隠蔽しようとする（まともに認識せず、普段は忘れていようとする）、無意識の強いドライブが、集合的に作用しているのだ。『東京プリズン』で、高校生の真理が、スペンサー先生に、日本はアメリカの敵国で、アメリカに負けたのだとはっきり言われたときに驚いたのは、そのためである。日本にいると、アメリカは日本の同盟国であるということは繰り返し強調されるが、アメリカは敵国であって、日本は負けたということがはっきりと言われることはほとんどない。(4)

敗戦への の集合的な否認があることを示す証拠はたくさんあるのだが、一つだけ挙げておこう。「八月十五日」という日付だ。日本人は、この日を終戦の日として記憶している。しかし、「八月十五日」が終戦だということには、国際法の上では何の根拠もない。実際、この日を終戦の日と見なしているのは、日本と韓国・北朝鮮だけである。国際法の観点からすると、第二次世界大戦が終わった日は、日本がポツダム宣言を受諾した八月十四日か、日本の重光葵外相が降伏文書に署名した九月二日のいずれかであるべきだ。

八月十五日は、玉音放送がなされた日、つまり天皇が日本人に向けて「戦争を止めることにした」と告知した日である。なぜ、日本人は、この日にこだわるのか。この日ならば、(八月十四日や九月二日と違って)、「敗」戦ではなく、「終」戦になるからだ。[5]

敗戦の事実の否認は、どのような帰結をもたらすのか。白井によれば、敗戦を否認することで、逆に、敗戦という状態が永続化する。永続化された敗戦とは、政治・経済・軍事、そして文化といったあらゆる局面における、徹底した対米従属である。日本は「(敗)戦後」という期間に入ってすらいない、というのはこの意味である。日本社会は、この七十年近く、ただひたすら「敗戦中」だった、というのが白井の診断である。

『東京プリズン』の中で、真理(高校生)は、米軍のための「思いやり予算」のことを思い出して、次のように考える。

「この予算について大人たちからまともに教わらなかった」なぜなら……なぜなら大人たちがそれを恥じていたからでしょ? 恥じながら、かつての敵をもてなした。決して武士のようにではなく、男を迎える女のようにサービスした。それを、戦争を知らない私たちでも、どことなく感じ取ってる。戦争に負けたのは、いい。しかたない。だけれど、自分を負かした強い者を気持ちよくして利益を引き出したら、それは娼婦だ。続く世代は混乱する。誇りがなくなってしまう。男もそうした。男が、そうした。

真理は、こうも言う。「戦争が終わったら、日本人全体がアメリカの前に〝女〟になった」「国破れて、すべてが女になった」。娼婦であることに甘んずること、これが永続的な敗戦状態という意味である。

戦争にも敗戦にも関係がなく、責任もないと考えている日本人も、ここに描かれたような娼婦的状態、対米従属に関しては、それを当たり前のように受け入れている。そうであるとすれば、その人も、敗戦の集合的否認に参加していることになる。現代の日本人が、敗戦の事実を直視し、それに対して応分の責任や罪の意識をもたなくてはならないのは、このような認知と体験の構造があるからだ。

反復の反復

それならば、日本人は、敗戦の事実をどのように見つめればよいのか。どのように見たとき、それをあらためて主体的に引き受けることができるのか（自分の問題と見なすことができるのか）。その見方、その方法を『東京プリズン』は提案している。ここには、そうとははっきり書かれていないが、〈最後の審判〉の視点が、巧みに活用されているのだ。しかも二段構えで。

四十代に達している、現在の真理は、アメリカに留学していた思春期の真理から見れば、〈最後の審判〉がすでに終わってしまった後に属している。留学はとっくに終わっているのだから。〈最後の審判〉の後に属する立場から、過去をふりかえったときに、何が見えてくるだろうか。まずは、過去の行為が成功だったのか/失敗だったのか、正しかったのか/誤りだったのかが、確定的なものとして明らかになる。あの留学は失敗だった、あのとき自分は打ちのめされた、と。だが、それだけではない。

同時に、過去の「あのとき」、別様にもできたはずだ、ということが鬼気迫る現実味を帯びてたち現れてくるのではないか。「あのとき」の満たされなかった願望、実現できなかった希望が、浮上してくるのではないか。それらは、十分にあり得た、もうひとつの現実である。『東京プリズン』の、高校生の真理は、そのもう一つの現実を取り返すために、過去の留学を反復する。繰り返し強調しておけば、このような反復が可能なのは、〈最後の審判〉の後の視点が、つまりすでに四十歳を越えている現在の真理の視点が、別様の可能性にアクチュアリティを吹き込んだからにほかならない(ここに論じた、〈最後の審判〉については、第1章第5節を、つまりヴェーバーの『プロ倫』について論じた節をも参照)。

これと同じ関係が、今度は、高校生の真理と東京裁判との間にも生ずる。真理は、「天皇の戦争責任」について調べなくてはならなくなった。日本の敗戦を決定づける「東京裁判」の時点から見ると、一九八〇年代の真理は、やはり、〈最後の審判〉の後に属している。そこから見返したとき、被告である日本人民が、言いたかったけれども言葉にできなかったこと、言うべきだったのに言えなかったことが、つまり日本人の挫折した願望のようなものが、強い現実味をもった可能性として浮上する。

だから、彼女は、裁判が終わってから三十二年も経過した、メイン州の田舎の高校に、東京裁判を再現することができたのだ。それは、まさに〈最後の審判〉の反復である。真理は天皇となり、日本の人民の代弁者——小説では「通訳」という隠喩が何度も用いられている——として、現実の審判（一九四五年の東京裁判）で言えなかったことを語る。現在の真理からすると、自分自身の過去の反復の中で、日本社会の過去が反復していることになる。つまり、それは〈反復の反復〉、二重の〈反復〉である。

先に引いた、"I AM THE PEOPLE." "I AM THE PEOPLE OF THE PEOPLE." という奇妙な命題は、こうした文脈で発せられる。小説の中の真理、高校生の真理は、〃I〃という一人称代名詞のふしぎさについて思考を巡らしている。それは、何ものをも入れうる空虚な容器である、と。〃I〃のこうしたポテンシャルを引き出すためには、しかし、ここに述べたような、〈最後の審判〉の後の視点の独特の活用が必要だったのではないだろうか。そのことによって、捨て去られた過去の可能なアイデンティティを反復し、回復する必要があったのではないだろうか。こうして、真理は、一個の主体として、つまり〃I〃と名乗りうるものとして、敗戦の事実を直視、納得できる仕方で——外から強制されたものとしてではなく——罪を受け入れることができるようになったのだ。

4 イアン・マキューアン『贖罪』を読む

嘘の証言

次に、イアン・マキューアンの『贖罪』を読んでみよう。前節では、日本の戦争責任を主題にしながら、罪をどのように認めるか、という問題を考えた。次に考えるべきことは、罪を贖うことはできるか、である。マキューアンの小説は、まさにそのことをテーマとしている。

イアン・マキューアンIan McEwanは、一九四八年生まれのイギリスの作家である。一九九八年に、『アムステルダム』でブッカー賞を受賞している。『贖罪 Atonement』は、二〇〇一年の作品である。小山太一による邦訳がある（新潮文庫。以下の引用も小山訳による）。この長篇小説は、映画にもなっている。

すじを紹介しておこう。物語は前・後半に大きく分かれている。前半（第一部）の舞台は、イングランドの田舎にある、政府高官ジャック・タリスの屋敷である。この屋敷で、一九三五年の夏のある二日間、父ジャックが不在の間に起きた出来事が、前半の物語を構成する。それは、ジャックの末娘、十三歳だったブライオニーの後の人生を規定する大事件だった。ドイツではヒトラーが権力を握り、戦争の予感に人々が不安を感じている時代のことであった。

夏のこの日、ケンブリッジ大学を卒業して仕事をしている兄リーオンが、チョコレート工場を経営している友人ポール・マーシャルをともなって帰省することになっている。ブライオニーは、ちょうど滞在していた一歳年上の従姉ローラたちを配役して、自作の劇で彼らを歓迎することを予定していた。幼いながらも、ブライオニーは、物語を創作する才能に恵まれていた。

ブライオニーの姉セシーリアも、ケンブリッジを卒業したばかりである。セシーリアと、タリー家の使用人ロビー・ターナーは、互いに密かな恋心を抱いていた。ロビーは有能な男で、タリー家の当主ジャックに気に入られ、ジャックから学費を出してもらって勉強してきた。すでにケンブリッジ大学を優秀な成績で卒業しているのだが、さらに医学を修めたいという希望をもっており、そのために必要な学費も出してもらえる約束になっていた。この日、セシーリアとロビーの二人は、初めて互いの間の愛を自覚した。二人は、暗い図書室で交わっているところを、ブライオニーに目撃されてしまう。十三歳のブライオニーには、それは暴力のように（も）見える。

リーオンが友人ポールとともにやって来て、いよいよ、晩餐となった。その夜に、事件が勃発する。ブライオニーの従姉ローラが、屋敷の外の暗闇の中で、何者かに強姦されたのだ。それを目撃したのは、ブライオニーだけだった。彼女は、瞬間的に、犯人の顔を見た。

「あの人です。わたし見たんです」。ブライオニーは警察に対して力強く証言した。「あの人」とはロビーのことである。しかし、この証言は嘘であった。ブライオニーが見たのは別の人物であった。少なくとも、ブライオニーは、その男がロビーではないことがわかっていた。しかし、ブライオニーは、不屈の意思をもって、ロビーを見たと証言し、これを撤回しようとはしなかった。ここまでが、前半である。

後半（第二部・第三部）は、この五年後のことである。ロビーは、イギリス軍の一員として、フランスで、ナチス・ドイツと戦争の渦中にいる。彼は、結局、ブライオニーの証言のせいで、有罪になった。彼の無実を信じてくれたのは、母親と恋人セシーリアだけだった。彼は、志願してイギリス軍に加わっていた。軍人になると、監獄から出ることができたからである。

セシーリアはどうしているのか。彼女は、事件以降、家族と絶縁した。ロビーを信じない家族を赦せなかったからである。彼女は、今では、ロンドンで看護婦をやっている。ロビーとは、手紙のみでつながっていた。

では、ブライオニーはどうなったのか。本来であれば、彼女は、タリス家の慣わしにしたがって、ケンブリッジ大学に進学する歳になっていた。しかし、彼女は大学への進学を拒否して、見習い看護婦になった。これは、嘘の証言をした罪の意識からの選択であった。

そんなある日、ブライオニーは、あの強姦の被害者だった従姉のローラの結婚を知る。

ブライオニーは、休みを取って、結婚式が執り行われている教会に行った。ローラの結婚相手は、チョコレート工場の経営者で、今や大富豪になっているポール・マーシャル、あの五年前の夏の日にタリス家を訪問していたポールだ。ローラの選択は、ブライオニーには、まことに驚きだった。というのも、あの夜ローラを強姦したのは、他ならぬポールだったからだ！　真犯人がポールであることを、ブライオニーも、そしてローラ自身も知っていた。

教会を訪ねたその足で、ブライオニーは、セシーリアに会いに行った。謝罪するためである。セシーリアのアパートで、ブライオニーは、意外なことにロビーに会った。二人の恋人は、今や、ときどき一緒に会っていることをブライオニーは知る。ブライオニーは、二人に謝るが、完全には赦されない。しかし、彼女は、「証言を撤回する」との正式な陳述書を作ることを二人に約束した。陳述書があっても、すでに決まったロビーの刑を撤回することはできないのだが、しかし、ここに、微妙に和解の響きが、ロビー＝セシーリアとブライオニーとの間の和解への萌芽があったことも否めない。ブライオニーが、二人のもとを離れ、地下鉄に乗るために地下に降りていくところで、小説は終わる。

ブライオニーも戦争も、ふたり〔ロビーとセシーリア〕の愛を壊すことはなかったのだ。そのことが、都市の地下深くに沈みこんでゆくブライオニーの慰めとなった。

末尾には、「ブライオニー・タリス ロンドン、一九九九年」という署名と書かれた日時が入っている。つまり、この小説自体が、約六十年後に、ブライオニー自身によって書かれていたという設定である。

処女作にして、最後の作品

『贖罪』は、ブライオニーが偽証の罪を償うまでの物語だ、ととりあえずは言うことができる。罪は贖われただろうか。

この点を考察する前に、しかし、解決しておかなくてはならない疑問がある。ブライオニーは、どうして偽りの証言をしたのか。彼女はなぜ、嘘の証言に、あれほどの情熱をもって固執したのか。これは、ロビーにとっても謎だった。

ほんとうの理由は、小説の後半にならなければわからない。前半に書かれている、表面上の理由は、以下の通りである。ブライオニーは、幼かったために、自分が目撃したいくつかの状況（図書室でのロビーとセシーリアの性交等）から、ロビーが姉セシーリアに危害を加える「ならず者」だと勘違いしてしまう。そして、彼女は、ロビーから姉を守ることが自分の使命だと勝手に考えた。そんなとき、ローラが襲われ、ロビーを姉から隔離する千載一遇のチャンスがやってきた。ローラが偽りの証言をしたのはこのためである。

だが、この理由は納得できない。肝心のセシーリアこそが、徹底してロビーの味方だったのだ。セシーリアのそうした様子を目の当たりにしたら、ブライオニーは、偽証によってロビーを陥れる必要性が消えたはずだ。

ブライオニーが偽証したのは、彼女もロビーを好きだったからである。後半の展開の中で、ブライオニーもまた、ロビーに恋心を抱いていたことが明らかになる。彼女の虚偽の証言への情熱は、それゆえ、セシーリアに対する嫉妬と、何より自分の想いを受け入れてくれなかったロビーに対する復讐心によって支えられていた。「姉を守るため」というのは、自分の行為を正当化し、嫉妬や復讐心を（自分自身に対して）隠蔽する「言い訳」である。本人としては、姉を守る善行だと自分で自分に言い聞かせているのだが、その情熱にエネルギーを備給しているのは、恋愛感情に根をもつ嫉妬や怨恨である。ただ愛だけが、満たされなかった愛だけが、あれほどにひどい行為へと少女を駆り立てることができるのだ。

ところで、『贖罪』は、ブライオニーが偽証の罪を償うまでの物語だと今しがた述べた。実は、この小説には、すでに紹介した第三部までの物語の後に、短いエピローグが付いている。エピローグのタイトルは、「ロンドン、一九九九年」である。エピローグには、第三部までの小説を書いたブライオニーの「現在」のことが書かれている。彼女も、今では、七十代後半の歳になっている。

そのエピローグによると、ブライオニーは大作家になり、いくつもの著名な小説を書いてきたようだ。しかし、七十七歳の現在、医者に、認知症の徴候があると診断された。ブライオニー自身には、未だ深刻な自覚症状はないが、これから次々と記憶が脱落していくに違いない。新しい小説を書くことはもはや不可能だ。したがって、今書き終えた小説——第一部から第三部までのこと——は、彼女の最後の作品になるだろう。と、同時に、この小説は、彼女の処女作でもある、と暗示される。というのも、ブライオニーは、自身の第一作として、この小説の前身にあたるものを書き、その後、何度も改稿してきたからだ。

贖いの不可能性

このエピローグの最後に、驚くべき真実が明らかにされる。小説のここまでの展開をすべて否定してしまうような驚くべき真実が、である。第一部から第三部までは、ほとんど回想記である。つまり、それは、事実をそのまま書いたものだ。しかし、そこには、ただ一点だけ、事実と違うことが書かれている。そこだけが、虚構《フイクシヨン》なのだ。どこが虚構、虚偽なのか？　彼女が仕上げた小説の結末では、恋人たちは歩道で寄り添いながら、地下鉄へと向けて去っていくブライオニーを眺めている。しかし、現実には、ロビー・ターナーは、一九四〇年六月に、イギリスに帰ることなく、フランスの海岸で病死していたのだ。そして、その三ヶ月後、セシーリアも、ロンドンの地下鉄の駅で爆死していた。小説が事実と一致しているのは、ローラの結婚式の場面までである。その後、ブライオニーがセシーリアのアパートを訪問したというのは嘘である。結局、ブライオニーの虚偽の証言によって別れ別れになった恋人たちは、結ばれることなく、ドーバー海峡のこちら側とあちら側で死んでしまったのだ！

どうしてブライオニーは、結末だけ、事実に反することを書いたのか？　ロビーとセシーリアが再び会うことなく死んでいったということでは、あまりに悲惨で、救いようがないからであろう。それならば、事実に対するこうした変更は、善いことなのか？　つまり、この嘘は、二人に対する善行なのか？　ほんとうは会えずに死んでいった二人を、せめて小説の中では結ばれたことにすることで、二人に対して善いことをしたことになるのだろうか？　そして何より、こうした虚構、こうした嘘は、償いになるのか？　ロビーとセシーリアの二人に対するブライオニーの償いになるのだろうか？

とんでもない！　断じて、これは償いにはならない！　実際には再会すらかなわなかった二人が、小説の中でだけ幸せに暮らしたことにされて、うれしいはずがない。むしろ、この虚構部分は、とてつもないごまかしであり、冒瀆的ですらある。ブライオニーは、己の過ちの罪深さに耐えられず、その罪を、自らが許容できる程度のものに減殺すべく、事実を歪曲しているのだから。第三部の最後の方のブライオニーのあの言葉、自分の所業によっても、戦争によっても、ロビーとセシーリアの愛が壊れなかったと思うと慰めになる、というあの言葉を想い起こすがよい。したがって、ここでは償いは完全に失敗している。否定されてさえいるのだ。

『贖罪』は、第三部までの段階では、贖いについての物語、幼い頃の罪を償う物語に見える。しかし、全体としてみれば、それは、贖いができなかったことを示す物語、贖いの不可能性についての物語である。

小説の不可能性

『贖罪』はさらに、次のような洞察を含んでいる。すなわち、贖いの不可能性という問題は、そのまま小説の不可能性でもあるという洞察を、である。二つの不可能性は表裏一体なのだ。次のように書かれている。

そんな説明〔ロビーもセシーリアも互いに会うこともなく戦争中に死んでしまった等の事実をそのまま叙述した説明〕から、いかなる意味や希望や満足を読者が引き出せるというのか？　ふたりが二度と会わなかったこと、愛が成就しなかったことを信じたい人間などいるだろうか？　陰鬱きわまるリアリズムの信奉者でもないかぎり、誰がそんなことを信じたいだろうか？　わたしはふたりにそんな仕打ちはできなかった。わたしはあまりに年老い、あまりにおびえ、自分に残されたわずかな生があまりにいとおしい。わたしは物忘れの洪水に、ひいては完全な忘却に直面している。ペシミズムを維持するだけの勇気がもはやないのだ。

どのような希望も、どのような救いもなく、どのような視点から見ても善さや悦びのかけらもない、そのような帰結では、小説として成り立たない。小説として完結するためには、最後に一片の希望を、救いを、つまりは生の肯定性を付け加えなくてはならなかったのだ。ブライオニーが、六十年近い作家人生の中で、何度もこの小説に取り組みながら、挫折してきたのは、それまでは、事実をそのまま叙述していたからである。愛の成就を示唆する虚構の結末を書くことで、やっと、この小説は可能になった。『贖罪』という小説は、逆説的にも、小説そのものの限界についての小説、小説の不可能性をめぐる小説でもあったのだ。

二つの不可能性の一致は、次のように言い換えてもよい。罪を贖うということは、小説を、あるいはより一般的に物語を創作することと同じことだ、と。償うとき、人は、自分の罪の犠牲者となった他者に対して次のように言わなくてはならない。「Xについて、ごめんなさい」「Xについて、赦してください」と。このXの部分が、どんなに短かろうが、一個の物語を構成している。Xは、償う主体の罪や過ちを、すなわち償いの言葉を発する主体にとって否定的なことを語っているのだが、それでもなお、当の償う主体が受け入れることができるような、最小限の希望や救いや善さを含んでいなくてはならないのだ。ブライオニーもまた、そのような肯定的なものをXに与えるために、最後の虚構（虚偽）の部分を付け加えた。しかし、そのような改変は、言わば、償うべき対象、償いがそこへと向けられている事実を、致命的に損なってしまう。言わば、償いがその標的を外してしまうのである。
償いの不可能性は小説の不可能性だと述べてきた。これだけであれば、小説家という、それほど多くはない特殊な商売に従事する人たちにのみ関係した主題であると考えられるかもしれない。しかし、この主題はすべての人にかかわる普遍的な主題に直結している。ブライオニーが次のように語るとき、そのことが明らかになる。

この五十九年間の問題は次の一点だった——物事の結果すべてを決める絶対権力を握った存在、つまり神でもある小説家は、いかにして贖罪を達成できるのだろうか？　小説家が訴えかけ、あるいは和解し、あるいは許してもらうことのできるような、より高き人間、より高き存在はない。小説家にとって、自己の外部には何もないのである。なぜなら、小説家とは、想像力のなかでみずからの限界と条件とを設定した人間なのだから。

つまり、小説の不可能性とは、同時に、神の不可能性、（現代社会における）神の不在をも意味してしまうのだ。小説が不可能な理由、償いが不可能な理由、そして神の存在が不可能な理由は、すべて同じである。この世界には、とうてい償いえないような罪がある。ブライオニーの嘘の証言のような。無差別殺人のような。……もし神が存在しているのだとすれば、どうして、これほどにも破壊的な罪の存在を許したのだろうか、このような疑問がどうしても湧き起こる。世界を創造し、主宰する神が存在しているとすれば、この世界のあらゆることは、神がそれを許容する程度には善いはずだからだ。言い換えれば、償いえないことの存在は、神の致命的な失態を意味してしまう。それどころか、そもそも神は存在してはいないのではないかという懐疑、いや確信を産み出してしまう。

これは、古い主題だ。旧約聖書の「ヨブ記」の主題も同じところにある。信仰篤く、裕福な男ヨブに、突然、次々と恐るべき不幸がふりかかる。彼は、財産も家族もすべて失い、さらに自分自身も重篤な皮膚病に罹患する。ヨブほどの善人が、どうしてこれほどの苦難に耐えなくてはならないのか。ここに友人たちがやってきて、ヨブの苦難に宗教的・神学的な説明を与えようとする。「君がこんな苦しい目にあうのは、君が何か過ちをおかした報いに違いない。神は公正なのだから」等と。友人たちの説明は、しかし、ことごとく間違っている。友人たちは、ヨブを冤罪で裁こうとしているのだ。

最後に、驚いたことに神自身がやってくる。神は友人たちの説明をすべて斥け、ヨブが正しいと評価する。では、神は何をするのか。神は、滔々と語り出す。何を？　これが再び驚きだ。神は、ヨブの苦難とはおよそ関係がないことを延々としゃべるのだ。神が語っているのは、己の自慢話である。

しかし、神が自分の能力を大げさに語れば語るほど、その発話行為は、逆のことを意味してしまう。「そんなに何でもかんでもできるのならば、どうしてヨブを救ってやらなかったの？　どうしてヨブにあんなに無意味な苦難を与えたの？」という疑問が出てきてしまうからだ。

神がすべきだったこと、神に期待されていたことは、ほんとうは何だったのか？　ヨブにその苦難の意味を説明してやること、そのことによって、多大な苦難を与えたことに関してヨブに償うこと、これである。神は、「しかじかの理由でお前に苦難を与えた」と説明することで、ヨブの苦難に報い、癒すべきであっただろう。だが、神は、それをしない。できないのだ。あまりにも苦難が無意味で、救いようがないからだ。神がどうして長広舌の自慢話に没頭しているのか、その理由は、自分をこの「神」の立場に置いてみると、すぐに理解できる。われわれもまた、他人からの期待に反する失態を演じて恥をかいたとき、それを糊塗しようとして、イタい言い訳をすることがあるだろう。「変だな、いつもだったらできるのに。今日は、ちょっと寝不足で……、いや、いつもだったらこんなの簡単なんだが……」等々と。神の自慢話は、これと同じである。

「ヨブ記」と『贖罪』は同じテーマを共有している。ヨブに対応するのが、後者ではロビーである。彼もまた、突然の、無意味な不幸に襲われる。前者の神に対応しているのが、後者のブライオニーである。ヨブの神は、償うことを諦めて、大言壮語の自慢話に逃避した。ブライオニーは、何とか償おうとするが、その代わり、償うべき事実を歪曲してしまう。どちらも、償いに失敗している。「ヨブ記」は宗教的な正典の一部でありながら、神の無能性への暗示を含んだ、いやそれどころか神の不在への暗示すら含んだ、恐るべきテクストである。『贖罪』は、それの現代版である。

5　フィリップ・クローデル『ブロデックの報告書』を読む

エアアイクニエス――ある殺人事件

贖うことができない罪がある。そのような罪に直面したとき、人はどうすべきなのか。このことを考えるために、今度は、フィリップ・クローデル Philippe Claudel の『ブロデックの報告書 *Le rapport de Brodeck*』を読んでみよう。この小説の主題は、私の考えでは、赦し、逆説的な赦しである。普通は、こう思われている。赦されると気が楽になる、と。だが、ときに赦されることは赦されないことよりも、なおいっそう厳しい。そのような赦しについての物語が、この小説である。

フィリップ・クローデルは、一九六二年に、フランスのロレーヌ地方に生まれた。クローデルは、小説家としてはルノード賞などを受賞しており、映画監督でもある。彼が生まれたロレーヌ地方は、ライン川西岸で、ドイツと国境を接している。このロケーションは、『ブロデックの報告書』にも関係している。この小説は、二〇〇七年の作品である。高橋啓による邦訳は、二〇〇九年に出ている（みすず書房。以下の引用も高橋訳による)。まずは、あらすじを紹介しよう。

フランスの辺境の寒村に、長く――三ヶ月ほど――滞在していた旅人が、村人たちによって殺された。ときは、第二次世界大戦が終結して、間もない頃である。村人の一人、ブロデックは、村長から、この事件について報告書を書くように依頼される。村人の中で、文字が書け、しかも筋道のたった文章を作ることができるのは、ブロデックくらいのものだったからである。

ブロデックは、村とその周辺の生態調査の報告書のようなものを定期的に当局に送る仕事で、細々と暮らしていたらしい。この小説は、報告書作成についての小説である。ブロデックの一人称で、彼が報告書を作成していく過程で経験したり、思索したり、回想したりしたことが語られるのだ。ただし、出来事が起きた順に書かれているわけではない。順不同に断章が重ねられ、やがて、全体の像が見えてくる、という構造になっている。なぜ、客人は殺されたのか? 小説は、この謎をめぐる一種のミステリーになっている。

まず、想定されている村の位置を確認しておく必要がある。この村は、ドイツとフランスの国境地帯にあり、今はフランスだが、歴史の中で、常に、二つの国の間を揺れ動いていたことがわかる。要するに、村は、クローデル自身が生まれたロレーヌ地方のどこかにあるのである。このような歴史的経緯のために、フランス語の記述の中に、ドイツ語の語彙が、しかも訛って変形したドイツ語がたくさん混入している。

たとえば、あの殺人事件は、一貫して、Ereigniës（エアアイクニエス）と呼ばれる。普通に Ereigniës は Ereignis（エアアイクニス）の訛ったものだ。Ereignis は、もちろん、「出来事・事件」の意味だが、同時に後期ハイデガー哲学の中核的用語の一つでもある。

第二次世界大戦が終わって間もない頃、この村に、突然、太った、身なりのよい人物がやってきた。馬と驢馬を連れて、である。この人物は、もう何年もまともな客がなかったような、村の唯一の宿に、長期の滞在を始める。その宿は、村人たちが集まる居酒屋でもある。この太った男は、何のために村に来たのか、何をしているのか。村人にはさっぱりわからない。そもそも、村人には、彼の名前が最後までわからなかった。最初に聞きそびれてしまい、その後、誰も尋ねることができなくなってしまったのだ。だから、この小説では、彼はただ、Anderer（アンデラー）と記される。単に「他者 Autre」という意味である。

村人たちは、最初は、Anderer を歓迎しようとする。村を挙げての歓迎会まで開催された。しかし、村人は次第に、Anderer をうさんくさく感じるようになる。さらには、単なるうさんくささを越えて、強い不安を感じるようになっていく。

この小説の中で、ブロデック自身のことも、ずいぶん語られる。実は、彼も、もとを正せば、Anderer と同様に、この村にとってはよそ者だった。彼は、親に捨てられた孤児であった。幼い頃、フェドリーヌという旅の女性に拾われて、この村にたどり着く。村人は、親切に彼らを迎え入れた。その後、二人は、村に定住した。

ブロデックは、知的能力に恵まれ、たいへん優秀だった。村に一人くらいは、大学出のインテリが必要だという考えから、村人たちは共同で、ブロデックの学費を出資して、彼を「首都」の大学に行かせた。単に「首都」とだけ指示されているが、記述から、そこはパリではなく、ベルリンであることが明らかだ。在学中に、彼は、エメリアという女性と出会い、恋に落ちる。彼は、エメリアをともなって、村に帰ってきた。はっきりとは書かれていないが、それは、どうやら、「水晶の夜」の直後のことのようだ。水晶の夜とは、一九三八年十一月九日の夜から翌十日未明にかけて、ドイツ各地で起きた、反ユダヤ主義の暴動で、このときユダヤ人の住居、ユダヤ人が営む商店、シナゴーグなどが襲われ、破壊された。後のホロコーストへの重大な転換点になったとされている。壊れたガラスの破片が月明かりに照らされて水晶のように光ったために、ゲッベルスが、この事件を「水晶の夜」と名付けた。

ブロデックは、戦争中、ユダヤ人とともに強制収容所にいた。そこで、文字通り、彼は「犬」として飼われ、かろうじて生き延びた。その前に、彼は、収容所までの過酷な移動の中で、貨車の中で知り合った友人と一緒に、若い女とその赤ちゃんを「殺した」。女が、赤ちゃんのために確保していた瓶入りの水を、女が眠っているすきに、二人で飲んでしまったのだ。その上、ブロデックは、その友人も、見捨てた（貨車から収容所まで走り抜けることを強いられたのだが、疲れ果て、走れなかった友人は射殺されてしまった）。

強制収容所の中で、囚人たちは、"Ich bin nichts."と言うことが強いられた。フランス語では、"Je ne suis rien."、英語では"I am nothing."である。「私は無です」を意味するこのセンテンス（邦訳では「私は屑である」）は、この小説を読解する上での鍵である。このセンテンスは、『東京プリズン』で、天皇＝真理が発した"I am the people（私は全人民である）."と対をなしている。この点については、後で述べよう。

戦争終結の後、ブロデックは、命からがら、村に帰ってきた。ブロデックが生きて戻るとは思っていなかった村人たちは、ブロデックを見て、驚愕する。ところで、なぜ、ユダヤ人ではないブロデックは強制収容所に送られることになったのか。それが重要だ。

戦争中、ナチス・ドイツの軍隊が村に侵入してきて駐留した。彼らは、基本的には、たいへん紳士的だった。村人たちは、ナチスの軍隊をむしろ歓迎した。ナチスの隊長は、しかし、村人の中から、「よそ者」を供出するように、と要求してきた。それに先立って、ナチスの駐留軍は、命令に対して反抗的だった村人の一人を、村人たちの眼前で断首して殺害し、村人たちに恐怖を植え付けた。村の実力者グループ「覚醒兄弟団」は、秘密の会合の末、ブロデックと、もう一人の男を、「よそ者」としてナチスに差し出すことに決めた。覚醒兄弟団は、村長を含む村のリーダーたちによって構成されているのだが、一般の村人は、そのメンバーが誰なのかを、（おおよその見当はついてはいるが）詳しくは知らない。ブロデックが、ユダヤ人の強制収容所に送られるようになったのは、このためである。

この覚醒兄弟団のメンバーの一人が、ブロデックの親友で、インテリのディオデムだった。彼は、Ereigniës の直後に自殺したらしい。親友の机を譲り受けたブロデックは、報告書の作成過程で、ディオデムが隠しておいた長い手紙を発見する。その手紙は、ブロデックをナチスに渡したことを謝罪する内容だった。これを読んでも、ブロデックは、怒りも憎しみも喜びも何も感じなかった。手紙には、共謀者のリストもあったが、ブロデックはそれすら読まず、手紙を焼き捨てた。

ナチスが村に駐留しているとき——ブロデックがすでに強制収容所に送られた後で村にいなかった間に——、もうひとつ、大きな悲劇が起きた。ナチス・ドイツの敗北の予感が高まる中で、不安にかられた兵士たちが、集団で、ブロデックの妻エメリアを強姦したのだ。エメリアはかろうじて生き延びたが、発狂し、外界に対して完全に心を閉ざしてしまった。

戦後の現在、村に戻ったブロデックは、エメリア、彼をこの村に連れてきた女——今や老婆になっている——フェドリーヌ、そしてプップシェットという幼い娘とともに、四人で暮らしている。しかし、エメリアの精神状態はもとに戻らない。

どういうわけか、ブロデックは、宿に Anderer を訪ね、彼に対して自分の境遇や人生について告白した。カトリックの社会では、告白の聴聞は、本来なら、神父の仕事である。つまり、意図することなく、Anderer が神父の仕事を引き受けていることになる。では、この村には神父はいないのか。もちろん、いる。彼は、表面的には従来通り、神父の仕事をしているが、アル中になっており、内面では、今や過激な無神論者である。

この村では、神父が最も神を信じていないのだ。

ある日、Andererは、「お礼」と称して、宿の食堂でパーティと展覧会を開催し、村人たちを招待した。食堂には、村人たちの肖像画と村の風景画が何枚も飾られていた。数ヶ月の滞在期間中、Andererは、それらをずっと描いていたのだ。村人たちは、自分たちが描かれているこの絵を見て、なぜかひどく動揺した。彼らは、絵をすべて破壊してしまう。

翌日、村長は、Andererに村を去ることを勧めるが、聞き入れられなかった。その直後に、何者かによって、Andererの馬と驢馬が殺された。Andererは、ひどく狼狽し、嘆く。そして、ついに、Andererが滞在していた宿でEreigniësが起きた。村の男たちの大半が殺害に加わったと思われるが、詳細は書かれていない。ブロデック自身は、この惨劇に加わっていない。

ブロデックは、報告書を村長に提出する。しかし、村長は、それを読んで、焼き捨ててしまう。ブロデックは、家族とともに村を出ることを決意する。村を発ってから、後ろを振り返ってみると、村は消滅していた。

虐殺の動機

誰もが知っている小説ではないので、いささかていねいに筋を紹介した。この小説における、最大の謎、考察すべき最大の謎は、言うまでもなく、どうしてAndererは殺されたのか、にある。Andererは、村人たちに、何らの危害も加えていないように見える。誰にも迷惑をかけていないように見える。それなのに、彼が殺されたのはなぜなのか。
村人たちの、Anderer殺害への意志が急速に高まり、それが行動化されるにあたって、最後の決め手になったのは、彼が描いた肖像画と風景画である。それらは、彼が村人たちを歓待しようとして開いたパーティで公開された。それらの絵は、決して上手くはなかった。少なくとも、写実的ではなかった。しかし、ブロデックの親友ディオデムは、こう言っている。「けっして本物に忠実ではないけれど、本物以上に本物なんだ」と。
ブロデックは、自分を描いた肖像画について、次のような感想を述べている。

Andererが描いた肖像画はいわば生きていた。それは僕の人生だった。それは僕自身と立ち向かい、僕の苦痛、僕の目眩、僕の恐怖、僕の欲望と向かい合っていた。そこには……（中略）……すべてが見えた。それにはこれまでの僕のすべて、かつての僕のすべてを今の僕の顔に照り返す濁った鏡だった。

つまり、Andererの風景画や肖像画は、一人ひとりの人生を、包み隠さず映し出す鏡だった。どんな醜悪な秘密も、この絵を通じて暴露されてしまう。Andererの素描をゆっくりと見直すと、最初は平凡に思えていたのがにわかに活気づき、その中に描かれた「顔たちはそれぞれの秘密と苦悩と醜悪と過誤と悶着と卑劣を語りはじめた」。

ここから、Andererが村人たちに殺された理由を説明することができる。村人たちには、自ら否認しようとしている罪がある。彼らには、どうしても直視できない恥辱の過去があるのだ。仲間を裏切り、ナチスに委ねたという罪、事実上、殺人に加担したことになるという罪、仲間を見殺しにした罪が、彼らにはある。Andererは、あるいは彼が描いた肖像画や風景画は、無言のうちに、これらの罪を暴き出す。Andererは、これらの罪を責めるわけではない。糾弾しているわけではない。しかし、村人自身が、開示されてしまったその罪に耐えられず、それを自分が犯したものとして引き受けることができない。それゆえ、村人たちは、Andererを殺したのだ。

Andererに、何か特別な能力があったわけではない。彼は、村人たちの過去を調査したり、詮索したりしたわけでもない。彼は、実際には、村人たちの過去について何も知らなかっただろう。

Andererの目を媒介にして、過去の罪を見てしまうのは、村人たち自身である。村人は、普段、これを否認し、また抑圧している。が、しかし、彼らは、この「抑圧」に後ろめたさや居心地の悪いものを感じている。Andererという、名前をもたない純粋な他者を触媒にして、抑圧していたものが回帰してくるのだ。

こうした展開は、決して、ありそうもない作り話ではない。現実の世界でも、これと同じようなことが起きるからである。たとえば、精神分析医のことを思うとよい。あるいは、分析医の歴史的な前身とも言うべき、カトリックの神父のことを思うとよい。精神分析において、患者は、分析医の目を通じて、自分自身の真実を見る。その際、われわれは次の事実に留意しておくとよいだろう。分析医は、ほんとうは患者の過去や抑圧された欲望等をあらかじめ知っているわけではない。しかし、にもかかわらず、患者は、もし分析医がいなければ自分自身すらも想起したり、自覚することができなかった無意識に、分析を通じて出会うことになるのだ。患者は、初めから自分で明確に自覚していることを告白するわけではないのだ。分析医の視線を想定しなかったときには、患者自身、その無意識の層を見ることがなかっただろう。Andererは、ここで、精神分析医と似た機能を果たしているのだ。

啓示

Andererは、イエス・キリストに喩えられるのではないだろうか。Andererは、どこからともなく、この村にやって来て、罪もないのに殺された。キリストも、特に必要もないのにエルサレムに入り、罪なしに処刑された。Andererが、馬の他に驢馬を連れていたということが、キリストとの類比性を示唆している。キリストは、旧約聖書のゼカリヤ書の預言に従って、驢馬に乗って、エルサレムに入城したとされているからである。前節で述べたように、マキューアンの『贖罪』は、物語作者としてのブライオニーを、ヨブ記の神の立場に置いた。クローデルの『ブロデック』は、Andererを、キリストの立場に置く。

このことから、次のような期待をもったら、行き過ぎだろうか。『ブロデック』という小説を通じて、キリストの殺害の真実が明かされたのではないか、と。福音書を読んでも、イエス・キリストが、なぜ殺されなければならなかったのか、彼がどのような罪に問われていたのか、よくわからない。十字架の上で殺されたということは、死刑になったということである。もちろん、これは冤罪だ。冤罪だとしても、つまり誤りや嘘であったとしても、何らかの罪状がなくては、処刑することはできない。しかし、キリストが殺害された理由になっている罪がはっきりしない。要するに、ユダヤ人たちが、どうしてキリストの死を、強く望んだのか、その理由がはっきりしない。ローマ総督のピラトは、明らかに、キリストの殺害に対して消極的である。

キリスト教は、啓示宗教 the religion of Revelation である。啓示宗教とは、何か、啓示されるような秘密をもった宗教という意味ではない。啓示宗教を、密教やグノーシス主義のようなものと混同してはならない。啓示宗教とは、すべてが啓示されてしまう宗教、背後に暴かれるべき秘密をもたない宗教、という意味である。

啓示＝暴露は、二つの方向で作用する。第一に、前項で述べたように、Anderer は、人々の恥ずべき罪についての事実を、秘密ではないものにしてしまう。ブロデックの報告書もそうである。報告書の機能は、啓示＝暴露である。第二に、報告書は、Anderer＝キリストの殺害についての謎を消し去るのではないか。この小説は、言わば、五つ目の福音書である。

ここで、Andererを殺害した出来事が、小説の中で、一貫して、Ereigniës（エアアイクニエス）と呼ばれていたことに、注目しておこう。これは、ドイツ語のEreignis（エアアイクニス）の訛ったものだと指摘しておいた。さらに、Ereignisは、後期のハイデガーの鍵概念の一つでもある、と述べておいた。ハイデガーのEreignisとは何か。ハイデガーは、存在と存在者の間の存在論的な区別に、こだわり続けた。存在者（存在するもの）を存在そのものと取り違えてはならない、というわけだ。とはいえ、しかし、存在者とは別に、存在があるわけでもない。存在の真理は、存在者において顕現するほかない。したがって、まとめると、ハイデガーによれば、存在の真理は、存在者として現前すると同時に、隠れる。この隠蔽をともなった、存在の真理のたちあらわれる出来事を、ハイデガーのEreignisと呼んだのである。(6) ブロデックを殺害する事件も、隠蔽を通じた、真理の啓示をともなっている。そのように解釈できるのではないだろうか。

分割された残り

キリストとAndererの類比を延長させてみよう。

ナザレのイエスが、実はキリスト（メシア・救世主）である、ということの意味をよくよく理解する必要がある。本来だったら、救世主が到来すべきときはいつなのか。言うまでもない。〈最後の審判〉の日である。ナザレのイエスがキリストだということは、〈最後の審判〉の日に来るべき者が、今ここに来てしまっている、ということを意味している。同じことは、Andererがここに来ている、という状況にも言える。『罪と罰』が、未だ来ぬ〈最後の審判〉を準拠とする物語だとしたら、『東京プリズン』は、すでに終わった〈最後の審判〉を活用している。そして、『プロデック』は、「今まさに」という状態の〈最後の審判〉にかかわっている。

当然のことながら、〈最後の審判〉は、本来は未来に属しており、「来るべき」という様相を呈する。その日、来るべきその日には、何があるのか。人類（普遍性）が二つの部分に分割されるのだ。救われる部分と、罪があるがゆえに呪われている部分とに、である。

本来は「その日」に来るべき救世主が、今ここに来ており、われわれがこうして生きているということは、結局、現在の「われわれ」がまるごと肯定された、ということである。「われわれ」は全員、罪がないとして、救われたのだ。このことこそ、キリストが来たことによって人間の原罪が贖われた、という状態である。ということは、〈審判〉に固有の分割、「救われた者／呪われた者」「無罪／有罪」という分割が生じなかった、と理解してよいのだろうか。

そうではない。現在化された〈最後の審判〉もまた、審判（裁判）である以上は、類（人民）の分割をともなっている。ただ、「現在化」されているがゆえに、つまり現在の「われわれ」全員が肯定されているがゆえに、その分割は、独特の形式をとっている。ここで生じていることは、「Q部分に分割されること／R分割を逃れる残余」という分割である。類（人民）が、「Q／R」に分割される。Qは、「罪が贖われない（者がいる）」という状態に、Rは、（救われる者と呪われる者との分割から逃れている以上は）「罪が贖われている」という状態に対応する。「われわれ」の全員が肯定され、その罪が贖われたということは、何を意味しているかと言えば、Qの方は空集合であって、「無」だということだ。したがって、結論としては、現在化された〈最後の審判〉においては、類から「無Q」を排除したときの「残余R」が救済されるのだ。〈最後の審判〉が現在化されたときには、通常の分割、「救済／呪い」という分割を拒否するような分割が生ずる。それは、「無Q／残りR」という分割だ。

Andererは、肖像画や風景画によって、すべての人の人生のすべての側面を、まるで鏡のように映し出す。それによって、彼は、過去の行状に関して詰問したり、咎め立てたりするわけではない。彼は、むしろ、罪ある者と罪なき者との分割をあえて中断し、すべての村人の過去を肯定しているのだ。その意味で、彼は、全員を、救われている「残りR」の方に組み入れたのだと解釈することができる。

無から人民へ

こうして救世主（キリスト、Anderer）が、今ここに到来したことで、全員が「残りR」の方に分類される。これは、「皆、救われることになったからよかったね」「これで安心だね」という状況なのか。普通はそのように解釈されている。しかし、それは、救世主の到来に、実際には立ち会っていない人の呑気な見解である。ほんとうに、救世主が、今ここにやってきてしまったときに人が感じるのは、まったく逆のことである（はずだ）。『ブロデック』の村人たちの反応は、そうした切迫した状況から来たものだと解釈することができる。説明しよう。

われわれは誰も、何が正義であるかを積極的に言うことはできない。何が正義であるかを、一般的に定義できる人はどこにもいない。しかし、われわれは皆、よく知っている。自分自身が、曇りなき救いには到底値しないということを、自分は何らかの罪を抱えていることを、である。先の「無Ｑ／残りＲ」という分割において、Ｑが罪が贖われていない側であり、Ｒが罪が贖われた側であった。われわれが皆、よく知っていることは、この分割において、自分自身の実態からすれば、自分は「無Ｑ」の側にこそ属している、ということである。これをそのまま命題にすれば、『ブロデック』に出てきたセンテンス、"Ich bin nichts" "I am nothing" が得られる。これは、ナチスの強制収容所で、囚人に言うことが強いられた言明である。

ところが、すでに、ことEreignisは起きてしまっている。「このEreignis」とは、ここでは、〈最後の審判〉である。このとき、全員が次のように知っている。「私は、この審判において、罪を贖ったＲの方に登録されている」と。私の実態はＱである。しかし、審判において、私はＲという宣告を受ける。このようにギャップがある。どうするのか。どうすべきなのか。私は、直ちに、Ｒ（罪が贖われた者）に相応しいものとして行動しなくてはならない。もう待ってはくれないのだ。「いずれは善いことをしよう」「いずれは償おう」などと言っている余裕はないのだ。もう救世主はここに来てしまっているからである。状況は、これ以上にないほどに切迫している。

したがって、次のようになる。まさに自分が無であること、罪人であることを自覚する者こそ、救われる「残りのもの」、つまり救われる類（人民の全体）の側に入ることができる、という逆説が生起するのだ。英語で言えば、こうである。"It is because *I am nothing* that *I am the people* as the remainder."一人称の主語Iで始まる二つの文（イタリック）が、このように結びついている。前者は、『ブロデック』に出てくる文であり、後者は、『東京プリズン』で、被告人である天皇が発した文である。

ブロデック自身も、一人称（I, je）が、すべての人（people, tout le monde）を指し示しうることに自覚的であった。彼は、報告書の作成を引き受けるにあたって、次のように宣言している。

「わかったよ」と僕は言った。「語ってみよう、努力してみよう、努力すると約束しよう、ただし、ほかの報告書と同じように一人称（je）で書く、ほかに書き方を知らないから、でも断わっておくけど、その一人称はすべての人を意味するからね、いいかい、すべての人だよ。村人全員、このあたりの集落すべて、僕らみんなを示すために僕は一人称を使うからね、いいかい？」

人民peopleが「残りのものremainder」であるという点については、ハンナ・アーレントが言っていることが参考になる。アーレントは、フランス革命の頃までは、「人民people, peuple」という語には、「排除された不幸な階級」という含みがあった、と指摘している。彼女は、こう言っている。フランス革命当時の思想家の中で感傷的な面が最も少ないシェイエスでさえも、「人民、この不幸な者」という語を用いた、と。したがって、ジョルジョ・アガンベンが述べているように、「人民」を意味している西洋の諸語people, peuple（仏）, popolo（伊）, pueblo（西）は、両義性があって、市民の全体という意味と、政治から排除されている残りの者という含みの両方をもっているのだ（アガンベン『ホモ・サケル』一九九五年。邦訳は以文社、二〇〇七年）。つまり、the people as the remainderである。

神を救う行為

だが、さらに先がある。自分の罪と向き合い、直ちにそれを返上するという重圧に耐えられない者がいるのだ。というより、そのような者の方が多数派である。そういう者は、ここに救世主がいること、もう〈最後の審判〉の日になっていることを否認するしかない。つまり、救世主を殺して、排除するしかない。イエス・キリストの殺害は、こうして生じたのだ。あるいは、Andererの虐殺も、同じ原因から引き起こされたのであろう。

このように、救世主を殺してしまえば、前項に述べたような反転、つまり「(私は)無である↓残りのものである↓(救われる)人民すべてである」という反転は生じない。このとき、人は「無」に留まらざるをえない。ブロデックが去った後、村が消えてなくなったのは、このためである。「下を見ても、村らしきものはまったくなかった。村がなくなっていた。村が、僕の村が完全に消滅していた」。

振り返ってみれば、村人たちは、Anderer の名前を知ろうとしなかった。ただ、〈他者〉とだけ指示されていたのだ。村人たちは、救世主の到来を、「それ」として認知しようとしなかったのである。彼らは、何とか、それを無視しよう、なかったことにしようとしていたのだ。それがもう不可能だというところまで追いつめられたとき、彼らは、Anderer をほんとうに殺すしかなくなった。

*

普通は、われわれはこう考えている。神がまずいて、罪深いわれわれを赦し、救ってくれる、と。しかし、『ブロデック』の読解を通じて導き出した論理は、こうした常識を完全にひっくり返すものである。

有名なパスカルの賭けでもそうだが、普通は、われわれ人間の方が、神の存在や赦しに賭ける。しかし、ここで見てきた論理では違う。神(キリスト、Anderer)の方が、まず、一か八かの賭けに出ているのだ。「お前らは全員、赦された、救われた」と、神はいきなり宣言してしまっている――あるいは行為によってその宣言を表現してしまっている。

この宣言を実効的なものにできるのは、われわれ人間の方である。われわれが、赦されるに値する者として行動したとき、神のこの宣言は「適切なものだった」ことになるのだ。もしわれわれが、赦されるに値する者のごとくふるまわなければ、神は間違った宣言をしたことになり、権威を失墜する。つまり、われわれの方こそ、神をして、賭けに勝たせてやることができるのだ。神がわれわれを救うのではない。われわれの方が神を救うのだ。この「神を救う行為」こそが、究極の倫理的な行為ではないだろうか。

註

（1）もっとも、紅野謙介の『物語　岩波書店百年史1』（岩波書店、二〇一三年）によれば、『こころ』はほんとうは岩波書店が刊行した三冊目の本である。創業者岩波茂雄の「強い意思」もあって、『こころ』が岩波書店の「処女出版」であると「みなされる」ようになったという。

（2）ラスコーリニコフの殺人は、自分自身の社会的な成功のためのもの、まったく利己的な動機に基づくものであって、「人類云々」は言い訳に過ぎない、と

なのだが。

(3) チェコスロバキアの首脳が入っていないというだけでも、とんでもない協定

容認せざるをえなくなる。

ももたずに、人類のために高利貸しの老婆を殺す者がいたときには、それを

もし、そのような解釈に安住するならば、ほんとうにいかなる利己的な動機

解釈する読者もいるだろう。だが、そのような解釈は問題の矮小化である。

(4) アメリカに負けたということは、アメリカの同盟国であった中国にも負けたということになるのだが、そのことは、もっと強く(二重に)否認されている。だから、中国がときどき「勝者」としてふるまうと、日本人は烈しく憤激する。白井はこう言っている。自虐史観批判の本質は、「あれこれの歴史的出来事についての別様の解釈ではなく、敗戦の否認である」と。

(5) 佐藤卓己『八月十五日の神話——終戦記念日のメディア学』ちくま新書、二〇〇五年。佐藤によると、「八月十五日=終戦」という認識は、第二次大戦の直後にはなかった。八月十五日が終戦の日だという認識には、現在でも、公式の根拠はないが、これが、日本人の間でほぼ常識として定着したのが、一九五五年頃である。つまり、冷戦体制の国内版、五五年体制が確立した頃に、八月十五日が終戦の(非公式の)記念日になったのである。このことには、本文での考察を補強する重大な意味があるが、ここでは詳論する余裕はない。以下を参照されたい。大澤真幸『近代日本のナショナリズム』講談社、二〇一一年、第3章。

（6）比喩的に言えば、こうである。人が、何かについて嘘を騙り、その何かを隠蔽しようとしたとする。その何かの真実は、それについて嘘が言われるという仕方で開示されることになる。たとえば、前節で読解した『贖罪』で、大作家となったブライオニーは、小説の結末に嘘を書き、二人の恋人の死を隠蔽した。そのことによって、この出来事の真実が、贖うことの不可能性として開示された。これが隠蔽をともなって現前する、という状況である。

第３章

読んで考えるということ

自然科学篇

テーマは、神

伝統的には、哲学やその他の人文系の学問によって問われていた疑問の多くが、今日では自然科学の領域に移植されている。たとえば、意識や自由意思の問題は、脳科学の問題に転換される。多様な生命に関する問いは、進化生物学の領域に移される。そして、何より、宇宙や物質の謎は、物理学の問題だ。今日では、「実験形而上学 experimental metaphysics」という用語すらある。こうなると、もはや、哲学をはじめとする人文系の学問の多くが、必要なくなるのではないか、と思えてくるだろう。実際、スティーヴン・ホーキングは、最近著 *The Grand Design* (Bantam Books, 2010) の最初の頁で、こう宣言している。「哲学は死んだ」と。

だが、哲学的な問題が、物理学をはじめとする自然科学でも問われるようになったということは、人文系の知が不要になった、ということを意味しているわけではない。逆である。物理学を含む自然科学の探究が、哲学やその他の人文系の考察によって補われなくては、完結できなくなったということ、このことこそが、哲学的な問いが自然科学に移植されていることの含意である。実際、哲学の死を自信たっぷりに宣したホーキングにしてから、そのわずか二頁後で、こう述べている。自分は、「モデル依存実在主義

model-dependent realism」という名前のアプローチを採用する、と。「モデル」という概念は、どう見ても物理学のそれではなく、哲学由来の概念である。自身の探究の方針をあえて「モデル依存実在主義」と規定することが、哲学的な立ち位置が前提になっていることを表明している。

本章では、数学や物理学に関連するいくつかの著書、専門家でなくても十分に理解できるように書かれている優れた著書を参考にしながら、これらの科学と現代の哲学が提起する宇宙観の中心的な含意を取り出してみよう。

1　数学と人生

●吉田洋一『零の発見』を読む

「0」の謎

二十世紀以降の数学や物理学の先端を主題化する前に、数学や物理学の起源に目を向けよう。

もし、「0」という数字がなかったら、つまり0が1や2と同等の数として認識されていなかったら、複雑な数学はとうてい不可能だっただろう。しかし、人類は、数学（らしきもの）を始めてからかなりの時間が経っても、0が、つまり「何もない」という状態が、もう一つの数であるという認識には到達していない。0が数であると見なすことは、「無」を存在の一種と認識することである。多くの地域、多くの文化は、こうした認識に容易には到達しなかった。たとえば、ローマ数字には、0はない。数としての「0」が発見され、普及するプロセスを追ったのが、数学者吉田洋一の名著『零の発見――数学の生い立ち』（岩波新書、一九三九年）である。戦前に書かれた著作だ。まずは、この本から読んでみよう。

数学で使われている算用数字は、しばしば「アラビア数字」と呼ばれるが、0をはじめとするこれらの数字の発明者はアラビア人ではない。算用数字が、ヨーロッパにアラビアからもたらされたので、このように呼ばれているだけである。吉田によれば、そもそも、アラビアには、もともと数字らしい数字はなく、ムハンマドの出現以前には、彼らは、数をすべて「言葉」をもって表していた。

0を発見したのはインド人である。これは確実なことだ。六世紀頃であったと推定されている。0が発見されているということと、「位取り記数法」が用いられているということとは同じことである。0があって、初めて位取り記数法が可能になる。あるいは、位取り記数法のために、0が発見された。

ところで、位取り記数法をそのまま表現しているように見える装置、つまりソロバンは、世界の各地で発明された。しかし、ソロバンがあっても、0と位取り記数法が普及しているとは限らない。ただインドのみが、0をその核心に含む位取り記数法を確立したのである。

本書が依拠している歴史研究によれば、インド数字は、西カリフ国（後ウマイヤ朝）を通じて、ヨーロッパに伝わったらしい。最初にヨーロッパに伝わったのは、八世紀の初頭ではないか、と推定される。しかし、ヨーロッパで0が普及したのは、十三世紀末である。さらに、ヨーロッパで、0を用いた筆算法（縦書きの加減乗除法）が完成したのは、イタリア・ルネサンスの時期、つまり十五世紀だ。

本書に記されている以上のことは、驚くべき事実である。どの部分が？　まず、インド人以外は、誰も最初、0を数として扱わなかった、ということが、である。中国にも、ギリシアにも、エジプトにも、あるいはアラビアにも、文字をもち、商業を発達させた文明があった。それらの文明のもとで、人々は当然、数を駆使していたが、その数の中に0を含めることは思い至らなかった。ただインド人だけが、0を、1や2と並ぶ数と見なしたのだ。なぜ、インド人だけが、そのような一般化に成功したのだろうか。

もう一つの驚くべきことは、0の普及のあまりの遅さである。とりあえず、0という数字が形の上では伝えられても、それが一般に普及し、広く使用されるようになるまでに、ヨーロッパでは、何世紀も経過している。さして役に立たないものであれば、普及に時間がかかっても、驚くにはあたらない。しかし、われわれは、0がどんなに便利なものなのか（0がなければ、どれほど不都合か）をよく知っている。商人や行政官にとっては、特に0は便利だったはずだ、と推測することができる。だが、彼らも長い間、0を使用しなかった（できなかった）のだ。0の普及は、どうしてあれほど遅かったのだろうか。

これらの疑問に関して、本書で、吉田洋一は、確定的なことは何も説明していない。とりあえず、インドで0が発見されたという事実については、吉田は、ありがちな説に懐疑の目を向けている。ありがちな説とは、インドの哲学や仏教と関連づける見方である。インド哲学では、「空」についての思索が展開された。これが、インドでのみ、0が「存在」と見なされたことの原因ではないか、というのだ。だが、吉田は、次のように書いている。「こういう高遠な考えかたは、ただ興味だけを中心とした見地からは、捨てがたい味があるにしても、とうてい問題の本質に多くの光を投げえないのではないか」と。

確かに、インド哲学に「空」の思索があることを、0の発見の原因にするのは、安易に過ぎる説かもしれない。また仮に正しかったとしても、今度は、どうして、インドの哲学や宗教では「空」が中心的な価値をもったのかが、あらためて疑問になるので、謎を少しも解決してはいない。たとえば、「犯罪」でも実行犯の背後に黒幕がいるらしいということがわかれば、黒幕が何者なのか、黒幕の動機は何なのかが問題になるだろう。仮に「0」の背後に「空」があったとしても、問題そのものが転嫁されただけで、解決はしていない。「0」と「空」とは、ほぼ同じ場所、同じ文明から発生しているので、同一の要因が関連していた可能性はあるが、それが何であるかをつきとめなくては、問題を解決したことにはならない。ちなみに、「空」についての洗練された思索を展開した大乗仏教系の哲学者ナーガールジュナ（龍樹）は、二世紀後半から三世紀前半の人である。

ここでは、吉田が述べていること、彼が確実であると見なしていることを、再確認するだけで満足しておこう。確実なこととは、0が、人生と社会における実践的な必要に規定されて発見され、導入されたに違いない、ということである。0は、思弁の中で発見されたわけではない。0が用いた記数法や計算法がきわめて有効であるような社会的な活動の領域があったこと、それが、0の発見の——十分条件ではないが——必要条件であった。

このように、原初の数学は、生の具体性と密着し、連動していた。しかし、数学には逆の力もある。生の実際からは独立した、固有の宇宙を構成しようとする力が、である。数学のこのような力を感じさせる出来事が、ごく最近、つまり二十一世紀初頭にあった。ポアンカレ予想の証明が、それである。数学の起源から、一挙に、ごく最近の数学に眼を転じてみよう。

◉春日真人『100年の難問はなぜ解けたのか』を読む

ポアンカレ予想をめぐる旅

宇宙はどんな形をしているのか？　高校生だった頃、ある有名な天文学者の講演があり、私がこのように質問したところ、「宇宙は詩である」などと答えられ、ごまかされたことがある。確かに、専門家として、宇宙の厳密な形を断定することにためらいがあったのだろう。しかし、誰であれ、宇宙全体の形については、だいたい丸いと想像するのではないか。どこにも穴のあいていない丸（球）のごときものとして、宇宙を思い描くだろう。

だが、ここで一つの問題にぶつかる。紙に描かれた丸を、われわれがまさに「丸い」と認識できるのは、その丸が二次元空間（平面）に属していて、われわれ自身は三次元空間にいるため、その「丸」を外から眺めることができるからである。しかし、仮に宇宙が丸かったとしても、宇宙それ自体より高い次元にわれわれの視点を設定することはできない。つまり宇宙の「外」は存在しない。とすれば、どうやったら、宇宙が丸いかどうかを知ることができるのだろうか。

丸の中に属している者が、どのようにして自分が属している宇宙がまさに丸いということを知ることができるのか。この判定基準についての仮説を「ポアンカレ予想」という。今から一〇〇年余り前、つまり一九〇四年に天才数学者アンリ・ポアンカレが提起した予想だ。ポアンカレは、数学だけではなく、哲学や物理学にも才能を発揮した知の巨人である。そして何より、数学においては「トポロジー」というまったく新しい数学の領域を開拓した。トポロジーは二十世紀の中盤に入ると、それまでの幾何学の主流、微分幾何学を押しのけ、幾何学の王者になる。

トポロジーは、ゴムのように伸び縮みする図形を扱う幾何学だが、ポアンカレの時代は、芸術に関してはまさにアール・ヌーヴォーの時代だ。アール・ヌーヴォーは植物などをモチーフとした、グニャグニャとしたやわらかい曲線を主張するデザインを特徴としており、今でもパリに行くとこの時代のデザインがたくさん残っている。トポロジーとアール・ヌーヴォーには、共通の時代精神の発露を感じる。

ポアンカレ予想もトポロジーの領域に属する命題である。この予想を専門用語のままに記述すると、「単連結な三次元多様体は、三次元球面に同相である」となる。宇宙が「単連結な三次元多様体である」ということが確認できれば、宇宙は丸い（三次元球面と同相である）と見なすことができるのではないか、つまり「単連結な三次元多様体かどうか」ということが、宇宙が丸いかどうかの判定基準になりうるのではないか、というのがポアンカレの予想である。とはいえ、この命題は、数学の専門家でなくては理解できない語の使いかたになっている。

しかし、数学の本質は、このような用語に頼らなくても表現することができる。今、専門用語で紹介した命題を分かりやすく言い換えれば、次のようになる。長いロープを付けたロケットが、宇宙一周旅行をしたとする。ロープはたいへん長いので、常に、端の部分は地球に残っていて、ロケットと一緒に宇宙に飛んでいってしまうことはない。やがて、ロケットは宇宙をグルッと巡って、われわれのもとに戻ってくる。さて、そのロープをたぐり寄せて、われわれの手もとに回収することができるだろうか。「回収できる」ということが「単連結」という意味である。実際、船がロープを付けて地球一周してきたとしたら、われわれは、そのロープを地表（海面を含む地球の表面）から離すことなく回収することができる。地球が丸いからである。もし地球がドーナツ型（トーラス）だったりしたら、つまり地球の真ん中に穴があいていたら、（地表から離さずに）ロープを回収することは不可能だ。同じことが宇宙の全体でも成り立つのではないか、というのが、ポアンカレ予想だ。

一世紀強の間、多くの優秀な数学者たちがこの命題の証明に挑戦してきた。つまり、ポアンカレ予想が正しいということを証明しようと試みてきた。しかし、誰もこれに成功しなかった。ポアンカレ予想は、二〇〇〇年にアメリカのクレイ数学研究所が七つの未解決問題、「ミレニアム懸賞問題」の一つに選んだ。

ところが、二十一世紀に入って間もなく、サンクトペテルブルク出身のグレゴリー・ペレリマンという数学者が、ポアンカレ予想をついに解いたのだ！　これだけでも大ニュースだが、その後の展開がさらに驚くべきものだった。ペレリマンはこの功績によって二〇〇六年にフィールズ賞の受賞者に選ばれた。しかし、彼は受賞も賞金も拒否したのである。受賞が発表された式にも現れなかった。フィールズ賞は四年に一度しか出ない、数学界最高の栄誉、ノーベル賞以上に価値あるとされる賞であり、もちろん、今までに受賞を拒否した者はいない。単にフィールズ賞受賞を拒否しただけではない。彼は社会一般にも完全に背を向け、貧困生活の中に孤独に引きこもってしまったのだ。ほとんど誰にも会おうとしない。どうしてなのか？

ＮＨＫが、二〇〇七年十月に、この天才数学者とポアンカレ予想をめぐる「ＮＨＫスペシャル」を放映し、評判になった。『１００年の難問はなぜ解けたのか——天才数学者の光と影』（ＮＨＫ出版、二〇〇八年。現在は新潮文庫）は、この番組を作ったディレクターの春日真人が、ペレリマンやポアンカレ予想について書いたものだ。流れは番組とほぼ同じだが、番組には出てこなかった事実や解説もあって番組よりもだいぶ詳しい。そして何より、きわめて平易である。ポアンカレ予想についての私の右記の解説も、本書の説明に従っている。

数学者たちの挑戦

春日のこの著書は、どちらかというと、数学の内容を正確に解説することよりも、数学者たちの人生を伝えることに力点を置いている。本書がまず教えること、それは、数学の難問が数学者の人生をいかに大きく狂わせるか、ということである。たとえば、ギリシア出身のパパキリアコプーロス（愛称パパ）とドイツ出身のウルフガング（ヴォルフガング）・ハーケンのライバル関係は、実に痛ましい。前者は「デーンの補題」という難問を証明し、後者は「四色問題」を解決した、たいへん優秀な数学者だ。二人はともにプリンストン高等研究所に所属して、ポアンカレ予想に取り組んだ。同じ研究所に属していながら、それぞれ自分の仕事の状況を徹底的に秘匿し、それでいて、相手の進捗の具合が常に気になって仕方がなかった。一度、ハーケンが証明に成功したらしい、という情報が流れたことがあった（証明には成功していなかったことが後で判明したのだが）。そのとき、パパは、敗北のショックで、ほとんど半狂乱になったという。

結局、ハーケンは家族に支えられて「ポアンカレ病」から立ち直り、春日らのインタヴューにも答えているが、パパは恋人をはじめ多くを、ポアンカレ予想のために捧げられた時間とエネルギーを別にしたほとんどすべての人生の幸福を犠牲にしたうえに、無念のうちに早世している。パパは、ポアンカレ予想の証明に成功した後に、恋人と結婚するつもりだったらしい。

本書はさらに、ポアンカレ予想に迫った他の数学者の歩みも紹介している。特に重大な進歩は、「マジシャン」と呼ばれた天才数学者ウィリアム・サーストンによってもたらされた。サーストンは、いきなり宇宙は丸いかどうかと考えるのではなく、逆に、もし丸ではないとすれば他にどんな形がありうるのか、と考えるところからスタートした。そして一九八二年に、彼はある予想に到達する。「宇宙が全体としてどんな形をしていたとしても、それは必ず最大で八種類の形をした異なる断片から成り立っている」と。この予想の意味するところを理解するためには、たとえば、万華鏡を回したときのことを思うとよい。万華鏡を覗くととても複雑な形が見えるし、二度と同じ形はできないが、それらは結局、数種類のピースの組み合わせである。宇宙もこれと同じである。「最大で八種類」なのでピースの種類はそれ以下の可能性もあるが、しかし八種類を超えることはない。これがサーストンの予想で、「幾何化予想」と名付けられている。サーストンはこの予想を提起したことでフィールズ賞を受賞した。

八種類の図形の中には「丸」も、もちろん含まれている。丸以外の図形が一つでも含まれていると、あの「ロープ」が回収できない（単連結ではない）ことがわかっている。言い換えれば、ロープが回収できるのは、宇宙が丸いときに限られる。ということは、幾何化予想を証明することとポアンカレ予想を証明することは、同じことになる。幾何化予想を証明すれば、ポアンカレ予想を証明したことになるのだ。しかし、サーストン自身はどういうわけか、幾何化予想を証明することを放棄してしまう。

数学者には、二種類のタイプがある、という。問題を提起する（真理と思われることを予想する）のが得意なタイプと問題を解くのが得意なタイプである。同じことは、他の学問分野にも言える。数学ほどには明確ではないが、（優れた）学者に、二つのタイプがあるのだ。他の分野では、この二タイプの学者の相違が、数学ほどには鮮明にならないのは、他の分野では、問題や仮説や予想を提起する作業と、それらを解いたり、証明したりする作業との間の区別が、それほど明瞭ではないからだ。が、いずれにせよ、学者には、二つのタイプがあることは、ほぼ一般的に成り立つ。サーストンは、問題提起型の数学者だったのであろう。

ペレリマンの証明

そして、いよいよペレリマンの登場である。二〇〇二年の秋に、数学界に奇妙な噂が流れたという。インターネット上に、さりげなく、ポアンカレ予想と幾何化予想の証明が出ている、と。最初は「よくある話」で、すぐに間違いが発見されると考えられていたものの、どうしてもそんな間違いは見つからない。翌二〇〇三年四月、そのインターネット論文の執筆者、つまりグレゴリー・ペレリマンがニューヨークで公開レクチャーをおこなった。会場はポアンカレ予想に挑んできた数学者やトポロジーの専門家で埋め尽くされ、大盛況だった。そして、ポアンカレ予想は、衆目の前で証明されたのである。

春日の紹介をもとにして、私が、この証明に関しておもしろいと思ったことを記しておこう。

第一に、数学と物理学とのふしぎなつながりである。実は、ペレリマンが公開で証明したとき、会場いっぱいの数学者たちは、自分がまさに専門としてきたポアンカレ予想のことが語られているのに、その証明の内容をほとんど理解できなかった。その証明には、トポロジーが使われておらず、トポロジーによって幾何学の王者としての地位を追われていた過去の王者、つまり解析幾何学が使われていたからである。ペレリマンは、予想もつかぬ手段を駆使して証明をしたのである。

解析幾何学はもともと、物理現象の説明のために整えられた数学だ。解析学の源流にはニュートンがいる。実際、ペレリマンの証明には「エネルギー」「温度」「エントロピー」といった普通は数学では使われない、物理学の概念が何回も登場する。純粋な数学、物理現象から乖離している抽象的な数学が、どこかで物理学と合流してしまうかのように思える。

ポアンカレ予想と同様に超難問で、ミレニアム懸賞問題にも入っている「リーマン予想」という難問がある。これは素数の規則性についての予想で、まだ誰も解けていない。素数など、純粋に数学的なことで、物理現象とはまったく関係ないように思えるが、最近では、リーマン予想とミクロな物理法則とのつながりが示唆されている。リーマン予想に関連する方程式とあるミクロな物理現象に関わる法則を表現した方程式が、まったく同じ形をしているのだ。数学と物理学の間には、人類がまだよく理解していない結びつきがあるのではないか。

第二に、時間をめぐる独特の操作がおもしろい。「時間」などという概念も、ペレリマンがこの証明を、物理現象を扱うように行ったから出てくるものであろう。ペレリマンは時間を奇抜な仕方で操作する。少し説明してみよう。

幾何化予想は、宇宙は八種類の基本形に分けられる、というものだった。実は、宇宙を細かく切り分けることは簡単なのだが、その切り分けたパーツはグニャっと歪んでいて、それがどの基本形なのかを判定するのが難しい。歪んだパーツの形を整えなければならないが、それが困難なのだ。

リチャード・S・ハミルトンが、リッチフロー方程式というものを使うと、形が整えられると証明していた。これは、「宇宙の形に何らかの変化要因を加え、時間（t）を経過させれば、複雑な形の宇宙は最終的にキレイな形に変化する」という意味をもつ、時間についての微分方程式である。本書では、それをシャボン玉の比喩で解説している。ストローでシャボン玉を膨らますと、最初は凹凸をもったグニャグニャとした形になるが、一定の時間を経ると、均整のとれた球になる。リッチフロー方程式が意味している過程は、これに似ている。

これで、切り分けた宇宙の断片の形を整えることができるので幾何化予想を証明できる……と思いきや、また問題が出る。シャボン玉の形を整えると、膜が薄くなって割れてしまう。同じように、形を整えられたピースはコントロールが難しく、しばしば割れてしまうのだ。数学的に言うと「特異点が生じてしまう」。そうなると、先の計算ができなくなってしまうのである。

そこで、ペレリマンは破天荒なアイディアを導入する。シャボン玉が割れそうになったら時間を過去へと戻してもよい、としたのだ。宇宙が破裂しそうになったとき、時間を過去へと遡ってもよい、というわけだ。ペレリマンは、時間を未来や過去へと自由に操ることで、特異点（破局）を巧みに回避したのだ。すごいアイディアである。そして、こんな連想をせざるをえない。現実に、破局的な出来事が起きたときのことを思ってみよ。たとえば、悲惨な原発事故が起きたときのことを。そのとき、人は過去に遡って「あのとき、あんなふうにせずに、これこれしておけば、こんな破綻に至らなかったのに」と激しく悔恨するだろう。こうした破局（特異点）に出会わなくては、このような過去への遡及は生じない。破局に直面したとき、過去における、現実とは異なる「他なる様態」が、空しい可能性であることを超え、十分にありえた切迫したアクチュアリティを帯びるだろう（第1章第5節参照）。この悔恨とともにある過去への遡及を、数学のレベルで実際の操作として定式化したのが、ペレリマンが編み出した関数「L関数」である。こんなふうに考えてみたらどうだろうか。

社会からの完全な撤退

それにしても、ペレリマンが事実上失踪し、社会に完全に背を向けたのはどうしてなのか。その謎は残る。春日真人らＮＨＫの取材チームは、この謎に何とか迫ろうとする。ポアンカレ予想について解説した本はたくさんある中で、私があえてこの本を選んで論じているのは、この本が、単なる推測によってではなく、まさに脚を使って、この謎に肉薄しているからである。

ペレリマンは、一九六六年にサンクトペテルブルクで生まれた。若い頃からものすごく優秀だった。特に、数学と物理学の才能は抜群の中の抜群であった。高校生のとき、ソ連代表として数学オリンピックに出場し、好成績を挙げた（満点で金メダル）。当時、ペレリマンは明るくよく笑う少年だった。後に、人を避けて引きこもることになるとは、とうてい思えなかった。

冷戦が終わると、東西の学者の交流が盛んになる。この交流の波に乗って、ペレリマンはアメリカに渡った。アメリカ滞在中のある時期から、彼は急に人付き合いが悪くなったようだ。今から振り返ってみると、その頃からポアンカレ予想に取り組み出したのだ。そして、ペレリマンは突然、ロシアに戻ってしまう。そして、先に述べたような経緯で、ポアンカレ予想の証明を公表したのだ。

春日らは、何とかペレリマンに接触しようとする。彼が住んでいるという、ぼろぼろのアパートまで行った。最後の切り札として彼の高校時代の恩師、数学オリンピックのチームを率いた恩師を通じてアプローチを試みる。電話をかけてもらい、ついに電話口にペレリマンその人が出た！　しかし、結局は拒否され、会うことはできなかった。なぜ、ペレリマンは社会を、他者を拒否したのか。彼を称賛し、愛する他者までも。その理由は、結局、わからなかった。

私としては、勝手に、こんなことを考えてしまう。知というものは、一般的に、〈宇宙universe〉を形成しようとする傾向をもっている。ここで〈宇宙〉というのは「これがすべて」という包括性をもっていて、その外部に対しては完全に閉じられている、つまりその外部が存在していないものと想定する「全体」という意味である。こうした〈宇宙〉を形成する力において、数学はずば抜けている。知の他の領域は〈宇宙〉を形成しようにも、結局は他の知に依存したり、現実に依存したりして、自分だけで充足することができない。しかし、数学だけは、他への依存を絶った自己充足的な〈宇宙〉を有する。これが数学の魅力でもある。

私には、ペレリマンが、ポアンカレ予想という超難問と格闘している間に、そのような〈宇宙〉の中に深く入り込んでいったように思えてならない。ポアンカレ予想が、宇宙が丸いかどうかに関わる予想だったことは、実に示唆的である。丸いということは、どこにも穴がない、包括的で排他的な全体性ということだからだ。

究極の coincidence（偶然の一致）

だが、同時に、ペレリマンの証明は、先に述べたように、数学と物理学との間の秘密のつながりを暗示している。外部の「実在」についての探究と、自律した知が、どこかで収斂してしまうかのようだ。

物理学では、「coincidence」ということが言われることがある。「偶然の一致」という意味である。ほんらいは無関係のこと、別のことの間に、「あれ⁉」と思うような符合があるときに使う語である。たとえば、太陽と月の「見た目の大きさ」（視直径）は、ほとんど同じになる。どうしたことだろう、と思うようなとき、coincidence というわけだ。coincidenceの大部分は、もちろん、文字通り偶然の一致であって、物理学的にはたいして意味がない。しかし、あまりにもありそうもないレベルの偶然の一致は、そこに何か重要な原因や未知の法則が関係していることを暗示している。純粋に数学的に探究してきたことの中に物理学の概念が呼び込まれたり、純粋に数学的な方程式が実験や観測を基礎にもつ物理学上の方程式の形が同じになったり、ということは、究極のcoincidenceであると言ってよいだろう。それは、物理現象と物理現象の間のcoincidenceを超えているからだ。

振り返ってみると、「0」を発見した時点から、数学と物理学との間の微妙な分離が始まっていた。もちろん、吉田洋一が強調していたように、0はもともと、物理的な対象を操作したり記述したりする上での利便性に規定されて案出されたものだろう。しかし、同時に、「何もない」という状態を、「何かある」という状態と並ぶ存在として認識するためには、物理現象に縛られない抽象を必要とする。そして、数学の領域に、「無限」が入ってきたとき、物理学と数学との間の分離は決定的なものになる。

数学は、こうして、物理学とは関係のない一人旅をどんどん進めて行った。ところが、はるかに道を歩んだところで、数学が、突然、また物理学と出会ったとしたら、それは、どういうことなのだろうか。その出会いの先に暗示されていることは、哲学上の最大の対立、つまり観念論（数学）と唯物論（物理学）との間の対立が克服される地点ではないか。極度に抽象的な数学の中に、物理学の概念や方程式が突然のように姿を現すのは、観念論と唯物論の収斂のはるかな予告ではないか。

そこで、今度は、物理学に目を転じてみよう。近代物理学の誕生の時点に、である。

２　重力の発見

◉大栗博司『重力とは何か』を読む

近代物理学の特権的な研究対象

十七世紀のヨーロッパでは、自然認識の全領域にわたる大転換が起きた。これを、科学史の専門家は「科学革命」と呼んでいる。今日まで受け継がれている自然科学の基本的な枠組みは、この世紀に整えられた。枠組みだけではなく、中学や高校を卒業した者であればたいてい知っているような、科学的な常識の多くは、このときの発見に基づいている。

このことは、科学革命に属するとされる「科学者」とその業績をいくつか列挙してみるだけでも、ただちに理解することができる。たとえば、『天文対話』を著し、慣性の法則を見出したガリレオ・ガリレイ、「惑星運動についての三法則」で知られるケプラー、血液循環論を提唱したウィリアム・ハーヴィ、弾性（ばね）に関する「フックの法則」のフック――「細胞」という概念を用い始めたのも彼である――、「元素」という概念を導入したボイル、「ハレイ彗星」でその名を知られているハレイ等が、この時代の学者である。無論、デカルトやパスカルも同時代人だ。

科学革命のクライマックスと見なすべきは、ニュートンの『自然哲学の数学的諸原理』（略称『プリンキピア』、一六八七年）である。ニュートンは、古典力学を体系化し、これに基づいて万有引力の法則を見出した。

十七世紀から現在までの過程で、物理学の領域では、科学革命に匹敵する大きな変革が、もう一回、あった。二十世紀初頭のことである。その「第二の科学革命」を代表する業績、十七世紀の科学革命にとってのニュートンの万有引力の法則に対応するような業績は、言うまでもなく、アインシュタインによる相対論の発見だ。ニュートンとアインシュタインという二人の巨人が見出した法則を比較すると、一つの共通性に気づく。どちらも、（主として）重力についての法則なのだ。重力は、近代の物理学にとって、そのアイデンティティの核となるような特権的な研究対象である。

大栗博司の『重力とは何か――アインシュタインから超弦理論へ、宇宙の謎に迫る』（幻冬舎新書、二〇一二年）は、アインシュタイン以降の重力の理論をたいへんわかりやすく解説した著作である。とりわけ、最新の、というより現在進行形で作成されている物理学理論である超弦理論における重力の把握の紹介が、本書の記述の中心である。超弦理論は、現在の理論物理学の中で最も注目されている潮流であり、多くの野心的で有能な物理学者が、この理論の構築に参加し、貢献している。大栗も、その一人である。

超弦理論

今しがた、二十世紀の初頭に、物理学の領域では、十七世紀の科学革命にも匹敵する大変革があった、と述べた。その二十世紀の大変革は、実は、二段ロケットのようになっている。つまり、それは、立て続けに生じた、二つの革新から成っている。そのうちの一つは、アインシュタインによる相対論の発見だが、もう一つは、量子力学の登場である。量子力学については、この章の第3節で、少していねいに論ずる予定である。

ところで、非常に困った問題がある。相対論と量子力学とが両立しないのだ。両者をどのようにして総合し、一貫した理論の中に収めるのか。これが、二十世紀以降の物理学理論の最大の課題だった。超弦理論は、相対論と量子力学の統合する説明として、現在、最も有望視されている理論である、と言ってよいだろう。

超弦理論についての大栗の解説をここで繰り返すのは、無駄というものだろう。だが、この理論が、どうして、超「弦」理論 super 'string' theory と呼ばれるのか、その理由を説明しておこう。

かつては、原子が、物質を構成する基礎的な単位だと見なされていた。しかし、研究が進むにつれて、原子は、「ア・トム（分割できない）」ではなく、最も基本的な構成要素に分解できることがわかってきた。電子、陽子、中性子が原子より小さい構成要素である。さらに、陽子や中性子は、いくつもの素粒子に分解できることもわかってきた。素粒子には、クォーク（六種類）、レプトン（六種類）のような物質を形成する素粒子から、ゲージ粒子（四種類）のような力の伝達を担う素粒子、そしてヒッグス粒子（質量の形成に関わる）と、いくつもの種類がある。

どうしてこんなにたくさんの素粒子があるのか。理論物理学的には、これは、あまりエレガントとは言えない。こうした状況を前にして、超弦理論は、次のように考えることができる、ということを示した。まず、素粒子は、「粒子」ではない。それを、振動する弦（輪ゴム）のようなものだと見なすのだ。それは、ピクピクと振動する。その振動のパターンによって、さまざまな素粒子が区別されるのだ。質量をはじめとして、素粒子にはさまざまな性質があるが、その違いは、超小型の弦の振動パターンの違いとして説明できる、というわけだ。

重力の謎

本書『重力とは何か』の冒頭で、大栗は、重力がいかに謎に満ちた現象であるかを納得させるために、重力についてのいくつかの疑問を提起している。

たとえば、重力は、どうして、これほど「弱い」のか。「万有引力」と呼ばれるように、地上のすべての物質の間に重力が作用しているが、そのことが証明されたのは、ニユートンの『プリンキピア』が出てからずいぶん経った、十八世紀の終わり頃である。どうして、実証にこんなに時間がかかったかというと、重力があまりにも弱いからである。重力の弱さは、たとえば、磁力と比べてみるとすぐにわかる。鉄製のクリップを磁石で浮き上がらせることができるのは、磁力の方が重力よりずっと強いからだ。

あるいは、重力がすべての物に等しく働くのはどうしてなのか。この疑問は、「重力の強さ」とその物体の「動かしにくさ」（＝質量）とがぴったりと一致するのはどうしてなのか、という疑問である。

また、重力の大きさは、あまりにも「ちょうどよい」。それはどうしてなのか。「ちょうどよい」とは、次のような意味である。重力が、実際よりも、ほんの少しでも大きかったとしたら、あるいは逆に、ほんの少しでも小さかったとしたら、宇宙の歴史は根本的に違ったものになったはずだ。そうなれば、現在のような地球は生まれず、「われわれ」のような生物も誕生しなかった。われわれが存在できているのは、重力の大きさが、奇跡的なまでに「ちょうどよい」からである。これはふしぎなことではないか。

……と重力については、いくつもの疑問がある。そうした疑問の中でも最も大きな疑問、重力の謎の中心にある謎、素人でも気になる謎は、次のことではないだろうか。重力は、離れている物体同士の間でも働く。たとえば、地球が太陽のまわりを公転しているのは、地球と太陽の間に重力が作用しているからだと説明されるが、しかし、地球と太陽は糸のようなものでつながっているわけではない。どうして、離れた物の間で力が働くことができるのか。これは、まことにふしぎなことだ。

重力についてのこの謎を受け入れるまでの過程を、つまり遠隔力として重力が発見されるまでの知的な苦闘を、たんねんに追究した専門書が、山本義隆の『磁力と重力の発見』である。これは、三巻から成る浩瀚な研究書だ。遠隔力としての重力こそ、ニュートンが見出した万有引力である。『磁力と重力の発見 1・2・3』(みすず書房、二〇〇三年)は、西洋の古代からニュートンまでを追った、科学史の優れた研究書である。この後、この研究書を読んでみたいのだが、その前に、ほんの少しだけ、回り道をしておこう。

●ヴィクトル・I・ストイキツァ『絵画の自意識』を読む

絵画革命

ここで、自然科学とは関係のない書物を、簡単に見ておきたい。ヴィクトル・I・ストイキツァの大著『絵画の自意識――初期近代におけるタブローの誕生』(一九九八年。邦訳は岡田温司・松原知生訳、ありな書房、二〇〇一年)である。タイトルからすぐにわかるように、これは、美術史の研究書である。なぜ、この書物を、このコンテクストで取り上げるのか。

このストイキッァの書は、静物画、風景画、自画像といった諸ジャンルがどのように誕生し、さらに変容をとげていくかを追った研究である。今日の美術の鑑賞者にとっては、これらのジャンルは、絵画の代表的な類型である。しかし、これらのジャンルは、最初からあったわけではない。

静物画や風景画は、十五世紀末から十六世紀にヨーロッパで成立した。つまり、これらは、近代的な絵画のジャンルである。この成立期は、あの科学革命の直前から初期の時期に重なっている。つまり科学革命を準備していた時期だった、ということになる。それ以前の絵画はどのようなものだったのか。絵画は、基本的には、宗教画だったのだ。キリストの磔刑とか、受胎告知とか、楽園追放などの聖書からとったエピソードが描かれてきた。それに対して、静物画や風景画は、宗教的な価値をもたない、何でもない物や風景を鑑賞の対象としている。この美的な鑑賞のスタイルは、聖書やアリストテレスといった古典的なテクストとは独立に、物体を客体視する近代科学の態度と――同じではないが――連続している。

ストイキッァの研究は、静物画や風景画が生成してくる局面を、特に注意深く分析している。この局面の延長上には、科学革命があった、と見なすべきだろう。あるいは、次のように言う方が正確だ。十五世紀末から十六世紀にかけての絵画の革命（静物画等の近代的なジャンルの成立）から、これと半分重なるように出てくる十七世紀の科学革命にかけての時期に、西洋の精神史は、大きな断絶を体験したのだ、と。個別の分野で見ると、「静物画の成立」とか「科学革命」とかといった、別々の出来事のように見えるが、実は、それらは、同じ精神史の転換を、異なる局面で捉えた結果であろう。

ちなみに、この時期は、西洋の精神史の転換期は、社会の転換期とぴったりと重なっている。この時期は、歴史学者のブローデルや社会学者のウォーラーステインが「長い十六世紀」と呼んだ期間なのだ。長い十六世紀は、「世界経済」としての資本主義ができあがってくるプロセスである。転換期にあたる十五世紀中盤から十七世紀中盤までのおよそ二百年を、広い意味での十六世紀的な時代、「長い十六世紀」と捉えよう、というのが彼らの提案である。

最初の静物画

ストイキツァの大著には、興味深い論点が詰まっている。それらをていねいに検討する余裕がないのは、まことに残念だ。ここでは、一例だけを見ておこう。

ストイキツァは、この本の冒頭で、ごく初期の静物画として、あるいは厳密には「静物画になりかけている絵画」として、ピーテル・アールツェンの「マルタとマリアの家のキリスト」を詳細に分析している。一五五二年の作品だ（図）。この絵は、プロテスタントたちの激しい偶像破壊運動の嵐の中で描かれた。

一瞥したところでは、この絵画はすでに、完全な静物画である。画面の中央に描かれているのは、厨房用品、さまざまな食糧、花々、折り畳まれたシーツの山等だからである。だが、この時期には、まだ「静物画 still life = 死せる自然 natura morte」という言葉は生まれていない。

この絵画が、まだ独立した静物画とは言えず、宗教画と連続しているということは、画面の左方を見れば分かる。絵は前景と後景に分かれていて、後景、つまり絵画の中の絵画は、活人画（生きたタブロー）で、新約聖書のある場面のイメージになっている。描かれているのは、ルカ福音書第十章だ。余談だが、この場面は、福音書の中で私が最も嫌いなシーンである。イエスは、ここで、確実に誤った判断をしている、と私は思う。（福音書に書かれた）イエスの生涯の中で、ごく少数の失敗の一つである。[1]

アールツェン「マルタとマリアの家のキリスト」（1552年）

この絵画と宗教画とのつながりは、しかし、こんなあからさまな点だけではない。われわれは、少なくとも、この絵画の前景部分を切り離してしまえば、もう完全に、世俗的な静物画になる、と考えたくなる。しかし、その静物画（死んだ自然）の部分にこそ、宗教が、キリスト教が深々と浸透しているのである。ストイキツァに従って、いくつかのわかりやすい点だけを指摘しておこう。

たとえば、最も大きく描かれている対象は、画面の中央の肉である。これは子羊の腿肉であって、十字架の上で犠牲になったキリストへの暗示を含んでいる。キリストは、神に捧げられた犠牲の子羊のように殺されたからである。そのすぐ右横にあるのは、カーネーションである。カーネーションは、その音から明らかなように、(神の人間としての)受肉 incarnation、つまり神=人としてのキリストの象徴である。

さらに、画面の左下の白い塊は何か。しかも、よく見ると、そこにはカーネーションが刺さっている。この白い物体は、酵母の塊である。それは、パンになる前のパン種である。酵母の塊は、やはり、受肉という実体変容(神が人間になるという根本的な変容)の象徴である。

ここから何が暗示されているのか。近代的で世俗的な絵画とされる静物画(や風景画)は、単純に、宗教画を否定することによって成り立ったわけではないのだ。アールツェンの絵画が示しているように、静物画こそが、ある観点からみれば、宗教画である。つまり、静物画や風景画は、ヘーゲルの弁証法の意味で、宗教(画)を止揚することで、つまり宗教(画)そのものを自身の内的な契機として取り込むことで、成立しているのだ。宗教(画)としての外観は消え去るが、それは、宗教(画)が静物画に内面化されてしまったからである。このことを念頭において、科学史に戻ろう。科学史に関しても、美術史と同じことが言えるのではないか。

◉山本義隆『磁力と重力の発見』を読む

磁力と重力

山本義隆の大部の研究、『磁力と重力の発見』の基本的な着想は明快である。近代物理学にとって、ニュートンの力学の誕生、とりわけ万有引力の法則の発見は、決定的な契機となった。万有引力の法則が定式化されたとき、近代的な意味での物理学は、真に始まった、と言っても過言ではないだろう。実際、ニュートンは、ケプラーやガリレイ等の先人の成果をすべて取り込み、総合することで、万有引力の法則を見出している。『自然哲学の数学的諸原理』、いわゆる『プリンキピア』が発表されたのは、先に見たように一六八七年、つまり名誉革命の前年だ。だが、万有引力を発見し、受け入れるためには、一つの重大な困難があった。

それこそ、先に、大栗の著書から引きながら指摘した、重力の「謎の中の謎」である。万有引力は遠隔作用なのだ。今日の物理学においては、引力=重力を遠隔作用とする理解は、過去のものになっている。つまり、現在の物理学は、引力=重力を、遠隔作用とは見なしていない。しかし、ニュートンの時代には、万有引力なるものの存在を認めるとすれば、それを遠隔作用の一種として受け入れるほかなかった。二つの物体の間に、引力を媒介するいかなるものも見出せなかったからである。

だが、遠く離れた複数の物体の間に、いかにして力が作用しうるのか。これは、合理的な理解を阻む疑問である。遠隔作用はありえない、というのが、古代以来の実感である。

だが、この人間の素朴な実感に明確に反する現象が、一つだけ、昔から知られていた。磁力である。重力は磁力からの類推によって、認められるに至ったのではないか。一言で要約すれば、これが山本義隆の説である。山本は、この仮説を証明するために、膨大な量の文献を渉猟してみせる。

磁力からの類比が基礎になったと言っても、ニュートン自身は、両者を同じものだと考えたわけではない。ニュートンにとっては、重力と磁力は異なる力である。しかし、ニュートンよりも少し年長で、彼のライバルでもあるロバート・フックは、端的に、天体の間で働く引力と磁力とは同じものと考えていた。

さらに遡れば、地球そのものが磁石であるという説は、一六〇〇年の段階で、ウィリアム・ギルバートによって唱えられていた。ギルバートの経歴については、あまり多くのことはわかっていないらしい。彼はエリザベス女王の侍医の一人に選ばれているので、社会的に成功した人物だったと考えられる。彼は、侍医になる前年の一六〇〇年に、『磁石論』を発表した。これは近代電磁気学の出発点と見なされている著作だ。彼は、包括的な自然観（磁気哲学）のうちで磁気現象を捉えた、最初の学者だからだ。この著作の中で、ギルバートは、地球はそれ自身磁石でなければならない、という趣旨のことを主張している。

ここで、思想史的な観点から、いささか興味深い事実は、ギルバートがこうした結論に至るためには、アリストテレスの名で代表されている宇宙論を否定する必要があった、ということである。アリストテレスによれば、地球は賤しくて冷たい不活性な土の塊であり、天体は高貴で生命的な存在である。ギルバートは、このアリストテレス的な宇宙論を拒否するために、『磁石論』を書いたと言ってもよい。彼は、アリストテレスとは逆に、地球を、特異で卓越した諸力を具えた生命的な存在と見なしたのだ。この諸力の実態が、磁力である。

ともあれ、繰り返せば、ニュートン自身は、磁力と重力とを同一視はしなかった。しかし、磁力を遠隔作用として認定してしまえば、つまり遠隔作用の存在を承認してしまえば、磁力と並んで重力をその一つと見なすことは、圧倒的に容易になる。われわれとしては、磁力と重力とがいったん別のものとして切り離された後に、むしろ、その類比性が正確に捉え直されたという事実に注目しておきたい。

遠隔作用の原因

ここでは、山本義隆の研究の一つの細部に注目しておきたい。万有引力の法則が確立する直前、ヨーロッパの自然科学（というより、当時の呼び方を使えば「自然哲学」「自然学」）の領域では、二つの潮流がせめぎ合っていた。一方には、磁力という遠隔作用を認める潮流があった。この遠隔作用を起源にまで遡ると、中世の「魔術」を見出すことになる。他方には、魔術的で霊魂的な遠隔力をいっさい拒否して、自然現象を、近接的なものの間の因果関係の絡まりによって説明し尽くそうとする機械論の潮流があった。

ここまでに述べてきたように、前者から、ニュートンが出てくる。それに対して、後者を代表する哲学者はデカルトである。デカルトをはじめとする機械論者は、重力や磁力をも、物質の間の近接作用によって説明しようとした。たとえば、デカルトは、空間には、感覚では捉えられない微細物質が充満しており、それらの渦動によって重力も説明できると考えていた。

遠隔作用の源流には魔術がある、といま述べた。もっと端的に言ってしまえば、遠隔作用は、一種の擬人化である。物質の間の共感や反発として、引力や斥力が説明されたのである。たとえば、地球が磁石であるという認識を提起したギルバートは、中世の磁力の理解を魔術的であると斥けておきながら、自分自身も磁石としての地球に「霊魂」が宿っていて、共感したり、反発したりしているかのように論じている。物質自体を、自ら欲望する身体のように描くことで、遠隔作用が、つまり磁石のような物体の間の引力・斥力が説明されていたのだ。

このように考えると、細部の説明の当否はおくとして、探究の基本的な方針に限るならば、デカルト等の機械論者の方がはるかに、近代科学にとって受容可能な合理性をもっているように思える。しかし、実際に近代科学の基礎を築いたのは、魔術的なものを拒否した機械論ではなく、魔術的な遠隔作用をそのまま継承したニュートンだったのである。この逆説が興味深い。

実際には、（デカルトの理論ではなく）ニュートンの力学こそが、自然現象を、厳密に機械論的な因果関係の絡まりとして説明することを可能にした。ただし、そのニュートンに基礎づけられた機械論は、物体の間の共感・反感に源流をもつような「遠隔作用」を前提にしなくてはならなかった。その遠隔作用の原因、重力の原因は何なのか。

ニュートンが最終的に到達した解答は、こうである。「機械論的にはありえない第一原因」は「非物体的で生命ある知性をもった遍在する存在者」、つまり神だ、と。ニュートンは、万有引力を磁力そのものとは切り離し、別のものと見なしていた。ここから、次のような像を描くことができる。かつて物質の中に認められていた、共感したり、反感を抱いたりする作用――この現れが磁力だった――は、神によって集約的に担われ、これを前提にすることで、これらの作用を必要としない機械論的な因果関係の説明が可能になったのだ、と。

ここで、ストイキッツァが、静物画（や風景画）の起源に関して論じていたことを思い起こすとよい。静物、つまり「死んだ物体」が美学的な視線の対象となるためには、宗教（キリスト教）が前提になっていた。「静物」は、宗教的な含意をもった対象の変容した姿だったのだ。これと同じように、機械論的な因果によって関係しあう物体、ニュートンによって産み出された古典力学の対象は、どうしても神を前提にせざるをえない。

奇妙に逆説的な言い回しにはなるが、神が前提になっているがゆえに、神なしの機械論的な因果関係の記述が可能になったのだ。風景とか静物とかといった「世俗的な物」(神から切り離された事物)が美学的な対象になるためには、逆に、超越的な神の存在が前提になっていたのと同じである。

武器軟膏

それにしても、山本義隆の大部な研究書を読んでも、なお疑問が残る。磁石の作用を知っていたのは、ヨーロッパ人だけではない。アラビア人も中国人も、磁石というものを知っていただろう。どうして、ヨーロッパで、そこでのみ、近代科学が産まれたのであろうか。磁石の作用を説明しようとする強い情熱にかられ、そこからやがては万有引力という着想が産まれてきたわけだが、そうしたことが起きたのが、どうしてヨーロッパだけだったのだろうか。この疑問は、山本の著書だけからでは解くことができない。疑問を銘記するに留めておこう。

一つだけ、ヒントになるかもしれない事実を記しておく。この事実は、山本の著作にも紹介されている。「武器軟膏」という、現代人の観点からはまことに不合理に感じられる、傷の治療法が、ヨーロッパの中世にはあった。科学革命の頃まで、つまり十六―十七世紀まで、その効能は広く信じられていた。相手に傷を与えた武器、つまり剣や槍に薬を付けると、その相手の傷が癒される、というのだ。傷は、まさにその傷を与えた剣によって癒される、というわけである。傷と武器とが遠く離れていても、その効能がある、とされていた。武器軟膏による治療を強く主張した初期の論者は、ルネサンス初期の名医パラケルススである。武器軟膏による治療の別名が、「磁気治療」だ。遠隔作用の原点となる感覚は、ここにある。ヨーロッパで遠隔作用をめぐる考察が深まった原因を考えるためのヒントは、ここにあるのではないか。

どうして、このように推定するのか。ヨーロッパという文明を定義しているのは、もちろん、キリスト教である。この武器軟膏の話は、キリストの身体を刺した槍のことを連想させるのだ。山本の著作からは離れるが、少しだけ論じておこう。キリストの死の直後、彼がまだ十字架にはりつけになっていたとき、キリストがほんとうに絶命したかどうかを確かめるために、一人のローマ兵が、キリストの脇腹を槍で刺した。だから、どんな磔刑図でも、キリストの脇腹には傷があって、そこから血が滴り出ている。このときの槍は、刺したローマ兵の名をとって、「ロンギヌスの槍」と呼ばれることもある。この槍には、特別な力、傷を癒す絶大な効果があったと信じられていたのだ。これこそ、武器軟膏の中の武器軟膏、武器軟膏の原型ではないか。

こうした推定（ロンギヌスの槍は武器軟膏の原型だという推定）は、たとえば、中世の「円卓の騎士」の物語群の中の一つ、研究者たちにもとりわけ注目されてきた一つの物語、「脚萎えの王」の物語からも支持される。この物語には、複数のヴァージョンがあるのだが、その一つによると、王は、ある浜辺にあった舟の上にきらめく剣を発見し、それを鞘から抜き出そうとすると、どこからか飛んできた槍によって、両膝に傷を負わされた。どのヴァージョンでも、最後には、脚萎えの王の傷は癒える。円卓の騎士の一人ガラハットが探索の果てに、ある槍を見つけ出し、その槍の先に残っていた血を王の傷口に塗り付けたときに、王の傷は消えるのだ。その槍は、ロンギヌスの槍だった、とされている。同時に、おそらく、この槍こそは、王の脚に傷を負わせた槍である。槍についていた血（キリストの血であり、おそらく王の血でもある）は、武器に付けられた軟膏である。

この武器軟膏は、磁気を媒介にして、やがて重力へとつながっていく系譜の原点（の一つ）かもしれない。ここには、仮説だけを記しておく。

3 量子力学の形而上学とほんものの唯物論

◉リチャード・ファインマン『光と物質のふしぎな理論』、ブライアン・グリーン『エレガントな宇宙』を読む

理解できないということを理解する

ニュートンを嚆矢とする古典物理学と現代物理学の間には大きな断絶がある。両者の間に、まさにパラダイムの転換が挟まっているのだ。その断絶は、一般に、相対論と量子力学によって画されたとされている。だが、相対論までであれば、ニュートンの古典力学からの距離は、まだそれほどではなかった。両者の間にはまだ深淵はない。相対論、特に一般相対論は、重力から遠隔作用としての側面を抜き取り、古典物理学を真に合理的なものとして完成させた、と解釈できないこともない。古典物理学からの越境できない溝を作ったのは、量子力学である。相対論と量子力学は両立できない。先に述べたように、両者を統合することが、現代の理論物理学の課題である。別の言い方をすれば、現代物理学は、一世紀近く前に量子力学が作った傷を、未だに癒すことができずにいるのである。

相対論と量子力学についての、一般向けの解説書は、それこそ山ほどある。量子力学についての解説書として、私が最も気に入っているのは、リチャード・ファインマンの『光と物質のふしぎな理論――私の量子電磁力学』（釜江常好・大貫昌子訳、岩波書店、一九八七年。現在は岩波現代文庫）である。ファインマンは、量子電磁力学への寄与によって、朝永振一郎、ジュリアン・シュウィンガーとともにノーベル賞を共同受賞している。ファインマンは、一九六五年に、次のように書いている。

相対性理論を理解している人は一二人しかいないと新聞が伝えた時代があった。

私は、そんなことはなかったと思う。一人しかいなかったことならあったかもしれない。相対性理論の論文が出る前にこれを理解していたのは、これから論文を書こうとしていた本人だけだったかもしれないからだ。しかし、人々が論文を読むと、多くの人が相対性理論を理解した。その数が一二人より多かったのは間違いない。一方、量子力学を理解している人はいないと言って差し支えないと思う。(2)

世界で最も量子力学を理解している人が、こう言っているのだ。量子力学を理解するとは、それが理解できないことを理解することである、と。言い換えれば、「私は量子力学を完全に理解した」という人がいるとしたら、その言明こそ、その人が量子力学を理解していないことの証拠である。

『光と物質のふしぎな理論』は、量子力学的な現象がいかに理解しがたいふしぎさをもっているかを、ユーモアを交えつつ解説する一般向けの講演である。これによって、われわれは、ごく身近な物理現象の中にも、量子力学をもってしか説明できないことがあることを知る。たとえば、ガラスは半透明で、ガラスの向こう側が見えると同時に、鏡のように反射して、こちら側の像をも映す。ニュートンもこのことを不可解に感じて、何とか説明しようと試みているが、結局、これを完全に説明するためには、量子力学が必要になる。

繰り返せば、ファインマンが述べていることを言い換えれば、量子力学を理解することは、それが理解しえないことを理解することである。どうして、このような屈折が生ずるのか。おそらく、量子力学に関しては、「理解」ということの意味が、他の物理学や自然科学の分野における「理解」とは異なっているからである。私の考えでは、量子力学の発見において、真に、哲学と物理学とが合流する。

この節で挙げた、もう一つの著作、ブライアン・グリーンの『エレガントな宇宙――超ひも理論がすべてを解明する』（林一・林大訳、草思社、二〇〇一年）は、相対性理論から量子力学を経て、超弦理論までの現代物理学の先端を一般向けに解説した世界的ベストセラーである。超弦理論については、前節で、大栗博司の著作との関係で、先取り的に紹介しておいた。ブライアン・グリーンも大栗と同様に、超弦理論の専門家である。グリーンは、とりわけ、書物の後半で、五つの超弦理論を整合的に統合すると見なされているM理論（エドワード・ウィッテンが提唱した）の紹介に力を注いでいる。M理論によれば、宇宙は4次元（空間次元3＋時間次元1）ではなく、11次元（空間次元10＋時間次元1）である。われわれは、ここでは、グリーンのこの著書の中から、量子力学について論じている部分だけを活用する。

物質が「知っている」

量子力学の奇妙さの核心には、物質自身が「知っている」かのように振る舞っている、ということがある。物質は、まるで、自分自身がどのような法則に従わなければならないのかを知っているかのようなのだ。

ニュートンが切り開いた古典物理学において、リンゴや石が、万有引力の法則を、まるで自分が従わなくてはならない法律のように知っていて、それゆえに、落ちることを意欲して落ちたのだ、と説明したら、もちろん誤った擬人化として斥けられるだろう。前節で述べたように、ニュートンの物理学では、その「知りかつ欲する」という働きは、神にだけ帰せられる。神が、遠隔作用（としての重力）が働くことの保証人になっているのだ。そのおかげで、物質はすべて、霊魂をもたない不活性な物として、機械のように働くことができる。

しかし、量子力学の世界ではそうではない。そこでは、物質自身が「知っている」かのように振る舞うのだ。ブライアン・グリーンの巧みな比喩を借用して解説しよう。

量子力学によれば、量子トンネル効果と呼ばれることが起こりうる。たとえば、今、厚さ三メートルのコンクリートの壁があって、そこにプラスチック弾を打ち込んだらどうなるか。もちろん、弾丸は跳ね返ってくる。プラスチック弾には、そんな厚い障害物を突き破るほどのエネルギーはないからだ。ところが、素粒子レベルならば、（粒子から成る）弾丸が、壁を突き抜けて、漏れ出ることがありうるのだ。これが量子トンネル効果である。ハイゼンベルクの不確定性原理は、そのような効果が生じうるということを含意している。だが、エネルギーが足りないはずなのに、どうして、こんなことが可能なのか。それを解説するのが、次に紹介するグリーンの比喩である。

今、あなたは文無しだとしよう（エネルギーがない状態に対応している）。あるとき、突然、あなたは一つの報せを受け取る。遠い国の遠い親戚が、あなたに巨万の財産を残して亡くなった、というのだ。これは、貧乏なあなたにとっては朗報である。しかし、ここに一つの問題がある。その遺産を相続するためには、あなたは、その遠い国に行かなくてはならない（この遠い国に行くことが、「コンクリートの壁の向こう側に行く」ということに対応している）。しかし、あなたには、飛行機のチケットを買うお金がない（コンクリートを突き破るためのエネルギーがない）。あなたはどうすればよいのか。困っているあなたに、航空会社に勤めている友人が、ある抜け穴を教えてくれる。この航空会社の清算システムは、目的地に着いてから二十四時間以内にチケットの代金を電送すれば、出発前に未払いだったことが誰にも気づかれないようになっている、と。そこで、あなたはただでチケットを入手し、遺産を受け取ってからただちに代金を送り、何食わぬ顔をしていればよいのだ。こうすれば、あなたが実は飛行機に「ただ乗り」していたことは、誰にも気づかれない。グリーンによれば、量子トンネル効果は、これとよく似ている。

大雑把に言うと、粒子のもつエネルギーのゆらぎは、ごく短い時間スケールについて見るかぎり激しいものでありうるということだ。だから、先の航空会社の清算システムが、一定の期間内に返すかぎり飛行機のチケットを買うお金を「借りる」ことを「許す」ように、量子力学はハイゼンベルクの不確定性原理で決まる時間枠のなかで清算できるかぎり、粒子がエネルギーを「借りる」ことを許す。

あなたは、航空会社の清算システムに盲点があることを知っているので、あのようなアクロバティックな方法でチケットを入手したのだ。同じように、量子力学においては、粒子は、あるルールに従わなくてはならない／従わなくてもよいかを知っているかのようなのだ。あなたは、自分が飛行機に乗っている間には、清算システムがあなたの不正な無賃乗車を検出できないことを知っていた。同じように、粒子は、壁を通過している最中には、観測者が自分を観測していないことを「知っている」。粒子は、その観測されていない短い時間には、ルール（エネルギー保存則）に従わなくてもだいじょうぶだと「知っている」のである。

「知っている／知らない」ことを「知っている／知らない」

物質が「知っている」という、この性質を活用すると、今度こそ、ほんものの究極の遠隔作用が可能になる。(3) それが、アインシュタインが、若い友人たちと一緒に提起したEPR効果である。

アインシュタインたちは、量子力学が間違っていることを示そうとした、EPR効果というパラドクスを案出した。量子力学が正しかったとすると、ありえない背理を認めざるをえない、というのがアインシュタインたちの議論である。その背理が、EPR効果だ。量子的な世界に登場する粒子には、「スピン」と呼ばれる性質があるが、これに託して、パラドクスのエッセンスを紹介しておこう。二つの粒子がセットになったシステムを想定してみる。二つの粒子のスピンの総計がゼロになっているとする。一方の粒子が、上向きのスピンをもつとすれば、他方の粒子は、下向きのスピンをもつということである。ここで、スピンに影響を与えないようなかたちで、二つの粒子を引き離してしまう。一方の粒子は、ある方向へと、他方の粒子は、別の方向へと、それぞれ去って行くので、両者は、遠く隔たってしまうだろう。しかる後に、一方の粒子だけ、そのスピンを変えてしまう。たとえば、ある種の磁場を通過させることで、上向きスピンを下向きスピンに変えてしまう。すると、どうなるのか？　一方の粒子のスピンが変わった瞬間、まったく同時に、他方の粒子のスピンも――こちらは下向きが上向きへと――変わるのだ。さもなければ、スピンの総和が保存されないからである。

これのどこが背理なのか？　一方の粒子のスピンが変わったことが、どのようにして、遠く離れた、もう一つの粒子に伝わったのか、と問うてみればよい。一方の粒子のスピンの変化を、他方の粒子はどうやって知ったのか？　誰が――何が――それを教えたのか？　一方の粒子のスピンが変わると、ただちに、他方の粒子のスピンも変わらなくてはならない。ということは、スピンの変化という情報は、物理的な最高速度よりも速く――つまり光速を上回る速度で――伝えられたことになる。しかし、どんな物理現象も、光速よりも速くは、他所へと伝達されるはずがない。こんな背理が導かれるとすれば、量子力学の理論のどこかに、根本的な欠陥があるはずだ。アインシュタイン等は、こう考えた。

だが、やがて、まさにこのような背理が実際に生起するということが、実験的に確かめられてしまうのだ！　アインシュタイン等の反論は、量子力学的な現象の底深い謎を、かえって強調する結果となったのだ。この現象は、アインシュタインを含む三人の案出者の名前の頭文字をとって、「ＥＰＲ効果」と呼ばれている。

粒子は、どうやって、離れた場所にいる、パートナーの粒子のスピンに変化があったことを知ったのだろうか？　まことにふしぎなことである。次のように考えなくてはならないのだろう。これが背理に見えるのは、一方の粒子のスピンの変化と、もう一方の粒子のスピンの変化を、異なる二つの出来事だと考えるからである。そうすると、どうしても、一方の出来事がどうやって他方の出来事へと影響を与えたのか、ということが問題になる。おそらく、二つのスピンの変化は、別の出来事ではなく、一つの同じ出来事なのである。同じ出来事であれば、一方から他方への伝達という問題が消える。そう考えないことには、この背理は解けない。一方の粒子が他方について「知ること」と、後者が前者について「知ること」は、同じ一つの出来事であって、分離することができない。

このＥＰＲ効果がよく示しているように、量子的な世界で、物質が「知っている／知らない」という性質が出てくるときには、必ず、ある種の双対性が伴っている。つまり、

「知っている／知らない」ということが、必ず、二重に、あるいは二ヶ所（複数箇所）に帰属しているのだ。たとえば、AとBという二つの粒子が、互いに（相手の）スピンの変化を「知っている」。先の航空チケットの比喩で語った、量子トンネル効果でも同じである。あなた（粒子）は、清算システム（観測者）が「知らない」ということを「知っている」のだ。この場合にも、あなた（粒子）と清算システム（観測者）というかたちで、「知っている／知らない」ということが問題になる主体は二重になっている。

常に借金をしているのに借金がなかったことに

そこで、もう一度、航空チケットの比喩に立ち戻ってみよう。繰り返し確認すれば、あなたは、飛行機に乗っているとき、一時的に法に違反している。あなたのフライトは、無賃乗車である。グリーンは、この喩えをさらに前に進めて、量子的世界のありさまを解説している。

私たちはこのたとえを重要な形で一歩進めざるをえない。こんなことを想像しよう。強迫的な借金病の人がいて、友達の間を金を貸してくれと頼んで回っている。お金を借りる期間が短いほど、大きな金額を借りられる。借りては返し、借りては返しをくり返す——変わらぬ勢いで何度でも、彼は、ただお金を返すためにのみお金を借りる。ウォールストリートの株価の乱高下のように、借金病の人が各時点でもっている金額は極端に変動する。（中略）ミクロの距離とミクロの時間間隔で宇宙を見ればエネルギーと運動量にも同様の乱高下が絶えず起こっている。（一部改訳）

この借金病の人物は、実は、永続的に負債をもっている。しかし、さらなる借金によってすぐに返済しているので、帳簿に付けるときには、常に借金がない状態であるかのように見えている。同じことは、物質の世界でも起こりうる、というのが量子力学の含意である。

物質は、ごく基本的な物理法則、たとえばエネルギー保存則のような法則でさえも破ることができる。真空においても、未来からエネルギーを借りることができる。借りるエネルギーは、短時間であればあるほど大きくなる。さらに、そのエネルギーによって粒子を、たとえば電子を生成することもできる。まさに「無からの創造」である。

しかし、観測者によって、あるいは周囲の環境によって気づかれる前に、借りた分のエネルギーは返済される。そのため、外見上は、エネルギー保存則は、きちんと維持されている。借金病の人は、常に借金があるのに、帳簿の上では、まったく貸し借りがないという体裁を保つことができる。これと同じことが、量子的な世界では起きるのだ。物質の振る舞いの合理的な一貫性を規定している基本的な法則は、常に破られているのに、それは、絶対に、直接には認知されない。

借金等の比喩は、われわれの常識を覆す、あることを示唆している。普通は、ミクロやマクロな物理現象がふしぎである、と言われるのは、われわれの日常では考えられないようなことが起きているときである。だが、量子力学ではそうではない。逆である。物質があまりに人間的に振る舞うがゆえに、ふしぎなのだ。人間の世界であれば、普通に起きていることを、物質がやってみせる。物質のくせに、人間のように振る舞うのだ。ここでは、主に、物質が「(何かを) 知っている」かのように振る舞う、という現象を紹介してきた。詳しく論じている余裕はないが、量子力学の他の側面に関しても、「人間的」と形容したくなるような振る舞いや現象を認めることができる。(4) もちろん、ほんとうに粒子が、人間のように思案したり、感じたりしているわけではない。しかし、粒子は、まるで人間であるかのように動き、反応するのである。

ここから、われわれは、「文化／自然」「精神／物質」という二元的な対立をあらためて考え直す必要がある、ということに気づかされる。物質は、その最も基礎的な部分において、ある意味では、「人間的」である。十七世紀の科学革命以降の科学の歴史は、自然や物質から、精神的・人間的な側面を徹底的に排除することであった。その排除が完了したとき、その残滓が最も「人間的」であるとしたらどうであろうか。量子力学が出てきたとき、われわれが目の当たりにしているのは、そんな状況である。

「無」以上で「存在」未満

量子力学においては、観測に相関して、粒子が、位置や速度をもったものとして存在を開始する。「観測」とは独立に、粒子の存在を云々することはできないのだ。観測によって、粒子が現実化することを、「波動関数の収縮」と呼ぶ。波動関数が何であるか、その解釈は難しいが、とりあえず、粒子の可能的な状態を表現している確率関数だと言っておこう。観測によって、可能性が現実性へと転換するのである。

このように、観測(認識)と存在とが厳密に連動しているので、量子力学は、観念論の究極的な基礎づけになる、と解釈する学者がいる。さらに、観測者を「神」に対応させれば、量子力学は神学の合理的な現代版である。実際、神にとっては、知覚することと創造することとは同じことである。

量子力学の領域で、遅延選択実験という重要な実践を案出したジョン・ホイーラー(彼は「ブラックホール」の名付け親である)は、こう言っている。「ある意味で、二世紀前に『存在するとは知覚されることである』と主張したイギリスの哲学者バークリー司教は正しかったのである」、と。このバークリーの有名な命題は、一見、とてつもないことを言っているように思える。私が知覚していないときでも、誰も知覚していないときでも、あの木はずっと存在しているはずだからだ。しかし、この知覚する者が神であるとすればどうか。存在しているということは、神に知覚されていることである。この神の位置に観測者をおくならば、このバークリーの命題は、実験的に検証されたことになる。このようにホイーラーは述べているのである。

もっとも、少しばかり脇道にそれて考えてみると、観測者とは何であろうか、ということにすでに多くの疑問が含まれている。観測者とは、観測装置であろうか。そうだとすれば、観測者もやはり物質ではないか。それとも、観測者とは、科学者の意識のことであろうか。それならば、観測しているのが子どもだったらどうなるのか、猫だったらどうなのか、ゴキブリだったらどうなのか。さらに、単細胞生物だったらどうなのか。それとも、観測者とは、科学者のコミュニティのことなのか。しかし、科学者のコミュニティに共同主観的に認証されなければ存在したことにならない、粒子（電子や光子等）というのは、まったくおかしいではないか。また仮に、観測者が科学者のコミュニティという集合的な主体だとしたら、誰がそのコミュニティのメンバーなのか。つまるところ、観測者とは何であるかを決定できないので、その当然の帰結として、観測の瞬間とは、厳密にはどの時点なのかも確定できないのだ。いったいどの瞬間に波動関数は「収縮」しているのだろうか。

このように、観測者とは何かということに関して、解けない疑問があるのだが、この点については目をつむって、ホイーラーが述べていたことに戻ろう。私の考えでは、このような解釈は、つまり量子力学はバークリーの観念論を裏付けているという解釈は、量子力学の意義を捉え損なっている（もしくは、バークリーの観念論を正しく理解していない)。量子力学の衝撃的な含意は、むしろまったく逆の点にこそあるのではないか。順を追って説明しよう。

量子力学が教えたことは、ある意味で、存在以前がある、ということである。完全な実在ではない。しかし、かといって無ではない。存在に先立ち、存在の基礎であるような〈存在〉のレベルである。それは、粒子たちが、勝手に保存則を破ったり、違法な(エネルギーの)借金をしたりしている世界に対応している。あるいは、「真空」でありながら、未来からエネルギーを借りて、粒子(や反粒子)が生まれ、相互作用したりしている状態、無からの創造が生じている状態に対応している。〈存在〉のレベルでは、通常の物理的な存在を支配している法則が、一時的に停止し、破られている――ように思えるのだ。通常の物理的な世界、非量子的な世界から見れば、〈存在〉は、合理的な一貫性を欠いた、背理の世界のように見える。

いま「見える」と述べたが、しかし、〈存在〉のレベルは、直接には「見えない」。その痕跡が、事後的に観測されるだけである。たとえば、量子トンネル効果という帰結は観測されるが、量子が、トンネルを通過している最中に何が起きているかを観測することはできない。

つまり〈存在〉は、神=観測者に知覚されていない限りである、のだ。一義的な決定論が支配している、古典物理の世界から見返すと、〈存在〉は、「やりたい放題」の世界のように感じられる。そこには、神=観測者の知覚は及ばない。つまり、〈存在〉は、神がいない世界であり、神の全知性を根底から否定した領域だ。通常の物質の「存在」の基礎に〈存在〉のレベルを認めるということは、それゆえ、真の無神論を支持したことを意味している。

先に述べたように、ニュートンが拓いた古典物理学は、物質の存在や運動を、神の存在に依存させるものだった。神の存在を暗黙の前提にする限りで、重力が作用する、古典物理学の世界は成立する。しばしば、ニュートン以降の古典物理学は、神を排除したかのように言われてきたが、そんなことはない。古典物理学は、神を暗黙の前提としているのだ（前提にされている限りで、古典物理学の内部では、神に直接に言及しないですむようにできている）。真の無神論を初めて実現したのは、量子力学である。

神が見ていない〈存在〉のレベルでは、たとえば、次のようなことが起きる。真空から、粒子がポンと飛び出してくる。その粒子は、神＝観測者に気づかれない限りで存在している。それは、気づかれる前に真空へと回帰する。これが真空のゆらぎである。そこで、さらにこう考えてみたらどうか。われわれの宇宙自体が、この真空からポンと出て来た粒子だとしたらどうだろうか。われわれの宇宙は、神に気づかれていない、その限りでだけ存在しているのだとしたらどうであろうか。

ここからさらに次のような含意を引き出すことができる。量子力学は「究極の観念論idealism を支持する」どころではない。まったく反対なのだ。量子力学は、真の唯物論materialism を基礎づけているのである。普通、唯物論は、意識の外部に、意識とは独立に事物が存在すると見なす、素朴な実在論に立脚していると考えられている。だが、このような唯物論は、むしろ観念論へと反転するほかない。なぜか？　この唯物論は、諸事物を外部から観察する純粋な意識を、物質に解消できない実体として想定せざるをえないからである。唯物論を貫徹させるためには、その観察し、認識する意識を内破させ、物質の中に還元しなくてはならない。ここで考察してきた、存在に先立つ基礎のレベル、〈存在〉こそは、まさに、その状態、つまり外部に純粋意識をもたない状態ではないか。〈存在〉は、神（観察する純粋意識）が存在しない限りで、まさにある、からだ。このように考えれば、量子力学は、真の唯物論への最初の一歩である。

若きマルクスは、「ヘーゲル法哲学批判序説」の冒頭で、宗教の批判こそが、いっさいの批判の前提である、と述べている。ここでマルクスが「批判」と読んでいるものと、本書でわれわれが「思考」と読んできたものは、同じ知的な作業である。批判としての思考の原型が、宗教批判にあるのだとすれば、量子力学は、そのひとつのクライマックスであったことがわかる。

註

（1）詳しくは、以下を参照。橋爪大三郎・大澤真幸『ふしぎなキリスト教』講談社現代新書、二〇一一年、二二五―二二六頁。大澤真幸『〈世界史〉の哲学

古代篇』講談社、二〇一一年、三六―三七頁。

（2）リチャード・ファインマン『物理法則はいかにして発見されたか』江沢洋訳、岩波現代文庫、二〇〇一年。引用は、ブライアン・グリーン『エレガントな宇宙』（林一・林大訳、草思社、二〇〇一年）より。

（3）ここで、「ほんものの」と付けたのは、重力の「遠隔作用（とされていたこと）」は、今日の物理学では、真の遠隔作用ではないことがわかっているからである。しかし、これから紹介する効果は、遠隔作用としか言いようがない。

（4）より詳しくは、以下を参照。大澤真幸『量子の社会哲学』講談社、二〇一〇年。

終章

そして、
書くということ

考えることは書くことにおいて成就する。考えることの最終局面は、書くことと完全に一体である。書くことに収斂しなければ、思考は完成しない。実際、私の思考の果実の多くは、まさに〈書かれたもの〉として、つまり論文や著書、ときには短いエッセイのようなかたちで公表される。ここでは、執筆の依頼を受けてから、論文や著書ができあがるまでに、どんなことがなされるのか、何が起きるのか、書く者の立場から記しておこう。

執筆依頼を受けて

編集者から何らかのテーマで執筆の依頼があったとする。依頼は、私への期待の表現、「このテーマで大澤が何を書くか／考えるか読みたい／聞きたい」という期待の表現なのだから、私としてはできるだけ応じたいとは思う。だが、すべての依頼を引き受けることはできない。依頼されたことを引き受けて、執筆するかどうかを決める際に、何を考慮するのか。

仕事の量とか執筆とその準備にあてることができる時間などといった、思考にとって外的な事情を別にした、思考に内在的な条件、諾否を決める際に私が考慮する内在的な条件は、次のことである。依頼されたそのテーマについて考えたり、書いたりすることが、私自身にとって固有の長期的な主題をめぐる探究を深化するのに役立つかどうか、である。要するに、依頼されたそのテーマについて書くことが、私自身がずっとやり続けてきた仕事と創造的な相乗作用をもたらすか、私自身の長い探究の中で活きてくるかが、執筆を引き受けるかどうかの決め手になる。

たとえば、ある画家の作品集に論文を寄稿するような依頼を受けたとする。その画家の、それまでの作品を観て、私は何か刺激を受けるだろうか。私自身の継続的な思考が、その作品と共鳴するだろうか。その作品から得られた感動を、私自身が解釈したり、分析したりしたことによって、それまでの——あるいはこれからの——継続的な探究がさらに一歩深化するだろうか。これらの問いに肯定的に答えられそうなときに、依頼された執筆を引き受ける。こうした問いとの関係で、ポジティヴな見通しがもてないときには、依頼を断わらざるをえない。

言い方を換えれば、何かのテーマで執筆を依頼されたときには、そのテーマを自分自身の継続的な主題、自分自身の探究の課題に引き込むことができるか、考えてみる。そうしたことが可能だと思えるときには、執筆を引き受けることになる。

依頼された課題と自分自身の内的な主題、他者から要請される内容と自分が書きたいこと、これらの間には、常に葛藤がある。たとえば、私の先生、見田宗介先生には、

「見田宗介」という本名で発表されている本と「真木悠介」という筆名で出されている本とがある。見田先生が、「真木悠介」を使い始めたことには、独特の事情があるのだが、それはここでの話題とは関係がないので紹介は省くが、最終的には、「見田宗介」の名義で書かれている文章は、依頼に基づいて執筆されたもので、「真木悠介」で書かれている文章は、依頼に関係なく自発的に書いた文章というかたちで使い分けられるようになったということは、いささか興味深い。見田先生が、「見田宗介」の名で書いた文章をいやいや書いているとはとうてい思えないのだが、いずれにせよ、先生が、名前を使い分けられたのは、依頼に端を発する文章と完全に自発的に書いた文章との間の緊張関係をずっと感じられていたからではないか。私の場合には、他者から依頼されたことが、自分自身が本来考えたかったことと合流できるかどうか、合流できたと実感できるかどうか、それが依頼を最終的に引き受ける際の、最も重要な基準である。

依頼される原稿には、もちろん、いろいろなタイプのものがある。四〇〇〇字以内の短い原稿の執筆依頼については、諾否を即決できるものが多い。慎重に検討する必要があるのは、最も多いタイプの依頼、四〇〇字詰の原稿用紙に換算したときに二十枚から百枚の長さになるような論文の執筆依頼である。この種の論文の場合、締切は、数ヶ月後に設定されることが多い（一年を超えた先になることは少ない）。いずれにせよ、このくらいの長さの論文の場合には、準備にもある程度の時間と労力を必要とするので、ほんとうに、自分が探究したい主題と共鳴するかを、よく考えてから引き受ける必要がある。

柔軟に対応できるのは、著書や連載の依頼を受けたときである。論文の執筆依頼の場合には、その論文は、たいてい、雑誌の特集とか、何かの論文集の中に組み込まれる予定のものなので、編集者も融通が利かない。それに対して、著書や連載の依頼においては、編集者も、こちらの希望に合わせやすい。もちろん、著書や連載を依頼してくる編集者の方にも、「このようなものを書いて欲しい」というイメージはある。しかし、同時に、編集者は、著者である私が最も書きたいものを書かせたい、という気持ちももっていてくれる。だから、著書や連載の場合には、編集者と相談しながら主題を設定する。それは、私にとっては、中長期的なプランを形にするよいチャンスになる。

特に、雑誌等の定期刊行物での連載は、大きなまとまった仕事を実現するのにたいへん好都合である。もちろん、連載を執筆するのは、精神的にも肉体的にもきつい。しかし、同時に、その緊張は楽しくもある。というより、「楽しい」と感じられる仕事でなくては、連載は難しい。著書や連載の執筆は、当然、年単位の仕事になる。

もうひとつ、執筆の依頼を引き受けるかどうかの重要な決め手がある。編集者に対する信頼である。編集者と話していれば、その人が優秀かどうか、こちらの仕事を理解してくれているかどうか、ということが自然とわかる。編集者が、こちらの仕事の意味や価値を理解していそうもない、と感じたときには、執筆への意欲は大幅に低下する。特にやる気に影響を与えることは、編集者との間に、優れた本とそうではない本に関する価値観の異同を自覚したときである。「知る人ぞ知る」というような、マイナーだが好著だと私が思っていた本を、編集者も評価していることを知ったときには、たいへんうれしくなる。逆に、「なぜこんなものを」と思うような、くだらない本（と私が思っているもの）を、編集者が高く評価しているのを知ったときには、一緒に仕事をやる気をなくすこともある。

有限の人生

基本的には、仕事は一つずつ完全に片付けていくのが望ましい。つまり、同時並行的に、複数の論文や著書を準備したり、執筆したり、といったことは、しない方がよい。実際、私もかつては、原則的には、仕事を一個ずつ集中的に終わらせていた。

だが、現在の私の仕事は、そのようには編制されてはいない。つまり、同時並行的に複数の著書を準備し、また複数の連載をかかえている。さすがに、二本以上の論文を同時に書くということはない（あちらを少し書いて、こちらを少し書いて、というように交互に論文を書くことはできない）が、著書や連載という大きな仕事の単位に関して言えば、同時にいくつも進行している。さらに、一冊の著書、一つの連載が完成するまでの数年間には、途中でいくつもの論文やエッセイを書くし、また対談や講演等の仕事も入るので、かなりの数の仕事をほぼ同時に進めている気分になる。

正直に言えば、こういう仕事のやり方は、あまり勧められない。深い内容の論文や本を書くには、一定の期間、たった一つのことに思考を集中させる必要があるからだ。

にもかかわらず、どうして、私はこんな無謀なやり方で執筆を続けているのか。さまざまな事情があるが、最も大きな理由は、簡単に言えば、人生が有限だからだ。この年齢になって、人生が有限であることを痛烈に自覚するようになったからである。

今振り返ってみると、若い頃は、どこか人生が無限に続くような幻想をもっていた。だから、書きたいことであっても、その主題が大きく困難で、準備に膨大な作業を必要とするものについては、「もっと後に執筆にとりかかろう」と先延ばししてきた。しかし、五十歳になる頃からは、人生がある時期に確実に終わる、ということに対して、生々しい実感をもつようになった。そのくらい生きていれば、あるいはもっとずっと若くても、「今、死ぬのではないか」と思うようなときを、何回かは経験する。そのとき、同時に、〈無念〉を鬼気迫る生々しさで実感することになる。自分がまさに死のうとしているときに感じるであろう〈無念〉を、先取り的に感じるのだ。私の場合、その〈無念〉は、「あれを書いておきたかった」「どうして、これを書かなかったのか」「あれを書かずには死ねない」というかたちをとる。

こうして、私は、若い頃からずっと書きたかったこと、考えたかったこと、探究したいことに、積極的に取りかかることにした。その結果として、何本もの仕事を同時並行的に進めざるをえなくなったのだ。

〈一つのこと〉と〈いろいろなこと〉

だが、一定の期間は、一つの主題に集中しなくては深い研究はできない、と今、述べたばかりではないか。そのように反論されるだろう。その通りである。実は、私がいくつもの仕事を並行してできるのは、それらが、外見とは違って、複数の異なる仕事ではないからである。

確かに、それらは、異なる本、異なる論文として結実する。それらの本や論文の内容はもちろん、それが属するジャンルすら異なっていることもある。しかし、私にとっては、それらの論文の主題は、〈同じ一つのこと〉なのである。たとえば、私は、今、社会生物学や動物行動学などの成果を取り込んだ「〈社会性〉の起原」という研究にとりくみ、執筆も開始している。また、数年前から、世界史の形式と論理を社会システム論の観点から分析する「〈世界史〉の哲学」という連載を続けており、その一部は、すでに単行本にした。あるいは、「現代社会論」や「資本主義論」には継続的な関心をもち続けている。「身体の比較社会学」という若い頃からの主題は、もちろん、現在でも重要な関心事で、執筆の準備も継続している。……と列挙すると、あまりにもばらばらの仕事が同時に並行して進められている、という印象をもつだろう。

しかし、これらに同時にとりくむことができるのは、結局、私にとっては、それらはみな、〈一つのこと〉に帰するからである。〈一つのこと〉しかやっていないからこそ、逆に、〈いろいろなこと〉ができるのだ。たとえば、「〈世界史〉の哲学」の執筆のために考えていることは、「〈社会性〉の起原」のための考察と通底していて、なかば無意識のうちに、二つの思考は相互作用を起こしていたりする。私の中には、別々のことをやっている、という感覚はない。

本書の本文には、歴史学や社会科学（第1章）、文学（第2章）、そして科学や科学史（第3章）、といったまったく異なるジャンルの著作が取り上げられ、論じられている。しかし、それらが〈同じ一つのこと〉として互いに共振しあっている様を、読者が実感できるようなかたちで、それぞれの章の主題を選んだつもりである。

執筆前の準備

さて、ごく短いエッセイを別にすれば、依頼された論文や著書の執筆にすぐに取りかかることができるわけではない。さまざまな準備が必要になる。人に話を聞いたり、どこかに見学にいかなくてはならない場合もある。そういう準備は、とても楽しい。私の場合、編集者や共著者と一緒に旅行にいったり、どこかに見学にいったりするときもある。もちろん、個人的に見学にいくときもある。

情報や文献にアクセスできるので、見学にいかなくても、書くことはできる。また、過去のことなど、原理的に実見できないものもある。だから、何もかも見学しなくてはならないわけではない。が、もし時間とお金が許すならば、関連する現場に見にいくほうがよい。現場で実体験しておくと、「断言する勇気」のようなものが出てくるからだ。私は、一九九五年に、「オウム真理教事件」について書いて以来、とくに強くそう思うようになった。

準備の過程で、別の学者や専門家と語り合ったことを、そのまま「対談」という形式で公表させてもらう場合もある。私が主宰する思想誌『THINKING「O」』の対談や、いくつかの対談本はこうして作られた。

執筆の準備の中で、最も重要なこと、最も多くの時間がかかることは、言うまでもなく、文献の調査である。何本もの論文、何冊もの本を読まなくてはならない。アカデミックな文章を書く上での絶対の約束事は、他の学者たちによってすでに何がわかっているのか、他の学者や思想家はどのように説明してきたのかを前提にした上で、自分のアイディアを書かなくてはならない、ということである。「すでに言われていること」や「すでに斥けられていること」をことあらためて書くわけにはいかない。また、既存の説とは異なる自説を展開するためには、どうして、その「自説」の方がよいのかを弁証する必要がある。こうした条件のために、執筆の前には、読まなければならない文献は多い。

読むべき文献は、もちろん、日本語のものだけではない。邦訳がない文献も多い。また、一応は邦訳があっても、社会学や哲学の理論的な文献の場合には、日本語で読んでも理解できないものの方が多い（特に、改訳がまだなされたことがない、二十世紀後半以降の文献の場合には、そういうものが多い）。ニクラス・ルーマンやジル・ドゥルーズやジャック・ラカンやらの本を、邦訳だけで理解できる人がいたら、どうやっているのか、その術を教えてもらいたいものだ。邦訳があれば、参照してもよいが、どちらにせよ、原著と対照させないと読めないものが少なくない。

準備のために文献を読むと言っても、あたりまえのことだが、執筆の依頼を受けてから、その分野について、ゼロから勉強し始める、などということは不可能である。しかし、逆に、あらたに調べたり、読んだりする必要がまったくないような主題について書くのは、たいくつである。

ときどき、他人の説を調べたり、理解したりするのをめんどうに思う人がいる。またそうしたことが苦手な人もいる。そういう人は、少なくとも学問には向いていない。一般には、あることについて知的な疑問を抱くと、それについて先人たちや同時代人たちが、どのように応答してきたのか、知りたくなるものである。そうした知的欲求が自然にでてこないと、文献を読むことは辛い作業になるだろう。

文献を読む等の準備を進めていると、だんだんと、ワクワクしてくる。書きたいことが蓄積してきて、ウズウズしてくる。そういう気分にならないと、書き始めることは不可能だ。

私には、一つの方針がある。私が言わなくても、早晩、誰かが言うだろう、ということについては書かない、という方針だ。「私が書かなくては誰もこのことを書くまい」

と思うようなことだけを書くことにしている。（ただし、この世界には、あまりにも自明なために誰も書かないこととか、誤りであることが一目瞭然であるために書かれていないこともあるということも、お忘れなく。）

準備を進める中で、探偵小説の中の探偵、つまりホームズやポアロのような気分になってくると機が熟しつつある。探偵小説には、たいてい、登場人物の中に「こいつが犯人に違いない」という候補者が出てくる。探偵（とその候補者と真犯人）以外のすべての登場人物、たとえば凡庸な警察は、その「候補者」が殺人犯であると、早い段階で断定している。彼または彼女が犯人であることに疑問の余地はない、と。しかし、ホームズやポアロのような探偵だけは、「疑問の余地がない」どころではないということ、むしろ、疑問だらけであることがわかっている。探偵だけは、いかにも犯人っぽいその「候補者」とは別に、ほんとうの犯人がいることを知っているのだ。

それまでの文献に書かれている先行の説明は、探偵小説に出てくる凡庸な警察のように見えてくる。「おとり」や「偽装工作」にまんまと引っかかっている警察のようにである。それに対して、私はホームズだ。そんな、いささか傲慢な気分になったとき、準備は最終局面に入っている。

一渡りのメモ

文献の調査やインタヴュー、見学などの準備がおおむね終わり、執筆にとりかかる前には、論文の構想のためのメモを作らなければならない。私の場合には、完全に自転車操業のような、あるいは泥縄のような仕方で文章を書くことはできない。書く前には、地図が、つまり構想を記したメモが作られていなければならない。

できることならば、その前に、つまり文献を読んだり、見学などにいったりといった準備の前に、あるテーマで論文を書こうと決めた最初の段階で、簡単なメモを作る方がよい。どんなことを書きたいか、どんな話題が関係しそうか、どんなことを調べる必要があるか、ということの見通しを書いた、メモである。この段階では、全体の整合性や構造について、それほど厳密にこだわる必要はない。このメモは、文献を読んだりといった準備の過程で不断に更新したり、加筆したりして、充実させておく。

そして、一通りの準備は完了したという段階で、もう一度、書きたい話題を列挙するようなメモを作る。順番などを気にせず、思いつくままに関連する話題を挙げていく。その上で、話題の間のつながりや遠近などを考慮して、話題をいくつかのブロックにまとめていく。

そのあと、いよいよ、論文や著書の構想を記した文書を作る。何をどのような順序で書くかを記録した文書である。「目次」のようなものだ。ただし、これは自分用のものだから、自分にだけわかるような書き方や語彙で十分である。

私は、序章で、「一目で見渡すことができるメモ」が必要だ、と述べた。その一目で見ることができるメモとは、この構想を記した文書のことである。このメモは、非常に重要である。これが作られるところまでくれば、たいていの論文は書き上げることができる。

ただし、序章でも強調したように、このメモは大き過ぎてはいけない。少なくとも、私の場合にはそうである。たとえば、何年間も続く連載を執筆する前にも、この構想のメモを作るのだが、何頁にもわたるようなメモにしてはならない。一目で全体が見渡せるほどの大きさでなくてはならない。つまり、せいぜいA4で一枚程度の大きさにすることが重要である。

構想の精度をあげる必要があるときには、このもともとの一渡りのメモを、下位分割していき、それぞれの水準の「全体」に対応して、また「一目で見渡せるメモ」を作っていく。つまり、メモを、言わば、入れ子のように細かくしていってもかまわないが、しかし、どの水準でも、一目で見渡すことができるほどの、コンパクトなメモを必要とする。

私のイメージでは、このメモを作る作業は、ピッチャーが配球を考えるのに似ている。たとえば、スライダーが決め球であるようなピッチャーがいるとして、彼は、何球目に、その決め球を投げるべきなのか。その前に、どんな球種で、どのコースに投げておく必要があるのか。配球が悪ければ、決め球も活きることはない。

これと似て、何をどんな順番で書くか、語るかによって、説得力の大きさは異なってくる。最も説得的な構想はどのようなものなのか。バッターを確実に三振に取るような、つまり「読者」に「まいった」という気分にさせるような、話題の配列はどのようなものなのか。これを記したのが、このメモである。

この構想のメモに記された、「書く順序」は、必ずしも、自分がここまで考えてきた順序と同じではない。自分が考えた順序と、他人（読者）にとって説得的な順序は、必ずしも同じではない。自分が思いついたり、考えたりしてきた順序でそのまま書いても、それが読んだ人にとって、説得的というわけではないのだ。一般的に言えば、論文や著書に「書かれる順序」が、実際の「考えた順序」の真逆になっている場合に、説得力が極大になる。

不安を克服する「薬」

いよいよ文章を書き始める。執筆開始直前の二～三日、やや鬱っぽい時間を過ごす――というのは、若い頃のことで、今はそんなことはない。が、ともかく、三十代前半くらいまでは、執筆を始める前に、少し調子を落とした。

執筆直前にどうして憂鬱な気分になったのか。不安だったのだ。ほんとうに書けるのか。結論にたどりつけるのか。論文を書くのは、大海に出帆するのに似ている。途中で沈没することはないのか。向こう側の岸に到達できるのか。そもそも、向こう側に岸があるのか。こうした心配が抑鬱の原因である。

この抑鬱を克服する方法がある。特別に気に入っている、傑出した論文か本を、少しばかり読むのだ。私が論文や本を書くのは、もちろん、過去において、誰かの論文や本に感動したり、衝撃を受けたりといった経験をしたことがあるからだ。文筆を仕事としている人は、皆、そうであろう。本を読んで感動したこともないのに、本を書きたいとは思うまい。

かつて自分に混じり気のない感動を与えてくれた論文や本の中から、何か一つを選び、読んでみる。これから書こうとしている論文の主題と関係があるテキストである必要はない。また、全部、読む必要もない。お気に入りの論文や本の、特に好きな一部を、数頁ほど読めばよい。すると、私の中で清新な感動が再現される。私を〈書くこと〉へと駆り立てた、あのわくわくする気持ちが、甦ってくるのだ。気がついたときには、抑鬱は解消されている。

このように、感動を反復させる効果をもつ本を、いくつか座右に確保しておくとよい。そんなにたくさんは必要ない。たった一冊でもかまわない。どの本がよいのか。どの論文やテキストがよいのか。そういったことは一般的には言えない。要は、これは相性の問題だ。人によって波長があうテキストは異なっている。「こうしたものを書きたい」「こういうものが書けたらどんなにすばらしいだろう」といった強烈な憧れを喚起するテキストであれば、何でもよい。それは、憂鬱さを克服する最良の薬となる。

私は、今では、若い頃とは違って、執筆の前に何日間も憂鬱になったりはしない。それでも、書き始める前に、あるいは前記の構想のメモを作成する前に、特別に好きな本、意中に秘めた恋人のような本を読み直すことがよくある。すると、執筆に向けて、精神が高揚してくる。

事件を知らしめる書き出し

最も難しいのは、冒頭の一文である。ここまでの準備の過程の中で熟成し、まるで待機していたかのように、冒頭の一文が自然と出てくる場合もある。つまり安産のときもある。しかし、難産のときも少なくない。最初の一文を、何度も書き直すこともある。冒頭の一文が決まると、少し楽になる。とはいえ、最初のうちは執筆の速度は遅い。たとえば、四〇〇字詰換算で四十枚の論文を書くとして、最初の四分の一から三分の一あたりまでは、何度も読み直し、書き直しながら進むため、非常に時間がかかる。

読者のことを考えると、冒頭は重要である。文章を読むという作業は、骨の折れることである。そうした苦労を超えて、読み進めてもらわなくてはならない。苦労を超える、知的な快楽があることを予告するのが、冒頭の数頁である。

たとえば、探偵小説では、冒頭で殺人事件が起きる。「誰が殺したのか」「なぜ殺されたのか」という謎に読者は惹きつけられ、先を読まずにはいられなくなる。これと同じように、論文や学問的な著作も読者を惹きつけることができれば、ベストである。

さらに言えば、私の感覚では、社会学や哲学の論文・著作は、探偵小説にはない困難をかかえている。ほとんどの人は、そこで「殺人事件」が起きていることに気づいていない場合が多いからである。まず読者に、不可思議な殺人事件に匹敵する、あるいはそれを超えるミステリーがある、ということに気づいてもらわないとならない。

資本制的な生産様式が支配している社会の富はひとつの「とほうもない商品のあつまり」として現象し、個々の商品はその富の原基形態として現象している。私たちの探究は、それゆえ商品の分析からはじめられるのである。（熊野純彦『マルクス 資本論の思考』［せりか書房］、二〇一三年の訳に基づいている）

マルクスの『資本論』の有名な冒頭である。何だか、「ゾクゾクッ」とする書き出しではないか。商品が売り買いされている。これほどあたりまえの日常はない。しかし、『資本論』によれば、これこそが最大の謎、驚異的な謎である。そのことを納得させるところから、『資本論』は始まっている。

書くことにおける発見

執筆の速度は、論文の終わりへと向けてどんどん大きくなっていく。特に結末の速度は非常に大きい。私の主観的な感覚としては、最初の段落と最後の段落では、書かれる速度が何十倍も違う。たぶん、多くの執筆者にとってそうであろう。最後は、恍惚の中で書いている。

執筆は、先に作った構想のメモ（配球のためのメモ）にそって書かれる。だが、執筆は、このメモの展開や外化ではない。書いているその過程の中で、新たな発見がないような文章は、つまらない。誰にとって。まず、書いている者自身にとって。そして読む者にとって。もし書かなければ見出せなかったことが、まさに書くことによって発見されるのでなければ、何のために書くのか。発見がないと、書くことがめんどうになってくる。

書くことによる発見とは、こんな感じである。「オレはこんなことを考えていたのか！」と。書いてみなければ、自分が何を考えていたのかがわからない。書くことによって、初めて、自分が何を考えていたかに気づき、そのことに自分が驚く。そんな感覚である。しゃべることによっても、ときには、似たようなことが起きるが（つまり、話してみることで、初めて、自分が考えていたことを発見することもあるが）、書くことにはかなわない。書くことの独自の価値、独自の喜びは、この発見にある。

そうである。書きながら、自分がワクワクし、ドキドキしていなければならない。執筆は、苦しい作業だが、まさにその苦痛の中に、あるいは苦痛を超えて、喜びがなければならない。折口信夫は、弟子たちにいつも「心躍りのしない文章を書くものではないよ」と語っていたというが、まさにその通りである。どんなに深刻な問題、不幸な出来事について書いている場合でも、探究することそれ自体には、また書くことそれ自体には、やはり発見の喜びがある。そうしたものがないならば、書かない方がよい。

少なくとも、次のことは確実である。書いている者にとってつまらないことが、読者にとってはおもしろい、などということは絶対にありえない。書いている者にはおもしろいのだが、そのおもしろさが読者になかなか伝わらない、ということはときには——というよりしばしば——ある。しかし、著者も「つまらないな」と思いながら書いたことが、読んでいる者にはおもしろかった、などという都合のよいことは絶対に起こらない、と思った方がよい。書いていてつまらないことは、公表しない方がよいだろう。

徘徊、食事、キーボード

私は、なぜか歩きながら書く。文章が佳境に入ると、あるいは難所にさしかかると、気がつかないうちに、部屋の中をグルグルと歩き回っている。歩きながら、考えているのだ。少し歩いて、また椅子に座りパソコンに向かう。少し書いてから、また歩き回り、そしてまた書く、という繰り返しになる。だから、長い論文を書き終えた後、まるで遠足の後のように脚が疲れている、ということがある。

執筆の最中には、食事をあまり摂らない人もいる。私の場合は、逆である。執筆の前であろうと、その最中であろうと、食事はしっかり摂る。おいしい物、栄養の面でも十分な量と質を備えた物を食べる。少なくとも私にとっては、その方がよい。理由は二つである。第一に、考えたり、書いたりということは、けっこうお腹が空く作業なのだ。空腹で、「ガス欠」の状態になると、思考が停滞する感じがする。第二に、執筆の最中には、食事だけが緊張から解放されるときなのだ。食事の時間にもたらされる、完全な解放感は、執筆に心地よいリズムを与えてくれる。ただし、執筆の最中には、食事にあまり長い時間をかけるわけにはいかない。食事であれ、何であれ、長過ぎる中断は、執筆にとって明らかにマイナスである。だから、まとめると、短いが、楽しく充実した食事が、執筆には望ましい。

私は、大学院生のときにワープロを使用するようになって以来、現在まで、ずっと「親指シフト」のキーボードを使っている。「親指シフト」と言っても、何のことだかわからない人の方が多いだろう。だが、私にとっては、これはきわめて強力なツールなので、少し紹介しておこう。

親指シフトは、かつて富士通のワープロ「ＯＡＳＹＳ」シリーズに使われていた、日本語の「かな」入力のキー配列である。ＪＩＳ規格の普通の「かな」入力のキー配列は、正直なところ、インテンシヴな仕事には向いていない。だから、ほとんどの人は、ローマ字入力を使うことになる。私も、普段は、ローマ字入力で、日本語の文章を作成している。

だが、複雑な文章を書くとき、つまり論文や本のための原稿を書くときには、親指シフトのキー配列によるかな入力を使っている。親指シフトは、「親指シフトキー」という特別なキーを二つ導入したことで、かなの入力を画期的に容易にした。ＪＩＳ規格のかな入力の問題は、かんたんにはタッチタイピングができない、ということである。親指シフトならば、ほんのわずかな練習で、タッチタイピングができるようになる。

その上、親指シフトの入力は、ローマ字入力よりもはるかに速く、容易である。当然である。ローマ字で書くときには、一つのかなを構成するのに、母音と子音を入力しなくてはならない。たとえば、「わ」を出力するには、「W」と「A」との二文字を入力しなくてはならない。しかし、かな文字ならば、端的に「わ」と入力するだけでよい。

親指シフトによる入力は、単に速いだけではない。ローマ字入力と親指シフトを両方とも知っている者にしか気づかれないことだが、前者の方がはるかに疲れるのだ。私は、ローマ字入力で論文を書いてみたこともある。最初のうちはそれほど気にならないのだが、論文の後半になると、脳が非常に疲れているのを感じる。おそらく、かなをローマ字に変換するという、論文の内容にとってはどうでもよいことに、脳が使われているためである。

親指シフトのキーボードは、富士通で購入することができるとのことだが、私はそうはしていない。ウィンドウズだろうが、マックだろうが、一般のキーボードのキー配列を「親指シフト」化するソフトがいくつかあるのだ。私は、マックを「親指シフト」に変えて使っている。私の周囲には、親指シフトの支持者が多い（橋爪大三郎さんも宮台真司さんも）。

仕上げ

論文を書き終えた後には、校正の作業が待っている。論文を編集者に送ってからしばらく後に、ゲラが送られてくる。そのゲラに「アカ」を入れるのだ。校正には、両義的な、少し複雑な感覚が伴う。校正は、私にとっては、わりあいと楽しい作業である。一方では、文章を全体として読み返すと、一種の悔恨のようなものがわき上がらざるをえない。自分の文章を、一種の批評家の目で見ることになるのだ。すると、「ここはまだ書き込めていない」「ここは言い残しがある」といった「残余」に次々と気づくことになるのだ。その残余が、次の執筆のための種子となる。

しかし、他方で、校正をしながら、どこかうっとりとした気分にもなってくる。画家が、最後の一筆二筆を入れて、作品を完成させるときの気分、彫刻家が、微妙に調整しながら自分の作品を眺めるときの気分、たぶんそれと似たものを感じているのだ。

著書の場合には、この後、さらにいくつもの作業がある。編集者とともに、装幀やレイアウトについて考えるのだ。本が、一つの美術作品として仕上がっていく過程は、実に楽しめる。

「見本」として出来上がった本は、何度か読み返す。特に、自分でも気に入っている箇所、気に入っている章を中心に、である。完成直後の本を、我が子のように愛でるのだ。

編集者の使命

ここで、編集者の役割について一言、書いておく。論文にせよ、著書にせよ、不特定多数の読者に向けて書かれている。しかし、同時に、私は、編集者に向けて書いている。

私でなくても、他の執筆者も同じだと思うが、書いているときには、どうしても、編集者のまなざしを意識する。編集者がどう読むか、どのような感想をもつか、ということを想像しながら、書くことになるのだ。

書いたものがどれだけの数のどんな読者に届くかは、書いている段階にはわからない。しかし、確実に、それは、一人の読者に届く。しかも、それは最初の読者だ。その最初の読者こそ、編集者である。だから私は、書いているとき、まずは、編集者の批評的意識を満足させたい、と思う。編集者を喜ばすことができなければ、その先にいる、不特定の読者を喜ばすことはできないだろう、という気分になるのだ。私の直観では、編集者という媒介を抜きにして、いきなり不特定の読者に向けて書くよりは、編集者という〈具体的な他者〉を中間に挿入した場合の方が、文章の質は格段に高くなる。

このように考えると、編集者の役割は非常に重要である。編集者が無能であれば、書くもののレベルも下がってしまう。別に、執筆者は「あの編集者はつまらないヤツだから、手を抜こう」などと思って書くわけではないが、無意識のうちに、書かれたものの質は下がってしまうのである。逆に、編集者が有能で、信頼できるときには、執筆者は、その編集者の厳しい批評的な眼を想定しながら書くので、ギリギリの力を発揮することになる。編集者が、執筆者の能力を引き出しているのである。

次々と良書を世に送り出している編集者もいれば、なかなか成功しない編集者もいる。こうした分岐は、偶然の結果ではない。書き手の意欲や能力を引き出すのがうまい編集者もいれば、逆に、「その人と話しているうちにだんだんやる気が失せてくる」という印象を与える編集者もいる。

だから、私の見るところでは、編集者は、日本の知的文化の質を維持する上で、重要な役割を果たしている。広い教養と深い見識をもった編集者が、確かにいる。この国で最も教養のある人々の層は、大学の教授あたりだと思っている人が多いが、必ずしもそうではない。平均的な大学の教授よりもはるかに広く書物を渉猟し、はるかに鋭い洞察力をもった編集者がいることを、私は知っている。しかし、同時に、そういう編集者が「たくさんいる」というわけではない、ということも知っている。

締切の効用

最後に、「締切」について書いておく。依頼された文章には、「締切」がある。正直に告白すれば、私は、きちんと締切を守ることができないことが多い。そのため、編集者や印刷所や装幀家等々、連鎖的に多くの人にめいわくをおかけすることになり、私としては、ほんとうに申し訳なく思っている。

締切は、書いたものを商品として出す等の実務的な事情から設定されるもので、書かれることの質やレベルには何の影響もない……と普通は思われている。が、しかし、締切を守らない私が言ってはいささか説得力が下がるかもしれないが、締切には、書物や論文の内容にポジティヴな影響を与える、独特の効用があるのだ。

私の大学時代の友人Mは、かつて、ある文芸誌の編集部にいて、故中上健次の担当だった。中上も、締切を守らない人だったという。締切日になっても、筆をとろうとせず、酒ばかり飲んでいる中上に、ついにMは懇願したという。「中上さん、そろそろ書いてくださいよ」と。すると中上は、ドスの利いた声で答えたという。「M、文学に締切があるか」、と。

中上の言ったことに、一理あるように見える。確かに、文学にも学問にも締切はない。永遠の終わりなき探究があるのみである。だとすれば、締切日の手前で書き上げてしまい、一つの終結を迎えたかのようにふるまうのは、文学や学問に対する冒瀆ではないか。しかし、実は、必ずしも、そのように結論するわけにはいかないのだ。そのことを気づかせてくれる事実の一つは、ジャック・ラカンの短時間セッションである。ラカンの精神分析時間は、通例（約一時間）の三分の一しかなかった。ラカンは、各セッションを短く設定し、患者を急きたてたのだ。なぜこんなことをしたのか？ 患者の回転が速くなって、収益が上がるからか？ 実際、短時間セッションは、ラカン派が国際精神分析学会から破門されるきっかけとなった。だが、多くの治療家は、経験的に次のことを知っている。患者は概して、分析にとって鍵となることをセッション終了まで後五分というときに告白する、ということを。つまり患者は、終了間際に大事なことを言うのだ。短時間セッションは、この効果を方法的に統御しようとしたものである。ラカンは、言わば、この短時間セッションの効果と似たようなものが締切にはある。

患者に対して、締切を早めに設定したのである。診断打ち切りへの切迫感の中で、患者は、普段は見ることができない自分自身の無意識の深部に到達する。同じことは、本や論文の締切に関しても言える。〈終わり〉が間近に迫っているという危機感が、知に、勇気ある飛躍を促し、ときに驚異的な洞察をもたらすのである。繰り返し波のように襲ってくる締切を乗り越えながら書くことはたいへん苦しいが、それには報いがあるようだ。

あとがき

思考の仕方を人に説くなどということは、おこがましいことだ。「このように考えたら、確実に答えに到達する」というような、思考の一般的なスタイルがあろうはずがないからだ。

ただ、私にとっては、考えたことを書くこと、ある主題について考え、得られた一定の結論について書くことが仕事である。いや、考えることこそが、私の生きることのほぼすべてである、と言っても過言ではない。とすれば、私の考える様を、ひとつの事例として提供してみれば、読者にとって参考になるに違いない。そうした意図から本書は、書かれている。

本書の成り立ちを簡単に記しておく。

序章は、河出書房新社の藤﨑寛之さんのインタヴューをもとにしている。藤﨑さんの質問に答えるかたちで私が語ったことをまとめ、ひとつの文章にしたのがこの章である。

私が口頭で答えたことをもとにして、藤崎さんが土台となる文章を創っている。
序章の後の短い補論は、岩波書店の『思想』(二〇一二年二月号)に書いたものである。人を考えることへと駆り立てるものは、「不法侵入」に似ている。そのことの意味を、かんたんに解き明かしている。

本書の本体をなす、三つの章は、河出書房新社が主宰する「河出クラブ」での講義をもとにしている。社会科学関連の書物を扱った第一回目の講義は、二〇一三年二月二十六日に、文学関係の書物を扱った第二回目の講義は、三月二十九日に、河出書房新社の社屋の一階にある喫茶店「茶房ふみくら」で行われた。そして、第三回目の講義は、五月二日に、原宿のブックカフェ「ビブリオテック」でなされた。聴講者は、その都度募集したので、必ずしも重なってはいない。

私の場合、「物知り」になるために書物を読むわけではない。知識を増やすことが、読書の目的ではない。書物は、思考の創造的な同伴者である。読書において、本との相互作用を通じて、思考がどのように刺激され、深まるのかを実例において提示するのが、これら三つの章である。

三つの章が、まったく異なる分野を扱っていることに驚かれるかもしれない。もし、私の「学究」に特徴があるとすれば、その広さではないか、と思う。私にとっては、考えるということは、何か特定のことを考えるというより、世界を考え、読み解くことである。その場合、思考は、分野の壁を横断することを強いられる。ただし、そんなことができるのは、私が、いろいろなことをやっているからではない。逆である。究極的には一つのことしか考えていないからである。

真ん中の三つの章に関しては、読者のそれぞれの関心に応じて、本書の他の部分から切り離して、それだけを読んでいただいても、まったく問題がない。すぐ前にも書いたように、各章は、独立に、聴講者も替えてなされた講義を土台としているのだから。最後の章では、執筆の依頼を受けてから、論文や書物ができあがるまでの過程を具体的に記している。その過程で、何が起き、どんなことをやっているのか。自分自身を題材としたケーススタディのようなものである。

本書がこうしてできあがったのは、誰にもまして、河出書房新社の藤﨑寛之さんのおかげである。右にも書いたように、藤﨑さんは、序章のインタヴュアーである。藤﨑さんの貢献は、この序章にだけあるわけではない。「読んで考えるということ」を、ライブとして提示するような講義をやろう、という計画は、藤﨑さんとの話し合いの中から出てきたことだ。また、中井久夫さんの、長文の名エッセイ「執筆過程の生理学」をもとに、最終章のイメージを与えてくれたのも、藤﨑さんだ。要するに、本書の全体に藤﨑さんのアイディアが浸透している。藤﨑さんに、深く感謝している。

また、三回の講義に参加してくださった方々にも、この場を借りて、お礼申しあげたい。考えたことを話すことは愉しいことである。聴講してくださった皆さんも、その愉しさを共有してくださっただろうか。そうであって欲しい、と強く思わずにはいられない。

二〇一三年十一月十一日

大澤真幸

文庫版あとがき

人は、何か本質的な問いに取り憑かれ、考えずにはいられなくなるときがある。このとき、たったひとり密室で考え続けることは、人を抑鬱《よくうつ》的な気分にする。孤独に考えていても、都合よく閃いたり、答えがやってきたりするわけではないからだ。孤独な思考は、ミュンヒハウゼン男爵のようなものだ。ミュンヒハウゼンは、泥沼に落ちたとき、自分で自分の髪の毛を引き揚げることで、沼から脱出できたと主張した。もちろん、これは完全な嘘であって、髪をいくら引っ張っても、身体はずぶずぶと沼に沈んでいくだけだ。孤独な思考は、これに似ている。思考は、閉じられた空間をぐるぐると回っている間に、活力を失い、沈んでいく。

思考の閉塞に創造的な突破口を見出すためには、どうしても他者を必要とする。話しかけ、問いかける他者を、聞いてくれる他者を、応答してくれる他者を必要とする。そのような他者なしに、人は、真に新しいことを思いつくことはできないし、変わることもできない。

とはいえ、一人の人間が会うことができる他者の数や範囲は、ごく限られている。まして、その人の本気の思索に付き合ってくれる他者は、ごくわずかしかいない。

だが、幸い、書物というものがある。人は、書物に問いかけながら読むことができる。書物から応答を読み取ることができる。書物に、「答え」がそのまま書いてある、ということではない。ただ、書物を読みながら考えていくと、思考は、なぜか柔軟で自由になっていくのだ。考えることが急に楽しくなり、わくわくする興奮の体験に転化する。書物を媒介にして考えていると、急にそれまで見えなかったものが見えるようになり、思いつかなかったことに思い至るようになる。書物が、われわれの思考の同伴者になるからだ。書物が、創造的な思考に不可欠な他者の役割を果たすからだ。

書物をそのような他者として活用する術を知っている者は、その「他者」の範囲を、時間的・空間的・社会的な制約を超えてどこまでも拡張することができる。多様な書物があるからだ。その上、よき書物自体が、真実の思考の産物であり、いつでも手を抜くことなく、われわれの思考につきあってくれる。書物は、思考を、苦しみから悦びへと転化する薬のようなものである。

＊

本書は、読むことと考えることの相互作用の記録である。二〇一三年に、『思考術』

のタイトルで、河出ブックスのひとつとして出版された。

この度、木村草太さんのすてきな解説が付いて、あらためて河出文庫のかたちで世に出ることになった。本書自体が、読者の思考のよき同伴者になることができれば、著者として、これ以上の喜びはない。

二〇一六年十一月十八日

大澤真幸

解説　凡庸な警察と名探偵

木村草太

はじめに

大澤真幸は、日本を代表する社会学者、思想家だ。その大澤が、「考えるということ」について論じたのが本書だ。大澤は、本書の目標をこう語る。

あの三月十一日の事故以降、私たちは倫理的な課題として未来の他者と向き合うことになった。私もそのことを正面から考えるようになった。そうして考えたものがいまだ生まれていない未来の他者が読むに値するものであってほしい。それが思考の究極の目的である。（四六頁）

つまり、本書のテーマは「未来の他者」との連帯だ。では、未来の他者との連帯には何が必要なのか。

I　補助線：過去による拘束

大澤は、「思考の過程で、補助線を入れてみる」のが大事だという（三四頁）。本書において、未来の他者との連帯のために導入する補助線は、「過去」となる。これは、一見すると不可解だ。過去がどうであれ、未来のことを考えて、現在やるべきことをやれば、未来と連帯できるはずではないか。なぜ、わざわざ過去に思いを馳せるのか。

この点について、私なりの補助線を入れてみよう。PTAのような組織では、しばしば、「これまでそうやってきた」という事実が、現在と未来を強く拘束する。例えば、現在のメンバーは、「PTA広報」や「ベルマーク集め」が、大して子どもたちのためにならないし、負担も大きすぎるので、できればやりたくないと考えている、ということがよくある。将来に思いを巡らせても、そうした活動を続けることが誰の利益にもならないだろうことも、重々承知している。それにもかかわらず、「これまでやってきた」という理由で継続されることが、実に多いのだ。

これはPTAに限った現象ではない。町内会や営利企業でも、困った慣習の例は枚挙にいとまがない。さらに、もっと大きな規模の団体、国家あるいは国際社会のレベルでも、これに類似する現象はあるだろう。大澤自身は、近著『可能なる革命』（太田出版）で、日本における日米安保条約の廃棄や、アメリカにおける完全な銃規制、完全な公的保険が、今更不可能な選択肢になっていることを指摘する（同序章）。

過去は、現在の思考を極めて強く拘束する。それゆえ、過去は、未来との連帯の大きな障害になるのだ。

Ⅱ　「予定説」とニューカムのゲーム

以上を踏まえて、大澤の議論を追ってみよう。第1章「社会科学篇」の鍵となるのが、「ニューカムのゲーム」だ。そのもとになった「予定説」のポイントを確認してみよう。キリスト教信仰によれば、世界の終末において、人々は救われる者と救われない者に区分される。神は全知全能なので、世界を創造した時点で、勤勉に生きて救われる予定の人とそうでない人をすでに作り分けている。救われるかどうかは、生まれた時に「予定」済みなのだ。

ヴェーバー『プロテスタンティズムの倫理と資本主義の精神』は、これが資本主義を生み出すという。救済の可否が既に決定されているのなら、人々は、怠惰に生きて、享楽に身をゆだねた方がよいのではないか。しかし、そうはならない。もし、怠惰に生きれば、自分は救済されない人間だったことが明らかになってしまう。神を信仰する人は、自分が救済される側の人間だったと確信するために、むしろ勤勉に働く。これが、ニューカムのゲームでH_1（世俗内禁欲）を選択する理由だ。ヴェーバーは、「予定説」の精神こそが、西欧で資本主義を成立させた要因だという。

「予定説」は、過去の権威による決定が、私たちを強く拘束することを示唆する。すなわち、人々は、過去の権威により承認されようとする。例えば、PTAの先輩たちを裏切りたくないという思いに拘束された保護者たちは、本当はやめたいと思っていても、勤勉にベルマークを集めてしまう。日米安保条約にしても、アメリカ人の銃所持にしても、それを否定すれば、過去の先輩たちを否定することになる。だからこそ、現在の人々が、それを変えるのは、とても難しいのだ。過去の権威の究極の形が、「予定説」の神である。

Ⅲ 〈予定説〉と真の自由

しかし、過去の権威に承認されようとする気持ちは、時に、未来の他者に破滅的な影響をもたらす。例えば、日本中に原子力発電所を設置した過去の決定を勤勉に実行すれば、未来に処理しきれない核廃棄物や耐えがたい事故の危険を遺すことになるだろう。これは何とか止めねばならない。

そこで、大澤は、「予定説」を突き抜けようとする。「予定説を徹底させようとすると、未来だけではなく過去さえも、現在の選択によって、不断に書き換えられている、という結論を受け入れなくてはならなくなる」（二二七頁）。どういうことか。

予定説によれば、私が勤勉を選択するのは、過去に神がそう予定したからである。とすれば、私は、勤勉を選択することによって〈過去に神が勤勉を予定した〉ことにすることもできるし、怠惰を選択することによって〈過去に神が怠惰を予定した〉ことにすることもできる。要するに、神が選択したのではなく、私たちが、神が何を選択したかを選択できるのだ。これではもはや神は存在しないに等しい。こうして、私たちは真の自由を獲得する。これが突き抜けられた〈予定説〉である。

〈予定説〉の神は、「現在の『われわれ』によって拒否され、その存在を否定されうる」（二三三頁）。それゆえ、〈予定説〉の下では、過去が、現在に対し特権的な立場に立たない。むしろ、過去は、現在のわれわれの選択の投影にすぎず、われわれと〈生きられた共時性〉の中に入る。このことは、現在と未来の関係にも適用される。〈予定説〉のもとでは、過去のみならず、未来もまた、現在のわれわれと〈生きられた共時性〉の中に入るのだ。

ここまでの議論を、私なりの卑近な理解で語ってみよう。

ＰＴＡは確かに、過去、ベルマークを集めてきた。ただ、そのことの意味は、現在の私たちが自由に決められる。自分たちが望むなら、ベルマーク集めは未来永劫予定されていたと理解して、勤勉に集め続けても良い。たまたま、過去のＰＴＡがその時はそうしたかっただけで、もう集めなくても、過去のＰＴＡの予定に反するわけではない、と理解しても良い。

むろん、未来の人々も、私たちの選択の意味をいくらでも書き換えられる。現在の私たちと、未来の人々は、共に真の自由、つまり何者にも規定されない立場にあるのだ。

Ⅳ　〈存在〉と倫理的行為

私たちは、元来、何者にも規定されない立場にある。このことを、大澤は、量子力学を補助線にすることで、実感させようとする。これが第3章の「自然科学篇」だ。普通に考えると、神＝観測者に規定されることによって「存在」が生まれる。しかし、量子力学は、「神＝観測者に気づかれない限りで存在している」としか言いようのない〈存在〉という状態があることを示唆している（二六一頁）。

こう考えると、第2章「文学篇」のメッセージの意味も分かりやすくなる。この章の鍵は、「倫理的行為」である。第1章と第3章が指摘するように、私たちは、元来、何者にも規定されない真の自由の中にいる。そこでは、「神に赦されるに値する者として行動」することもできるし、そうしないこともできる。

そうした中で、赦されるに値する行動をするのはなぜか。神に「予定」されたり、命じられたりしているからではない。「お前らは全員、赦された、救われた」と宣言してしまった神が、正しかったことにするために、赦されるに値する行動をするのだ。それは「われわれの方が神を救う」行動と言えるだろう。「この『神を救う行為』こそが、究極の倫理的な行為ではないだろうか」（二〇五頁）。

これは、私たちの過去との向き合い方に示唆を与える。例えば、今のままでは、過去のPTAは、みんなの嫌がるベルマーク集めを続けさせる決定をした悪者になってしまう。過去の原発行政だって、日米安保条約を決定した日本政府だって、銃所持を放置したアメリカ政府だってそうだ。

しかし、私たちは、そうした過去の選択の意味を変えることができる。過去の人々を救うことができるのだ。これこそが倫理的行為だろう。

おわりに　知的創造の方法

未来の他者との連帯を論文の課題としたとする。素朴な著者であれば、未来に遺してはいけない害悪、例えば、核廃棄物、不安定な社会保障システム、誰も使わないハコモノなどを列挙して、それらをすべてやめれば世界は救われる、と論じて済ませたことだろう。しかし、本書は、そのような議論を採らなかった。

過去の拘束こそ、未来の他者との連帯の妨げである。しかし、過去を悪者に仕立て上げるのは倫理に反する。未来との連帯を可能にするには、過去は不断に書き換えが可能だと示すことが必要だ。それが、大澤の名探偵のような推理であった。

大澤は、文章を書き始めるのは、「探偵小説の中の探偵、つまりホームズやポアロのような気分」になってからだという。それは、先行する他の文献が「『おとり』や『偽装工作』にまんまと引っかかっている」「凡庸な警察のように見えてくる」「いささか傲慢な気分」だ（終章）。大澤は、単に未来に遺してはならない悪事を列挙するだけの論文を、「凡庸な警察」のように見ていたはずだ。

こうしてみると、この本の著者は、聊《いささ》か「意地の悪い人」のようにも思われる。しかし、ただのお人好しの名探偵などいない。ホームズやポアロが人を惹きつけて止まないように、大澤の意地の悪さは、本書の魅力だ。

本書は、聊かの意地の悪さが導く驚きが、思考への「不法侵入」(四七頁)となり、私たちを知的創造へと導くことを教えてくれる。創造とは、まったく新しいものではない。過去の書き換えなのだ。そこには、倫理的な意地の悪さが必要だ。過去の欠点をあげつらうのではなく、ちょっと視点をずらして書き換えていく。本書は、そうした知的創造の楽しさを、存分に見せつけてくれる存在だと思う。

(首都大学東京教授/憲法学)

本書は二〇一三年一二月に小社より刊行された
『思考術』（河出ブックス）を
改題の上、文庫化したものです。

考《かんが》えるということ
知的創造《ちてきそうぞう》の方法《ほうほう》

二〇一七年一月一〇日　初版印刷
二〇一七年一月二〇日　初版発行

著　者　大澤《おおさわ》真《ま》幸《さち》
発行者　小野寺優
発行所　株式会社河出書房新社
〒一五一－〇〇五一
東京都渋谷区千駄ヶ谷二－三二－二
電話〇三－三四〇四－八六一一（編集）
〇三－三四〇四－一二〇一（営業）
http://www.kawade.co.jp/

ロゴ・表紙デザイン　粟津潔
本文フォーマット　佐々木暁
印刷・製本　中央精版印刷株式会社

Printed in Japan ISBN978-4-309-41506-2

文明の内なる衝突　9.11、そして3.11へ

大澤真幸　41097-5

「9・11」は我々の内なる欲望を映す鏡だった！　資本主義社会の閉塞を突破してみせるスリリングな思考。十年後に奇しくも起きたもう一つの「11」から新たな思想的教訓を引き出す「3・11」論を増補。

退屈論

小谷野敦　40871-2

ひとは何が楽しくて生きているのだろう？　セックスや子育ても、じつは退屈しのぎにすぎないのではないか。ほんとうに恐ろしい退屈は、大人になってから訪れる。人生の意味を見失いかけたら読むべき名著。

心理学化する社会　癒したいのは「トラウマ」か「脳」か

斎藤環　40942-9

あらゆる社会現象が心理学・精神医学の言葉で説明される「社会の心理学化」。精神科臨床のみならず、大衆文化から事件報道に至るまで、同時多発的に生じたこの潮流の深層に潜む時代精神を鮮やかに分析。

仝

佐々木中　41351-8

『アナレクタ・シリーズ』の四冊から筆者が単独で行った講演のみ再編集文庫化し、新たに二〇一四年秋に行われた講演「失敗せる革命よ知と熱狂を撒け」を付した、文字通りのヴェリー・ベスト。

怒らない　禅の作法

枡野俊明　41445-4

イライラする、許せない…。その怒りを手放せば、あなたは変わり始めます。ベストセラー連発の禅僧が、幸せに生きるためのシンプルな習慣を教えます。今すぐ使えるケーススタディ収録！

道徳は復讐である　ニーチェのルサンチマンの哲学

永井均　40992-4

ニーチェが「道徳上の奴隷一揆」と呼んだルサンチマンとは何か？　それは道徳的に「復讐」を行う装置である。人気哲学者が、通俗的ニーチェ解釈を覆し、その真の価値を明らかにする！

著訳者名の後の数字はISBNコードです。頭に「978-4-309」を付け、お近くの書店にてご注文下さい。

kawade bunko